高职高专"十三五"规划 国际商务（跨境电商）系列教材

会计综合实务教程

杨春兰　主编
邹　娟　钟松影　副主编
刘　丽　主审

化学工业出版社

·北京·

本书以会计准则和"营改增"后相关法规为依据,以会计岗位能力要求为出发点,手工做账与电算化并行,既要求学生掌握会计工作每个流程的实际操作技能,又有助于学生通过有趣的沙盘模拟游戏,了解整个企业运作,更好地发挥会计服务管理的职能,创造更好的发展空间。

本书既可以用作高等学校会计、财务管理等专业财务会计课程配套的实训教材,也可以用作会计操作实务课程、综合模拟实训课程等的专用教材,本书还可供从事会计相关行业的专业人员学习参考。

图书在版编目(CIP)数据

会计综合实务教程/杨春兰主编. —北京:化学工业出版社,2018.8(2025.8重印)
高职高专"十三五"规划 国际商务(跨境电商)系列教材
ISBN 978-7-122-32418-4

Ⅰ.①会… Ⅱ.①杨… Ⅲ.①会计学-高等职业教育-教材 Ⅳ.①F230

中国版本图书馆CIP数据核字(2018)第129900号

责任编辑:董 琳　　　　　　　　装帧设计:张 辉
责任校对:边 涛

出版发行:化学工业出版社(北京市东城区青年湖南街13号　邮政编码100011)
印　　装:北京科印技术咨询服务有限公司数码印刷分部
787mm×1092mm 1/16 印张12¾ 字数296千字 2025年8月北京第1版第4次印刷

购书咨询:010-64518888　　　　　　　售后服务:010-64518899
网　　址:http://www.cip.com.cn
凡购买本书,如有缺损质量问题,本社销售中心负责调换。

定　价:48.00元　　　　　　　　　　　　　　　　　　版权所有　违者必究

高职高专"十三五"规划 国际商务(跨境电商)系列教材
编委会

主　　任：毛忠明

副 主 任：刘　丽　杨志刚

编委成员（按姓氏笔画排序）：

于丽艳	王宇翔	毕盛楠	吕冬梅	朱新强
庄　诺	刘　艳	汤丽佳	李爱群	杨　顺
杨春兰	吴文一	邹　娟	汪媛媛	沈　力
沈　洋	张　磊	张晓昕	陈　婧	苗绿茵
周琼琼	房京坤	钟松影	董　森	谢　莹
蔡　艺	魏占慧			

近年来国家大力推进"互联网+行动"计划，倡导"大众创业、万众创新"，坚持创新驱动发展，全面实施"中国制造 2025"，着力推进外贸供给侧结构性改革。随着"一带一路"国际合作高峰论坛的成功举办，跨境电商将迎来新的历史机遇。

为贯彻落实《国务院关于促进外贸回稳向好的若干意见》（国发［2016］27号），上海自贸区进行试点，推进自贸试验区贸易监管制度创新、推进跨境电子商务加快发展、加快培育外贸自主品牌、加快国际营销网络建设等多条措施，围绕中国（上海）跨境电子商务综合试验区建设目标，培育和集聚跨境电子商务、跨境金融、跨境物流及其他相关服务企业，形成具有国际竞争力的跨境电子商务产业集群。随着上海自贸区的发展，跨境电子商务发展也展现出勃勃生机，逐渐开通的国际商流、物流和迅速提升的产品运输速度和物流监管力为跨境电商发展提供了便捷有保障的服务支撑。

中国电子商务研究中心针对多家企业的调研结果显示，跨境电商企业普遍认为目前跨境电商人才严重缺乏，而不同规模企业对人才类型需求有差异。小型企业和大型企业相对于中型企业而言，更倾向于选择跨境电商复合型人才，而非专业人才。这类人才需要具备外语沟通能力、国际贸易实务、电子商务等专业知识和职业能力，并熟悉相关国际规则。

国内高等学校为了顺应经济社会发展需要，纷纷开设国际商务（跨境电商）专业（方向），以培养跨境电商行业急需的专业人才。但是目前教材大多偏重于传统国际贸易或电子商务平台，适合跨境电商的复合型系列教材还是比较缺乏。《国际商务（跨境电商）系列教材》正是在这种背景下编写的。为了做好此项工作，我们邀请多家高职高专、高校和企业专家共同参与教材编写。本系列教材基于对国际商务（跨境电商）相关岗位工作任务的调研，以培养学生的职业能力为核心目标，充分体现了工学结合、任务驱动和项目教学的特点。

本系列教材共有11本，涵盖了跨境电商、报关、报检、国际金融、会计、国际结算、人力资源、客户关系、网络推广、国际物流等，其中，3本为双语教材，旨在将国际商务（跨境电商）的相关理论知识与英语的学习有机结合起来，培养跨境电商复合型人才，突出以就业为导向、以企业工作需求为出发点的职业教育特色。在内容上，注重与岗位实际要求紧密结合；在形式上，提供配套学习多媒体课件和项目学习评价。本系列教材既能满足国际商务（跨境电商）专业人才培养的需要，也可满足企业人员进行自我提升的需要，还可以作为在职人员培训教材。我们希望通过本系列教材的出版，能够加强专业内涵建设，促进复合型跨境电商人才与市场需求接轨，为跨境电商和"互联网+行动"计划提供高素质、技能型的复合型人才。

国际商务（跨境电商）系列教材编委会
2018年5月

近年来，高职院校会计专业招生情况形势大好，对会计专业人才培养也提出了新的需求。经过对知名企业、会计师事务所的调研，不难发现，高职会计专业毕业生最大的竞争优势在于具备实际操作能力，比会计本科或者硕士更能实现与企业需求的无缝对接。本书以最新会计准则和"营改增"后相关法规为依据，具有内容新、实用性强等特色。本书以会计岗位能力要求为出发点，手工做账与电算化并行，既要求学生掌握会计工作每个流程的实际操作技能，又有助于学生通过有趣的沙盘模拟游戏，了解整个企业运作，更好地发挥会计服务管理的职能，创造更好的发展空间。

本书尝试引入 ERP 沙盘模拟训练。ERP 沙盘模拟是以某个企业为模拟对象，把企业运营所处的内外部环境抽象为一系列的规则，由学生组成若干个相互竞争的模拟企业，分别模拟企业 6 年的经营过程，帮助学生在分析市场、制订战略、营销策划、组织生产、财务管理等一系列活动中，了解企业运营环境，培养企业管理所需能力。众所周知，会计分为财务会计和管理会计两大分支，近年来管理会计的地位日益凸显，事实证明优秀的会计人才不仅是帮助企业记账、算账，更能运用自己的专业知识为企业筹谋划策，创造价值。会计专业学生有必要拓展相关商务技能。

本书既可以用作会计、财务管理等专业财务会计课程配套的实训教材，也可以用作会计操作实务课程、综合模拟实训课程等的专用教材，非会计专业学生可以选择部分项目学习。本教程比较适合高年级学生使用，旨在培养学生将所学知识和技能融会贯通，学会团队合作，学会自主思考，能够独立完成手工核算操作，熟练掌握财务软件运用，掌握财务分析的基本方法，能够运用全面预算管理方法科学计划和控制经营活动，实现经营目标等能力，同时启发学生发现、分析、解决问题能力，培养其归纳概括等综合能力。

本书由上海工商外国语职业学院会计专业主任杨春兰主编。上海工商外国语职业学院邹娟老师编写项目一；蔡艺老师编写项目二；钟松影老师编写项目三；杨春兰老师编写项目四；房京坤老师编写项目五。本书在编写过程中，得到了来自上海上咨会计师事务所、用友新道科技有限公司、上海财才网等企业的专家和刘丽、吕冬梅、谢莹、丁炳南等老师的很多帮助，在此一并致以诚挚谢意。

限于水平和学识，本书难免存在不够完善或不妥之处，敬请读者批评与指正。

编者

2018 年 4 月

目 录

项目一　ERP 沙盘模拟 ·· 1
　任务一　认知 ERP 沙盘 ·· 2
　任务二　ERP 沙盘模拟 ·· 5
　任务三　实战演练 ·· 18
　小结 ··· 22
　实践案例 ··· 23
　学习评价 ··· 24

项目二　全面预算管理 ·· 25
　任务一　认识全面预算管理 ·· 26
　任务二　编制业务预算 ·· 30
　任务三　编制财务预算 ·· 35
　任务四　编制与调整预算 ··· 41
　任务五　实战演练 ·· 48
　小结 ··· 53
　实践案例 ··· 54
　学习评价 ··· 55

项目三　手工账务处理 ·· 58
　任务一　设置总账、明细账、日记账 ·· 59
　任务二　填制和审核会计凭证 ··· 64
　任务三　记账、对账、结账 ·· 73
　任务四　编制会计报表 ·· 80
　任务五　实战演练 ·· 84
　小结 ··· 98
　实践案例 ··· 99
　学习评价 ··· 101

项目四　会计电算化 103
　任务一　认知会计电算化 104
　任务二　系统初始化 110
　任务三　日常业务处理 115
　任务四　生成报表 122
　任务五　运用电子表格软件完成财务工作 125
　任务六　实战演练 133
　小结 159
　实践案例 161
　学习评价 163

项目五　财务报表分析 165
　任务一　解读报表基本数据 166
　任务二　计算和分析财务比率 176
　任务三　实战演练 187
　小结 191
　实践案例 192
　学习评价 193

参考文献 195

项目一 ERP 沙盘模拟

 知识目标

- ◆ 了解 ERP 物理沙盘盘面和沙盘各职能中心功能
- ◆ 熟悉 ERP 物理沙盘岗位分工与岗位职责
- ◆ 理解并熟悉 ERP 沙盘模拟企业生产经营运行规则

 **能力目标**

- ◆ 能够正确理解沙盘岗位的分工
- ◆ 能够正确制定企业经营战略，通过团队合作完成一定年限的模拟经营
- ◆ 能够准确记录企业经营过程，并编制各类报表

重点难点

- ◆ ERP 沙盘模拟运营流程
- ◆ 相关报表的填制

 **任务引入**

张鹏大学毕业后想和同学合伙开一家川菜馆，他们对于需要多少注册资金、市场的定位、菜谱设计、宣传推广、人员招聘和采购等环节有很多的想法，现在他希望能够通过 ERP 沙盘模拟，了解企业运营的基本流程和业务操作。那么他应如何开展沙盘模拟，在沙盘模拟中还需要

哪些角色，应该遵循哪些基本流程和规则呢？如何评价当年度的经营呢？

任务一　认知 ERP 沙盘

一、ERP 沙盘概述

1. ERP 的概念

ERP（enterprise resource planning）是企业资源计划的简称。企业资源包括厂房、设备、物料、资金、人员，甚至还包括企业上、下游的供应商和客户等。企业资源计划的实质就是在资源有限的情况下，如何合理组织生产经营活动，降低经营成本，提高经营效率，提升竞争能力，力求做到利润最大化。可以说企业的生产经营过程也是对企业资源的管理过程。

纵观中国 ERP 应用的历史，从早期的 MIS（management information system，管理信息系统），到后来的 MRP（material requirement planning，物资需求计划），再到近年的 ERP，看起来名称有一些变化，然而其本质上都是企业信息化管理的内容。当然，在这样一种名称的演变中，尽管从本质上看内容都是企业信息化管理，但其应用的层次和对整体性的强调则是有着较大区别的。人们通常将 MIS 时代归类于单纯业务子系统开发的范畴，而将 MRP 归为强调生产计划管理的领域，似乎只有 ERP 才是真正的整体信息化管理系统。今天，ERP 已经几乎成了企业信息化管理的代名词。

对于实施 ERP 的企业而言，其价值就在于完成了企业财务业务的同步管理。财务业务同步管理意味着：企业销售生产采购业务运作中产生的各种原始凭证能够实时地生成记账凭证，从而将业务发生的情况实时地反映到财务中去，做到真正意义上的财务对业务的实时监控。此外，做到财务业务同步管理就可依据凭证追溯到每一项业务，达到真正的业务监控，也使得企业的各种计划和预算都有可能随时得到控制。

今天的 ERP 已经涵盖了企业内部管理的所有方面，在生产物流方面，它实现了更加精细化的管理，增加了车间管理、委外管理、能力计划等内容，使得企业管理在计划协调带来的效益之外，还能做到以最好的方式将产品生产出来，当然这里指的是用最短的时间、最低的生产费用。所以它是计划体系更深入的应用，也是计划之后的精耕细作，使企业资源得到最大化利用。

ERP 最重要的特征就是实施全面预算管理。如果泛谈预算管理的话，可能很多企业都在做预算管理。然而当你的企业在没有实施信息化管理时，或者你的信息化管理系统中并没有做到财务业务同步管理，那么基本可以判定，你的预算管理仅仅是一个设定的目标，企业运作能否达到这个目标只有到期末才能知道，个别严格管理的企业最好的情况也许能做到在季度末或月末，根据对目标的差异调整经营运作，这就是通常意义上的事后管理。长此以往，绝大多数企业的预算就会形同虚设，完全背离了用预算来控制经营运作的初衷。ERP 能将预算管理的优点发挥至最佳。财务业务同步管理使得企业天天都可以算细账，且天天的细账都可以直接对应到预算项目上，也即天天都看得见预算执行情况。管理者能够据此控制企业经营运作按照目标进行的作用。

2. ERP沙盘

沙盘一词，起源于军事模拟推演，主要采用各种模型来模拟战场的地形及武器装备的部署情况，通过模拟推演敌我双方在战略上与战术上的对抗与较量，从而制定有效的作战方案。目前在商业、教学、旅游等领域都可以看到沙盘的身影。

ERP模拟沙盘是针对ERP（企业资源计划系统）设计的角色体验的实验平台。

沙盘模拟作为一种体验式的教学方式，是继传统教学及案例教学之后的一种教学创新。借助ERP沙盘模拟，可以强化学员的管理知识、训练管理技能、全面提高学员的综合素质。沙盘模拟教学融理论与实践于一体、集角色扮演与岗位体验于一身，可以使学员在参与、体验中完成从知识到技能的转化。

全国大学生企业模拟经营沙盘大赛由用友公司2005年发起，至今已经成为面向经管及财经大类学生的参赛规模最大、影响力最广的比赛赛事之一。沙盘大赛以生产型企业为背景，让每个参赛者置身商业实战场景，用各自代表的企业经营管理者的身份，涉及财务、物流、生产、营销等重要角色，实地体验商业竞争的激烈性。在整个沙盘模拟操作过程中能够极大激发参赛者的学习热情，锻炼参赛者全局观念以及规划能力。

目前，用友公司开发的沙盘分为物理沙盘、电子沙盘和电子物理相结合的沙盘3种形式。本书将结合用友商战沙盘产品，介绍物理沙盘。

二、ERP沙盘盘面构成

用友ERP沙盘盘面按照企业主要的职能部门划分为四大职能中心：营销与规划中心、生产中心、物流中心以及财务中心，涵盖了企业运营中的规划战略、生产组织、市场营销、采购管理、库存管理、财务管理等核心职能（见表1-1），此外，盘面还设计了一个信息中心，介绍了沙盘运营中的流程。

表1-1　ERP物理沙盘职能中心功能介绍

职能中心	主要职能	简要说明	备注
营销与规划中心	市场开拓	提供了包括本地市场、区域市场、国内市场、亚洲市场、国际市场在内的5种市场，供企业根据经营需要选择开发	市场开拓完成后换取相应的市场准入证
	产品研发规划	提供了包括P2、P3、P4在内的3种产品，供企业根据其经营需要选择研发产品	产品研发完成后换取相应的生产资格证
	ISO认证规划	提供了包括ISO 9000质量认证和ISO 14000环境认证在内的国际认证，供企业根据其经营需要选择	ISO认证完成后换取相应的ISO资格证
生产中心	厂房选择	提供了不同的规格，价格和可容纳的生产线不同	已购置的厂房，可在厂房右上角摆放币桶来表示，桶内灰币多少表示其净值。1个币表示100万元，即1M，每桶最多放20个币，即2000M
	生产线标识	提供了包括手工、租赁、全自动、柔性在内的4种类型生产线，不同类型生产线的生产效率及灵活性不同	企业已购置的设备，其净值可在"生产线净值"处摆放币桶来表示

续表

职能中心	主要职能	简要说明	备注
生产中心	产品标识	提供了4种类型的产品：P1产品、P2产品、P3产品、P4产品	在生产线上摆放产品类型标识表示正在生产
物流中心	采购提前期	R1、R2原材料采购的提前期为1个季度(Q)，R3、R4原材料采购的提前期为2个季度	
	原材料库	提供了4个原材料库，分别放置R1、R2、R3、R4原材料	
	原料订单	代表企业与供应商签订的订货合同，用放在原料订单处的空桶数量表示	
	成品库	提供了4个成品库，分别放置P1、P2、P3、P4产品的成品	
财务中心	现金库	用来存放现金	
	银行贷款	用放置在相应位置上的空桶表示，可用便笺纸标注本金、利率、期限等信息	长期贷款按年(Y)计，短期贷款按季度(Q)计
	应收/应付款	用放置在相应位置上的空桶表示，可用便笺纸标注账款，到期收入现金库或者从现金库中支付	应收账款和应付账款都是分账期的
	综合费用	将发生的各项费用币数置于相应的位置	

三、ERP沙盘教具清单

除了盘面外，用友企业经营管理沙盘教具还有若干塑料小桶、彩色塑料币、纸质卡片等。其中，不同颜色的塑料币代表了不同类型的资源，卡片则代表了生产线、市场准入证、生产资格证、ISO资格证书、订单等（见表1-2）。

表1-2　企业经营模拟沙盘（6组）教具清单

物品名称		单位	数量	备注
盘面		张	6	
桶架		个	6	
空桶		个	240	
生产线	手工	张	24	合计96张
	半自动	张	24	
	全自动	张	24	
	柔性	张	24	
产品标识	P1	张	30	合计108张
	P2	张	30	
	P3	张	24	
	P4	张	24	
生产资格证	P1	张	6	合计24张
	P2	张	6	
	P3	张	6	
	P4	张	6	

续表

物品名称		单位	数量	备注
市场准入证	本地	张	6	合计30张
	区域	张	6	
	国内	张	6	
	亚洲	张	6	
	国际	张	6	
ISO 资格证书	ISO 9000	张	6	合计12张
	ISO 14000	张	6	
彩币	灰色	枚	2 000	100桶
	红色 R1	枚	300	15桶
	橙色 R2	枚	300	15桶
	绿色 R3	枚	300	15桶
	蓝色 R4	枚	300	15桶
订单		张	255	
包装盒		盒	6	
彩币盒		盒	4	

任务二 ERP 沙盘模拟

一、ERP 沙盘模拟全年运营流程

ERP 沙盘模拟企业经营 6 个年度，每个年度设 4 个季度运营，每个季度需完成相应的业务。

1. 年初 5 项工作

（1）战略规划与预算。新的一年开始，管理层要召开新年度规划会议，做出经营战略规划、设备投资规划、产品研发方案、市场开拓计划等。具体而言，需要进行销售预算和可承诺量的计算。销售预算的内容是销售数量、单价和销售收入等。可承诺量的计算是指企业参加订货会前，需要计算企业的可接单量。可接单量主要取决于现有的库存和生产能力。

（2）投放、支付广告费。

（3）参加订货会/登记销售订单。市场总监参加订货会，如果获得客户订单，负责将订单登记，完成订单登记表（见表 1-3）。

（4）制定新年度计划。明确销售任务，编制生产计划、采购计划、设备投资计划并进行相应的资金预算。

（5）支付应付税。根据上一年利润表"所得税"项目，上交税金，第 1 年经营时，无需此操作。

表 1-3 订单登记表

市场		
产品		
数量		
交货期		
应收款账期		
销售额		
成本		
毛利		

2. 年度经营流程

年度经营流程参照见表 1-4 依次进行，完成每步进行打钩，决定不进行则打叉。如果涉及现金收支，则直接记录现金增加或减少金额。

表 1-4 年度经营流程

流程	Q1	Q2	Q3	Q4
1. 年初现金盘点				
2. 申请长期贷款				
3. 季初现金盘点(请填余额)				
4. 更新短期贷款/还本付息				
5. 更新生产/完工入库				
6. 生产线完工				
7. 申请短期贷款				
8. 更新原料库(购买到期的原料,更新在途原料)				
9. 下原料订单				
10. 购置厂房(选择厂房类型,选择购买或租赁)				
11. 新建生产线(选择生产线类型及生产产品种类)				
12. 在建生产线(生产线第二、三、四期的投资)				
13. 生产线转产(选择转产产品种类)				
14. 变卖生产线				
15. 开始下一批生产(空置的生产线开始新一轮生产)				
16. 更新应收款(输入从应收款一期更新到现金库的金额)				
17. 按订单交货				
18. 产品研发投资				
19. 厂房处理				
20. 支付行政管理费(每季度固定为 10M)				

续表

流程	Q1	Q2	Q3	Q4
21. 新市场开拓				
22. ISO 资格认证投资				
23. 支付设备维修费				
24. 计提折旧				
25. 违约扣款				
26. 紧急采购（随时进行）				
27. 出售库存（随时进行）				
28. 应收款贴现（随时进行）				
29. 贴息（随时进行）				
30. 其他现金收支情况登记（根据需要填写）				
31. 期末现金对账（请填余额）				

（1）第一季度期初进行现金盘点，核对盘面上现金是否与资产负债表"现金"项目年初数一致，如果一致，按照实有数填在 Q1 处。

（2）根据资金预算决定是否要申请长期贷款，如申请 40M 长贷，则在 Q1 处记录"＋40"。这 2 件事只有每年第一季度需要完成，其他季度无需打钩。

（3）每个季度期初都要进行现金盘点，第一季度季初数与年初数一致。然后依次完成 4～20 步操作。

（4）21～25 步只需在第 4 季度决定是否需要进行。与前面 3 个季度无关。

（5）26～30 步业务在每年任何时候发生了就记录现金增加或减少，没发生则打叉。

（6）31 步是每季度的期末盘点，根据公式：

Q1 的期末数＝Q1 的季初数＋Q1 列全部现金增加－Q1 列全部现金减少

计算出期末数后，需要核对是否与盘面上现金库实有数一致，一致则填列实有数，不一致需要查找原因修改前面记录或者补充实际现金收支业务，直至两者一致。Q1 期末数即 Q2 的季初盘点数，每个季度末都需进行盘点，账实相符方能进行下一季度经营。Q4 的期末数即年末数，账实相符后计入资产负债表"现金"项目年末数。

3. 年末工作

财务总监编制产品核算统计表（见表 1-5）、综合费用明细表（见表 1-6）、利润表（见表 1-7）、资产负债表（见表 1-8）。

表 1-5 产品核算统计表   单位：M

项目	P1	P2	合计
数量			
销售额			
成本			
毛利			

表 1-6　综合费用明细表　　　　　　　　　　　　　　　　　单位：M

项　目	金　额	备　注
管理费		
广告费		
维修费		
租　金		
转产费		
市场准入开拓		□本地　□区域　□国内　□亚洲　□国际
ISO 资格认证		□ISO 9000　　□ISO 14000
产品研发		P1(　) 　P2(　) 　P3(　) 　P4(　) 　P5(　)
损　失		
合　计		

表 1-7　利润表　　　　　　　　　　　　　　　　　　　　　单位：M

项　目	本 年 数
销售收入	
直接成本	
毛利	
综合费用	
折旧前利润	
折旧	
支付利息前利润	
财务费用(利息＋贴息)	
税前利润	
所得税	
净利润	

表 1-8　资产负债表　　　　　　　　　　　　　　　　　　　单位：M

资产	金额	负债和所有者权益	金额
流动资产		负债	
现金		长期负债	
应收款		短期负债	
在制品		应交税金	
成品			
原料			
流动资产合计		负债合计	
固定资产		所有者权益	
土地和建筑		股东资本	
机器与设备		利润留存	
在建工程		年度净利	
固定资产合计		所有者权益合计	
资产总计		负债和所有者权益总计	

二、ERP 沙盘模拟岗位与职责

ERP 企业经营沙盘模拟采用了简化企业组织结构的方式，管理层由首席执行官（CEO）、营销总监（CMO）、生产总监（COO）、财务总监（CFO）、采购总监（CPO）等组成。具体的岗位职责和各自应遵守的任务规则如下。

（一）首席执行官

1. 具体岗位职责

制定企业发展战略规划、带领团队共同决定企业决策、审核财务状况和听取企业盈利（亏损）状况等。

2. 沙盘模拟中的任务及规则

在沙盘模拟中 CEO 发挥最大职能，如果所带领的团队在模拟对抗中意见不统一，就由 CEO 最终决定。

（二）营销总监

1. 具体岗位职责

负责开拓市场、稳定企业现有市场、积极拓展新市场、预测市场制定销售计划、合理投放广告、根据企业生产能力取得匹配的客户订单、沟通生产部门按时交货、监督货款的回收。

2. 沙盘模拟中的任务及规则

（1）制定广告方案。营销总监根据市场预测情况进行各个产品和地区的广告投放，每个市场的订单是有限的，并不是投放广告就能得到订单。在广告投放时，营销总监先向财务总监申请支付，然后从现金库中取出拟投放的广告费金额放到盘面"广告费"中。

（2）参加订单竞单。营销总监将获得的订单按照品种放到物理沙盘订单的规定区域中。

（3）交货给客户。营销总监检查各成品库中的成品数量是否满足客户订单要求，满足则按照客户订单交付约定数量的产品给客户。如果是加急订单必须在第一季度交货，否则将罚款 25%，如果在本年获得的订单不能在本年末交货，也将罚款 25%。

若订单为 0 账期付款，营销总监直接将现金置于现金库，财务总监做好现金收支记录；若为应收账款，营销总监将现金置于应收账款相应账期处。

（4）市场开拓/ISO 资格认证。市场开拓在每年的年末进行，每年只能进行一次，每次投入 1M，不能加速开拓。市场开拓不要求每年连续投入，在资金短缺的情况下可以停止对该市场的投资，但已经付出的投入不能收回。如果在停止开拓一段时间后想继续开拓该市场，可以在以前投入的基础上继续投入。所有市场可以一次性全部开拓，也可以选择部分市场进行开拓。只有在该市场完全开拓完成后，才能在下一年度里参与该市场的竞单。

营销总监向财务总监申请开拓市场的现金放置在要开拓的市场区域或要认证的区域，由财务助理配合做好现金支出记录。

（三）生产总监

1. 具体岗位职责

制订生产计划、监控生产过程、负责企业生产管理工作、协调完成生产计划、控制生产成本、落实生产计划和资源的调度、保持生产正常运行、及时交货、组织新产品研发、扩充改进生产设备。

2. 沙盘模拟中的任务及规则

（1）产品研发。按照年初制订的产品研发计划，生产总监向财务总监申请研发资金，置于相应产品技术投资区，财务总监做好现金收支处理。

（2）做好生产车间的现场管理。

（3）更新生产完工入库。将每个再生产的生产线向成品库的方向靠近。由生产总监将各生产线上的在制品向前推进一格。产品下线表示产品完工，将产品放置于相应的产成品库。

（4）购买/更新/转产生产线。生产总监向供应商购买所需要的生产线，并不是将现金交给供应商，而是按照生产线的安装周期和投入安装费用放在生产线区域，如果安装完毕，生产线就可以使用了。

（5）转产。将物理沙盘上的原有产品牌换成新的产品牌。

（6）变卖。将不使用的产品线卖掉，把所需卖掉的生产线交给供应商，并取得相应收入，放在现金区。

（7）开始新的生产。产品研发完成后，可以接单生产。

每条生产线同时只能有一个产品在线。产品上线后每个季度都需要支付加工费，不同生产线的生产效率不同，因此需要支付的加工费也是不相同的。生产线的生产效率如表1-9所示。

表1-9　生产线的生产效率　　　　　　　　　　　　　　　　　单位：M

产品＼产品线	手工线	半自动	全自动/柔性
P1	1	1	1
P2	2	1	1
P3	3	2	1
P4	4	2	1

这个任务需要生产总监、仓库主管和财务总监共同来完成。生产总监根据产品结构到仓库领用相应原料，财务总监支付工人的加工费，将原料、加工费放入小桶中置于生产线上第一个生产周期处。

（8）支付设备维护费。生产总监从财务总监取相应现金置于沙盘上的"维护费"处，并做好现金收支记录。

（四）财务总监

1. 具体岗位职责

筹集和管理资金、做好现金预算、管好用好资金、支付各项费用、核算成本、按时报送财务报表、做好财务分析。

2. 沙盘模拟中的任务及规则

（1）支付税金。企业所得税是对企业在一定时期内的应纳税所得额征收的税种。企业所得税的法定税率为 25%。

财务总监按照上一年度资产负债表的"应交税"一项的数值取出相应的现金放置于沙盘上的"税金"处并做好现金收支记录。

（2）短期贷款/支付利息

① 更新短期贷款。如果企业有短期贷款，请财务总监将空桶向现金区方向移动一格。当移至现金库时，表示短期贷款到期。

② 还本付息。短期贷款的还款规则是利随本清。如 20M 半年期的短期贷款到期时，每桶需要支付 $20M \times 5\%/2 = 0.5M$ 的利息，因此，本金与利息共计 20.5M。财务总监从现金库中取现金，其中 20M 还给银行，0.5M 放置于沙盘上的"利息"处并做好现金收支记录。

③ 获得新贷款。短期贷款只有在这一时点上可以申请。可以申请的最高额度为：上一年所有者权益×3－已有贷款。

④ 民间融资。企业随时可以申请民间融资，民间融资贷款额度的规定同短期贷款。民间融资的管理同短期贷款，只是利率不同。

（3）长期贷款

① 更新长期贷款。如果企业有长期贷款，请财务总监将空桶向现金库方向移动一格；当移至现金库时，表示长期贷款到期。

② 支付利息。长期贷款的还款规则是每年付息，到期还本，年利率为 10%。财务总监从现金库中取出长期借款利息置于"利息"处，并做好现金收支记录。长期贷款到期时，财务总监从现金库中取出现金归还本金及当年的利息，并做好现金收支记录。

③ 申请长期贷款。长期贷款只有在年末可以申请。额度为：上一年所有者权益×3－已有贷款。

（4）更新应收账款/归还应付账款。贴现是将应收账款变成现金的动作，应收款贴现随时可以进行，如果是 3Q 或者 4Q 的账款，财务总监按应收账款的 1/7 作为贴现费用置于沙盘上的"贴息"处，6/7 放入现金区，并做好现金收支记录；如果是 1Q 或者 2Q 的账款，财务总监按应收账款的 1/10 作为贴现费用置于沙盘上的"贴息"处，9/10 放入现金区，并做好现金收支记录。

财务总监将应收款向现金库方向推进一格。到达现金区时即成为现金，做好现金收支记录。

财务总监将应付款向现金区方向推进一格。到达现金库时，从现金库中取现金付清应付款并做好现金收支记录。

（5）支付行政管理费。管理费用是企业为了维持运营发放的管理人员工资、差旅费、招待费等。财务总监每个季度取出 1M 摆放在"管理费"处，并做好现金收支处理。

（6）购买（或租赁）厂房。此时要决定该厂房是购买还是租赁。如果购买，财务总监取出与厂房价值相等的现金置于沙盘上的"厂房价值"处；如果租赁，财务总监取出与厂房租金相等的现金置于沙盘上的"租金"处，无论购买还是租赁，财务总监应做好现金收支记录。

（7）折旧。财务总监从设备价值中取折旧费放置于沙盘上的"折旧"处。当设备价值下降至 3M 时，每年折旧 1M。

厂房可以随时使用，年底再决定是否购买所用的厂房。如果决定购买，则支付相应的现金，将支付的现金放入厂房价值区；如果决定不购买，则必须支付租金，支付的租金不考虑厂房开始使用的时间，只要在年底时不购买厂房，则必须支付全年的租金。

厂房可随时按购买价值出售，得到的是与购买厂房价值相等的现金。

(8) 关账。一年的经营下来，年终要做一次"盘点"，编制"利润表"和"资产负债表"。

在报表做好之后，指导教师将会取走沙盘上企业已支出的各项费用，为来年做好准备。

（五）采购总监

1. 具体岗位职责

负责原料的及时采购和安全管理、编制并实施采购供应计划、与供应商签订供货合同，按期采购原材料并向供应商付款、管理原材料库等。

2. 沙盘模拟中的任务及规则

负责填制经营记录过程、公司采购登记表。

货物到达企业时，必须照单全收，并按规定支付原料费或计入应付账款。

三、ERP 沙盘模拟操作规则

因为物理沙盘模拟企业的实际经营环境，为了更好地认知企业运营的内外部环境，熟悉日常工作内容，实现高度仿真，目前的沙盘技能大赛都对运营规则做了相关说明。现将主要规则说明如下。

ERP 沙盘模拟操作的整体运营规则主要包括以下几个部分：市场划分与市场准入（市场类型、市场准入证）；参加订货会与选单（参与订货的方式、选单规则）；厂房等固定资产的购置及处理（购买、出售与租赁、转产与维修）；原材料采购与产品的研发（原材料种类、产品种类与构成、研发投资规则）；ISO 认证（认证时间、投资注意事项）；企业筹资（各种贷款的时间、利息支付与偿还方式，应收账款贴现）等。

（一）筹资规则

筹资按目的可分为中长期筹资和短期筹资。中长期筹资指企业向银行和非银行的金融机构以及其他单位借入的期限在一年以上的借款，主要用于固定资产、无形资产、长期占用的流动资产的购买。短期筹资指为满足企业临时波动的流动资金需要的期限在一年内的借款。

具体筹资规则如表 1-10 所示。

表 1-10　筹资规则

贷款类型	贷款时间	贷款额度	年利率	还款方式
长期贷款	每年年初	所有长贷和短贷之和不能超过上年权益的3倍	10%	年初付息，到期还本
短期贷款	每季度初		5%	到期一次还本付息
资金贴现	任何时间	视应收款额	10%(1季,2季)，12.5%(3季,4季)	变现时贴息，可对1、2季应收联合贴现（3、4季同理）
库存拍卖		原材料8折，成品按成本价		

1. 长期和短期贷款信用额度

长短期贷款的总额度（包括已借但未到还款期的贷款）为上年所有者权益总计的 3 倍，

长期贷款、短期贷款必须为大于等于 1M 的整数申请。例如：第一年所有者权益为 358M，第一年已借 5 年期长贷 506M（且未申请短期贷款），则第二年可贷款总额度为：358×3－506＝568(M)。

2. 贷款规则

（1）长期贷款每年必须支付利息，到期归还本金。长期贷款最多可贷 5 年。

（2）每年结束时，不要求归还没有到期的各类贷款。

（3）短期贷款年限为 1 年，如果某一季度有短期贷款需要归还，且同时还拥有贷款额度时，必须先归还到期的短期贷款，才能申请新的短期贷款。

（4）所有的贷款不允许提前还款。

（5）企业间不允许私自融资，只允许企业向银行贷款，银行不提供高利贷。

（6）长期贷款利息是根据长期贷款的贷款总额乘以利率计算。例如：第 1 年申请 504M 长期贷款，第 2 年申请 204M 长期贷款，则第 3 年所需要支付的长期贷款利息＝(504＋204)×10％＝70.8(M)。

3. 出售规则

（1）原材料打 8 折出售。例如：出售 10 个原材料获得 10×0.8＝8(M)。

（2）出售产成品按产品的成本价计算。

（二）投资规则

投资分为固定资产投资和无形资产投资，在 ERP 沙盘模拟中，固定资产投资主要是购买厂房和生产线，无形资产投资则主要是进行市场开拓、产品研发和认证开发。

1. 厂房投资

企业有大厂房、小厂房可供使用。有关厂房购买、租赁与出售等相关规则如表 1-11 所示。

表 1-11 厂房购买决策

厂房	买价/M	租金/(M/年)	售价/M	容量/条
大厂房	400	40	400	4
中厂房	300	30	300	3
小厂房	180	18	180	2

（1）租用或购买厂房可以在任何季度进行。如果决定租用厂房或者厂房买转租，租金在开始租用的季度交付，即从现金处取等量钱币，放在租金费用处。一年租期到期时，如果决定续租，需重复以上动作。

（2）厂房租入后，一年后可作租转买、退租等处理（例：第一年第一季度租厂房，则以后每一年的第一季度末"厂房处理"均可"租转买"），如果到期没有选择"租转买"，系统自动做续租处理，租金在"当季结束"时和"行政管理费"一并扣除。

（3）要新建或租赁生产线，必须购买或租用厂房，没有租用或购买厂房不能新建或租赁生产线。

（4）如果厂房中没有生产线，可以选择厂房退租。

(5) 厂房出售得到 4 个账期的应收款，紧急情况下可进行厂房贴现（4 季贴现），直接得到现金，如厂房中有生产线，同时要扣租金。

2. 生产线投资

生产线是产品生产过程所经过的路线，是原材料进入生产现场开始，经过加工、运送、装配、检验等一系列生产活动所构成的路线。不同类型生产线在生产效率和灵活性方面有较大差别，具体购买、转产、维护与出售等相关规则如表 1-12 所示。

表 1-12 生产线相关规则

生产线	购置费/M	安装周期/Q	生产周期/Q	总转产费/M	转产周期/Q	维修费/(M/年)	残值/M
超级手工线	35	无	2	0	无	5	5
租赁线	0	无	1	20	1	70	−85
自动线	150	3	1	20	1	20	30
柔性线	200	4	1	0	无	20	40

(1) 新建生产线需先选择厂房，然后选择生产线的类型，特别要确定生产产品的类型（产品标识必须摆上）。生产产品一经确定，本生产线所生产的产品便不能更换，如需更换，须在建成后，进行转产处理。

(2) 每次操作可建一条生产线，同一季度可重复操作多次，直至生产线位置全部铺满。自动线和柔性线待最后一期投资到位后，必须到下一季度才算安装完成，允许投入使用。超级手工线和租赁线当季购入（或租入）当季即可使用。

(3) 新建生产线一经确认，即刻进入第一期在建，当季便自动扣除现金。

(4) 不论何时出售生产线，从生产线净值中取出相当于残值的部分计入现金，净值与残值之差计入损失。

(5) 只有空的并且已经建成的生产线方可转产。

(6) 当年建成的生产线和转产中的生产线都要交维修费；凡已出售的生产线（包括退租的租赁线）和新购正在安装的生产线不交纳维修费。

(7) 生产线不允许在不同厂房移动。

(8) 租赁线不需要购置费，不用安装周期，不提折旧，维修费可以理解为租金；在退租时，将扣 85M/条的清理费用，记入损失。

(9) 当年建成的生产线当年不计提折旧，当净值等于残值时，生产线不再计提折旧，但可以继续使用。生产线折旧情况具体如表 1-13 所示。

表 1-13 生产线折旧情况（平均年限法）　　　　　　　　　　　　单位：M

生产线	购置费	残值	建成第1年	建成第2年	建成第3年	建成第4年	建成第5年
超级手工线	35	5	0	10	10	10	0
自动线	150	30	0	30	30	30	30
柔性线	200	40	0	40	40	40	40

3. 产品研发投资

要想生产某种产品，先要获得该产品的生产许可证。而要获得生产许可证，则必须经过产品研发。产品研发要注意以下几点。

（1）产品的研发需要周期，每个周期只能投入一定的费用，不能加速研发。

（2）只有在研发完成后才可以进行该种产品的加工生产，没有研发完成时不能开工生产（但可以提前备料）。

（3）可以同时研发所有的产品，也可以选择部分产品进行研发。

（4）可以在任何时间里停止对产品技术的投资，但已经付出的钱不能收回。

（5）如果在停止研发一段时间后想继续研发，可以在以前研发的基础上增加投入。

P1、P2、P3、P4产品都需要研发后才能获得生产许可。研发需要分期投入研发费用。产品研发的费用与时间规则具体如表1-14所示。

表1-14　产品研发的费用与时间规则

名称	开发费用/(M/季)	开发总额/M	开发周期/季	加工费/(M/季)	产品组成
P1	10	20	2	1	R1
P2	10	30	3	1	R2＋R3
P3	10	40	4	1	R1＋R3＋R4
P4	10	50	5	1	P1＋R4

4. 市场认证投资

企业需要通过质量保证体系的认证来提高企业信誉和市场竞争力，而企业进行市场认证，需要通过一段时间并花费一定费用。ISO资格认证投入时间与费用规则如表1-15所示。

表1-15　ISO资格认证投入时间与费用规则

ISO类型	每年研发费用/(M/年)	年限/年	全部研发费用/M
ISO 9000	10	2	20
ISO 14000	15	2	30

无须交维护费，如果中途停止使用，也可继续拥有资格并在以后年份使用。ISO认证只有在第四季度末才可以操作。

5. 市场开发投资

由于各个市场地理位置区域不同，开发不同市场所需要的时间和资金投入也不同，在市场开发完成前，企业没有进入该市场销售的权力。市场开发的费用与时间规则具体如表1-16所示。

表1-16　市场开发的费用与时间规则

市场	每年开拓费/(M/年)	开拓年限/年	全部开拓费用/M
本地	10	1	10
区域	10	1	10
国内	10	2	20
亚洲	10	3	30
国际	10	4	40

无须交维护费,如果中途停止使用,也可继续拥有资格并在以后年份使用。

市场开拓只有在第四季度才可以操作。若投资中断已投入的资金依然有效。

(三) 营销与生产规则

1. 广告投放规则

广告是分市场、分产品投放的,在操作过程中,各团队需要填写"广告竞单表",按市场和产品投放广告费用,具体规则如下。

(1) 在一个回合中,每投放 10M 广告费理论上将获得一次选单机会,此后每增加 20M 理论上多一次选单机会。如:本地 P1 投入 30M 表示最多有 2 次选单机会,但是能否选到 2 次取决于市场需求及竞争态势。如果投小于 10M 广告则无选单机会,但仍扣广告费,对计算市场广告额有效。广告投放可以是非 10 倍数,如 11M,12M,且投 12M 比投 11M 或 10M 优先选单。

(2) 投放广告,只有裁判宣布的最晚时间,没有最早时间。在系统里当年经营结束后即可马上投下一年的广告。

(3) 选单时首先由上一年该市场的市场老大优先选单,然后以本市场本产品广告额投放大小顺序依次选单。如果两队本产品广告额相同,则看本市场广告投放总额;如果本市场广告总额也相同,则看上年本市场销售排名;如仍无法决定,先投广告者先选单。第一年无订单。

(4) 选单时,两个市场同时开单,各队需要同时关注两个市场的选单进展,其中一个市场先结束,则第三个市场立即开单,即任何时候会有两个市场同开,除非到最后只剩下一个市场选单未结束。如某年有本地、区域、国内、亚洲四个市场有选单,则系统将本地、区域同时放单,各市场按 P1、P2、P3、P4 顺序独立放单,若本地市场选单结束,则国内市场立即开单,此时区域、国内二市场保持同开,紧接着区域结束选单,则亚洲市场立即放单,即国内、亚洲二市场同开。

(5) 市场老大指上一年某市场内所有产品销售总额最多且该市场没有违约的那家企业,如果出现多组销售总额相等,市场老大随机产生或无老大。

2. 原材料采购规则

原材料采购需要经过原材料下单和采购入库两个步骤。下原材料订单需要注意订货提前期,原料价格和订货提前期具体如表 1-17 所示。

表 1-17 原料价格和订货提前期

名称	购买价格/(M/个)	提前期/季
R1	1	1
R2	1	1
R3	1	2
R4	1	2

没有下订单的原材料不能采购入库;所有预订的原材料到期必须全额现金购买。

紧急采购时，原料是直接成本的 2 倍，即 2M/个，在利润表中，直接成本仍然按照标准成本记录，紧急采购多付出的成本计入综合费用表中的"其他"。

3. 客户订单规则

市场需求以客户订单卡的形式表示。卡片上标注了市场、产品、产品数量、单价、订单价值总额、账期、特殊要求等订单相关信息。

标注有"加急"字样的订单卡片要求在每年的第一季度交货，延期交货将扣除该张订单总额的 25% 作为违约金；普通订单卡片可以在当年内任一季度交货，如果由于产能不够或其他原因，导致本年不能交货，交货时扣除该张订单总额的 25% 作为违约金。订单卡片上的账期代表客户收货时货款的交付方式，若为 0 账期，则现金付款；若为 4 账期，代表客户 4 个季度后才能付款。

如果订单卡片上标注了"ISO 9000"或"ISO 14000"，那么要求生产单位必须取得了相应认证，并投放了认证的广告费，两个条件均具备才能得到这张订单。

订单必须在规定季或提前交货，应收账期从交货季开始算起。

所有订单要求在本年度内完成（按订单上的产品数量和交货期交货）。如果订单没有完成，则视为违约订单。违约订单一律收回。

四、ERP 沙盘模拟的目标

（一）认知业财一体化系统中的不同的岗位职责，培养专项技能

1. 战略管理

成功的企业一定有着明确的企业战略，包括产品战略、市场战略、竞争战略及资金运用战略等。从最初的战略制订到最后的战略目标达成分析，经过几年的模拟，经历迷茫、挫折、探索，学员将学会用战略的眼光看待企业的业务和经营，保证业务与战略的一致，在未来的工作中更多地获取战略性成功而非机会性成功。

2. 营销管理

市场营销就是企业用价值不断来满足客户需求的过程。企业所有的行为、所有的资源，无非是要满足客户的需求。模拟企业几年中的市场竞争对抗，学员将学会如何分析市场、关注竞争对手、把握消费者需求、制订营销战略、定位目标市场，制订并有效实施销售计划，最终达成企业战略目标。

3. 生产管理

在模拟中，把企业的采购管理、生产管理、质量管理统一纳入到生产管理领域，则新产品研发、物资采购、生产运作管理、品牌建设等一系列问题背后的一系列决策问题就自然地呈现在学员面前，它跨越了专业分隔、部门壁垒。学员将充分运用所学知识、积极思考，在不断的成功与失败中获取新知。

4. 财务管理

在沙盘模拟过程中，团队成员将清晰掌握资产负债表、利润表的结构；掌握资本流转如何影响损益；解读企业经营的全局；预估长短期资金需求，以最佳方式筹资，控制融资成本，提高资金使用效率；理解现金流对企业经营的影响。

5. 人力资源管理

从岗位分工、职位定义、沟通协作、工作流程到绩效考评，沙盘模拟中每个团队经过初期组建、短暂磨合，逐渐形成团队默契，完全进入协作状态。在这个过程中，各自为战导致的效率低下、无效沟通引起的争论不休、职责不清导致的秩序混乱等情况，可以使学员深刻地理解局部最优不等于总体最优的道理，学会换位思考。明确只有在组织的全体成员有着共同愿景、朝着共同的绩效目标、遵守相应的工作规范、彼此信任和支持的氛围下，企业才能取得成功。

（二）提高综合素质

ERP沙盘模拟作为企业经营管理仿真教学系统还可以用于综合素质训练，具体包括以下几点。

1. 培养团队合作精神

通过ERP沙盘模拟对抗课程的学习，学员可以深刻体会到团队协作精神的重要性。在企业运营这样一艘大船上，CEO是舵手、CFO保驾护航、营销总监冲锋陷阵……在这里，每一个角色都要以企业总体最优为出发点，各司其职，相互协作，才能赢得竞争，实现目标。

2. 诚实守信

诚信是一个企业立足之本，发展之本。诚信原则在ERP沙盘模拟课程中体现为对游戏规则的遵守，如市场竞争规则、产能计算规则、生产设备购置以及转产等具体业务的处理。保持诚信是学员立足社会、发展自我的基本素质。

3. 职业定位

每个个体因为拥有不同的个性而存在，这种个性在ERP沙盘模拟对抗中会显露无遗。在分组对抗中，有的小组轰轰烈烈，有的小组稳扎稳打，还有的小组则不知所措。虽然，个性特点与胜任角色有一定关联度，但在现实生活中，很多人并不是因为"爱一行"才"干一行"的。更多的情况是需要大家"干一行"就"爱一行"的。

此外，我们在模拟中看到市场竞争是激烈的，也是不可避免的，但竞争并不意味着你死我活。寻求与合作伙伴之间的双赢、共赢才是企业发展的长久之道。这就要求企业知彼知己，在市场分析、竞争对手分析上做足文章，在竞争中寻求合作，企业才会有无限的发展机遇。

任务三 实战演练

一、背景资料

学员自行组合，分成6组，每组至少5人，为本公司命名，分别担任总裁、财务总监、营销总监、生产总监和采购总监。其余同学皆为财务部员工。公司目前仅有P1产品生产资格，仅需要使用R1原材料。现有生产线为手工线，生产周期为三个季度。2017年12月31日财务状况和经营成果情况如表1-18、表1-19所示。

表 1-18　2017 年 12 月 31 日资产负债表　　　　　　　　单位：M

资产		金额	负债和所有者权益		金额
现金	+	20	长期负债	+	40
应收款	+	15	短期负债	+	0
在制品	+	11	应付款	+	0
成品	+	12	应交税	+	1
原材料	+	3	一年到期的长贷	+	0
流动资产合计	=	61	负债合计	=	41
固定资产			所有者权益		
土地和建筑	+	40	股东资本	+	59
机器和设备	+	13	利润留存	+	11
在建工程	+	0	年度净利	+	3
固定资产合计	=	53	所有者权益合计	=	73
总资产	=	114	权益合计	=	114

表 1-19　2017 年利润表　　　　　　　　单位：M

项目		金额
销售收入	+	35
直接成本	−	12
毛利	=	23
综合费用	−	11
折旧前利润	=	12
折旧	−	4
支付利息前利润	=	8
财务收入/支出	+/−	4
额外收入/支出	+/−	
税前利润	=	4
所得税	−	1
净利润	=	3

二、业务流程

(1) 根据资产负债表反映的财务状况恢复沙盘初始状态，如图 1-1～图 1-3 所示。

(2) 再申请 3 年期长贷金额 40M，已获批。把 40M 灰币放在"现金"处，同时拿个空桶，内置 1 张纸条写上 40M，放在"长期贷款"FY3（未来 3 年到期）处。每过一个会计年度，到"更新长期贷款/还本付息"时，把空桶从 FY3 移动到 FY2，再从 FY2 移动到 FY1，以此类推，如果空桶从 FY1 到"现金"，说明要还该笔长期贷款本金。之后每年需要支付 10% 利息。

(3) 申请短贷 10M，3Q 后到期。把 10M 灰币放在"现金"处，同时拿 1 个空桶，内置

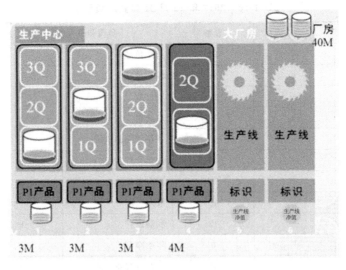

图 1-1　企业财产物资情况

图 1-2　企业存货情况

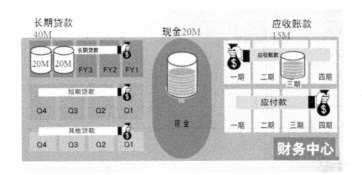

图 1-3　期初债权债务情况

1 张写上 10M 的纸条，放在"短期贷款"3Q 处。每过 1 个季度，到"更新短期贷款/还本付息"时，把空桶 Q3 移动到 Q2，以此类推，如果空桶从 Q1 到"现金"，说明要还该笔短期贷款本金及年利息（利息 5%）。

（4）决定投放 20M 广告费，拿上 1 个空桶放入 20M 灰币，放在费用区"广告"处。

（5）租小厂房，从现金库中把租金 18M 放在费用区"租金"处。如果是购买小厂房 1 间，价值 180M，把 9 桶灰币共 180M 放到厂房边上钱币符号处。

（6）上月所订 R1 原料 2 个验收入库。将 R1 原料订单处的原有 2 个空桶同时向上推 1 格，进入 R1 原料库，分别放入红色币 R1 原料各 1 个。支付 2 个灰币给供应商。

（7）再订购原料。根据所需要预定的原料品种在桌面上"R1 订单""R2 订单""R3 订单""R4 订单"处摆放 1 个空桶，空桶里放 1 张纸条，上面标明该种原料拟订的数量。注意 R1 和 R2 的到货期只需 1 个季度，而 R3 和 R4 的到货期需 2 个季度。因此必须提前进行采购。

如企业拟采购 R1 材料 3 个，在"R1 订单"处摆放 1 个空桶，空桶里放 1 张纸条，上面标明 3 个，也可以直接摆 3 个空桶在"R1 订单"处。

（8）更新 P1 产品生产，完工入库 1 个。往生产线上原有 4 个 P1 产品桶各追加 1 个灰币加工费，往前走 1 格，有 1 个产品桶（里面已包括 1 个原料和 3 个加工费）进入 P1 成品库。

（9）闲置生产线继续投产。从 R1 原料库中取出 1 个桶，加入 1 个人工，放置在闲置 P1 生产线第一工序。下个季度往 2Q 移动 1 格，并添加 1 个灰币。

（10）按订单交货，出售 P1 产品，总价 20M，账期为 3Q。把产成品 P1 仓库里的 4 个产品拿掉，换回 20M 灰币，装入空桶放入应收款三期处。

（11）新增生产线。企业现在仅有 P1 产品生产资格，在小厂房为生产 P1 产品购买 1 条超级手工线，价值 35M。

超级生产线立刻可以投入使用，产品生产周期为 2 个季度，生产线彩面朝上放入厂房内生产线位置，超级手工线上有 2 格，1Q 那格朝向"标识"方向，35M 的灰币放在"标识"边"生产线净值"处。

全自动线、柔性线均为分期投资生产线，每期 50M。以全自动线为例。第一季度购买时，生产线背面（白面）朝上放入厂房内生产线位置，拿 1 个空桶压在生产线上，往空桶里放 50M 灰币。到了第二季度"在建生产线"，就再往那个桶里放 50M 灰币。到了第三季度"在建生产线"，就再往那个桶里放 50M 灰币。这时候该生产线投资完成，但还不能翻过来使用，必须等到下一季度初（生产线完工）才能翻过来使用。生产线完工时，生产线可以翻过来彩面朝上，投资的钱放在"生产线净值"处，用于将来提折旧。

按照权责发生制，生产线在使用过程中必须按月计提折旧，在沙盘游戏中可以简化为按年计提，减少其账面净值。

如果是全自动生产线，生产周期只需 1 个季度，第 1 个季度投产，第 2 个季度即可完工入库，进入下批次生产。既加快了生产的节奏，同时节约了产品的直接生产成本。只需 1 个原料费和 1 个加工费。

（12）紧急变现原材料。当企业有需要出售原材料时，把原料仓库里的原料拿掉，换回相应的灰币放入应收账款相应位置。如果出售时发生损失，放在费用区"其他"。

（13）生产线转产。生产线转产必须是空生产线方可转产，转产时把生产线边上"标识"处的小牌子更换即可。如果是租赁线和全自动线则需要同时缴纳转产费。

如企业取得 P2 产品生产资格后打算转产，将 P1 换为 P2，同时支付 20M 转产费。

（14）变卖生产线。变卖生产线必须是空生产线方可变卖，变卖时把生产线净值处的代金币拿出残值部分放入现金，其余放入费用区"其他"，生产线从盘面上拿掉即可。

（15）更新应收款。每季度更新应收款时，把应收款往现金方向挪 1 格。

（16）产品研发、市场开拓、ISO 认证。拿 1 个空桶放在研发中心所要研发的产品或所要开拓的市场或 ISO 认证处，根据所要研发产品或开拓市场、ISO 认证的研发规则，分期往空桶里放入灰币，待研发费用满足要求后可换取相应的产品资格或市场准入证或 ISO 证书。

（17）贴现。应收账款尚未到期，但企业资金周转如果出现困难，可以进行贴现。需要扣除贴现利息，得到灰币收入现金库。

（18）紧急采购。如果企业没有提前采购，获取采购数量不足，导致生产领料没有保障时需要进行紧急采购。紧急采购时超出成本的部分，放在费用区"其他"，成本部分直接放到盘面以外。

三、注意事项

（1）物理沙盘与电子沙盘相比较，能够更加直观地对企业的内外部环境、财务状况有个整体认知，在团队游戏中，寓教于乐，培养同学们发现问题、分析问题、解决问题的能力。但在操作中要注意每季度经营流程，不要遗漏步骤。

（2）游戏跨越 6 个会计年度，每个年度都需要制作报表，因此财务总监的会计核算基本功要过关，这也是选择该游戏作为会计综合实务训练平台的重要原因。如果资产负债表编制不平衡，无法进入下一年度经营。

（3）模拟企业能够在 6 年的经营中生存和发展，取决于所做的每个决策是否正确。但是长期决策必然要面对很多不确定性。因此每个年度的预算十分关键，从预算的编制和执行、分析和调整，到最后的决算评价都对以后年度的经营至关重要。

（4）目前物理沙盘游戏主要应用于管理类或者营销类专业或者企业管理类培训。财务总监的工作内容与国际会计准则较为接近，有些内容与现有中国会计准则不一致。有些规则的简化也违反了中国现有的会计准则。建议会计专业老师在使用沙盘游戏时，对于规则部分补充说明。

（5）物理沙盘与电子沙盘相比较更有趣味性，但无法借助于信息系统进行业财一体化的高度协调和统一，建议学员在熟悉物理沙盘的基础上，利用电子沙盘更好地监控企业实际运用过程，并进行信息的共享和分析。

（6）盘面中 1 个币价值 100 万元，如果涉及折旧和利息等可能会出现零头，竞赛中往往采用四舍五入取整，但核算结果误差会较大。建议金额有零头时用白纸记录作为辅助。

小　　结

（1）ERP（enterprise resource planning）是企业资源计划的简称。企业资源包括厂房、设备、物料、资金、人员，甚至还包括企业上下游的供应商和客户等。企业资源计划的实质就是在资源有限的情况下，如何合理组织生产经营活动，降低经营成本，提高经营效率，提升竞争能力，力求做到利润最大化。

（2）用友 ERP 沙盘盘面按照企业主要的职能部门划分为四大职能中心：营销与规划中心、生产中心、物流中心以及财务中心，此外，盘面还设计了一个信息中心。

（3）企业经营管理沙盘教具包括盘面、若干塑料小桶、彩色塑料币、纸质卡片等。其中，不同颜色的塑料币代表了不同类型的资源，卡片则代表了生产线、市场准入证、生产资格证、ISO 资格证书、订单等。

（4）ERP 沙盘的模拟操作规则包括筹资、投资和营销与生产规则等。其中投资规则包括厂房投资规则、生产线投资规则、产品研发投资规则、市场开发投资规则、市场认证规则等。营销与生产规则包括广告投放规则、客户订单规则、原材料采购规则等。

（5）ERP 沙盘模拟企业经营 6 个年度，每个年度设 4 个季度运营，每个季度需完成相应的业务。每个年度年初需完成 5 项工作，年中每个季度需完成 19 项工作，年末即第 4 季度还需增加 6 项工作。

（6）ERP 企业经营沙盘模拟采用了简化企业组织结构的方式，管理层由首席执行官（CEO）、营销总监（CMO）、生产总监（COO）、财务总监（CFO）、采购总监（CPO）等组成。他们各自拥有明确的工作职责和应遵循的任务规则。

 实践案例

案例分析

某公司是一个生产 P 系列产品的民营企业。P 系列产品包括 P1，P2，P3，P4。目前公司只有生产 P1 产品的能力，从市场情况看这个产品较为畅销。公司的高管每天为企业管理中的计划、预算、采购、生产、制造、销售、市场等问题烦恼。

业内都知道，每年一度的 P 产品交易会规模非常大，不仅参展的厂商多，来订货的用户也非常多，每年的成交额都在百亿以上。对于富源公司这种生产能力的企业而言，如果能在订货会议上拿下几个好订单，那一年就不用担心销售问题了。老马当然清楚这个会议的重要性，以前也经常参加这个会议。这个会议最大的特点是：只要广告打得多，订单就能拿得多。因为用户就是通过厂商在会议中的广告表现来衡量这个企业的实力。营销总监老高的愿望是在广告投入的资金上有"大手笔"。而运营总监老何更关注新产品的研发和先进的生产线引进。财务总监诉苦说公司里的资金周转比较紧张，尽管目前向银行贷了一些钱，可需要用钱的地方实在是太多了。

最终老马求助于好友，资深管理咨询顾问老杜，老杜组织了一次专门关于 ERP 沙盘模拟的培训，帮助公司安装 ERP 系统，彻底改变了公司的管理和决策模式。在咨询顾问的帮助下，用了 6 年时间，他们依靠 ERP 打造企业管理系统，使公司的经营越来越好！

【评析】

1. 业财一体化系统不仅烘托出财务职能在企业管理中的重要地位，也要求财务人员更多地了解企业实际业务流程，便于监控和改进。

2. 不同岗位要明确自己的岗位职责和要求，相互协作，才能实现企业管理战略目标。

3. 融资和投资等重要决策一定要进行可行性分析，全面预算管理必不可少。

业务操作

1. 假定你的团队在沙盘模拟开始年度财务状况同表 1-18，按照其现有产能，年底前最多能销售多少 P1 产品？为此应该采购多少原材料？何时采购？准备多少资金？

2. 按照上述计划完成沙盘模拟流程。完成表 1-4。

3. 核算利润，完成表 1-8。

 学习评价

一、名词解释

1. ERP
2. MIS
3. MRP
4. 业财一体化
5. 全面预算管理

二、简答题

1. ERP 沙盘模拟运营前成立的企业需要设定哪些岗位？各自的工作职责是什么？

2. 简述 ERP 物理沙盘模拟运营时，企业一年要进行哪些具体的操作？

3. 请每个团队代表说明一下本团队在企业初始年份的操作过程中存在哪些问题？如何克服？

三、论述题

作为会计专业学员，你能发现用友物理沙盘规则中有哪些与我国《企业会计准则》等不一致的地方呢？

项目二 全面预算管理

 知识目标

- ◆ 了解全面预算管理体系
- ◆ 熟悉预算编制方法和适用范围
- ◆ 掌握预算管理中业务预算和财务预算的编制方法

能力目标

- ◆ 能够运用全面预算管理的原理和方法,结合企业实际经营活动特点,选择适合的预算编制方法
- ◆ 能够编制主要业务预算和财务预算

 **重点难点**

- ◆ 各种预算的编制

 **任务引入**

在沙盘模拟的过程中,我们可能碰到现金短缺、材料短缺、无法按时交货等问题,甚至陷入由于无法偿还到期债务只能破产的悲惨境地。那么如何避免这些流动性陷阱和财务风险呢?如何合理防范呢?全面预算管理将带领你合理预测未来的各种可能性,制定科学的采购生产销售计划,提前做好现金的筹集和准备,保障经营业务的日常支付需要。并运用预算动态监控实

际经营过程，加强成本费用管理，加强事后考核评估。

任务一　认识全面预算管理

一、预算的定义

预算英文为 budget，产生于政府和非盈利单位，后来逐渐被企业应用。预算应用的背景和范围不同，其涵义也不同，主要分为政府预算及企业预算。政府预算是指经法定程序审核批准的国家年度集中性财政收支计划，规定国家财政收入的来源和数量、财政支出的各项用途和数量，反映着整个国家政策、政府活动的范围和方向。企业预算是指企业内部管理与控制的一种手段和制度安排，是企业按照一定程序编制、审查、批准的，在预定期内经营活动的总体安排。本教程主要讲述企业预算。企业预算是企业在对历史的运营结果和对未来进行充分分析、论证的基础上，对未来的经营活动进行的量化表述，是围绕企业战略规划和经营目标，对预算期内资金取得和投放、各项收入和支出、经营成果与分配等资金运动所做的统筹安排。

预算是企业在预测、决策的基础上，以数量和金额的形式反映企业未来一定时期内经营、投资、财务等活动的具体计划，是为实现企业目标而对各种资源和企业活动做的详细安排。预算是一种可据以执行和控制经济活动的、最为具体的计划，是对目标的具体化，是将企业活动导向预定目标的有力工具。

预算具有两个特征：首先，预算与企业的战略或目标保持一致，因为预算是为实现企业目标而对各种资源和企业活动做的详细安排；其次，预算是数量化的并具有可执行性，因为预算作为一种数量化的详细计划，它是对未来活动细致、周密的安排，是未来经营活动的依据。因此，数量化和可执行性是预算最主要的特征。

二、预算的分类

根据预算的内容不同，可以分为业务预算（即经营预算）、专门决策预算和财务预算。

（1）业务预算。是指与企业日常经营活动直接相关的经营业务的各种预算。它主要包括销售预算、生产预算、材料采购预算、产品生产成本预算、管理费用预算等。

（2）专门决策预算。是指企业不经常发生的、一次性的重要决策预算。专门决策预算直接反映相关决策的结果，是实际中选方案的进一步规划。如资本支出预算，其编制依据可以追溯到决策之前搜集到的有关资料，并且比决策估算更细致、精确。例如，企业对一项固定资产的购建应该在做好可行性分析的基础上来编制预算，具体内容包括反映投资额的多少，资金的来源，何时进行购建，投资项目的期限多长，何时可以投产，未来每年的现金流量多少等。

（3）财务预算。是指企业在计划期内反映有关预计现金收支、财务状况和经营成果的预算。财务预算作为全面预算体系的最后环节，从价值方面总括反映企业业务预算与专门决策预算的结果，业务预算的资料和专门决策预算中的资料都可以用货币金额反映在财务预算内,因此,财务预算就成为各项业务预算和专门决策预算的整体计划,也称为总预算,其他预算则相应地称为辅助预算或分预算。

根据预算指标覆盖的时间长短划分,预算可以分为长期预算和短期预算。

通常将预算期在 1 年以内(含 1 年)的预算称为短期预算,预算期在 1 年以上的预算则称为长期预算。预算的编制时间可以视预算的内容和实际需要而定,可以是 1 年、1 月、1 季、1 周等。在预算编制过程中,往往应结合各项预算的特点,将长期预算和短期预算结合使用。一般情况下,企业的业务预算和财务预算多为 1 年以内的短期预算,年内再按季或月细分,而且预算期间往往与会计期间保持一致。

三、全面预算管理

各种预算是一个有机联系的整体,一般将由业务预算、专门决策预算和财务预算组成的预算体系称为全面预算体系。全面预算反映的是企业未来某一特定期间(一般不超过 1 年或 1 个经营周期)的全部生产、经营活动的财务计划。它以实现企业的目标利润为目的,以销售预测为起点,进而对生产、成本及现金收支等进行预测,并编制预计利润表、预计现金流量表和预计资产负债表,反映企业在未来期间的财务状况和经营成果。

全面预算管理作为对现代企业成熟与发展起着重大推动作用的管理系统,是企业内部管理控制的一种主要方法。这一方法自从 20 世纪 20 年代在美国的通用电气、杜邦、通用汽车公司产生之后,很快就成了大型工商企业的标准作业程序。从最初的计划、协调,发展到现在的兼具控制、激励、评价等诸多功能的一种综合贯彻企业经营战略的管理工具。全面预算管理在企业内部控制中日益发挥核心作用。正如著名管理学家戴维·奥利所说的,全面预算管理是为数不多的几个能把企业的所有关键问题融合于一个体系之中的管理控制方法之一。

(一) 全面预算管理的意义

1. 提升战略管理能力

战略目标通过全面预算加以固化与量化,使战略目标在企业内部"落地"。预算的执行与企业战略目标的实现成为同一过程。对预算的有效监控,将确保最大限度地实现企业战略目标。通过预算监控可以发现未能预知的机遇和挑战,这些信息通过预算汇报体系反映到决策机构,可以帮助企业动态地调整战略规划,提升企业战略管理的应变能力。

2. 有效的监控与考核

预算的编制过程向企业提供了设定合理业绩指标的全面信息,同时预算执行结果是业绩考核的重要依据。将预算与执行情况进行对比和分析,为经营者提供了有效的监控手段。

3. 高效使用企业资源

预算计划过程和预算指标数据直接体现了各部门使用资源的效率以及对各种资源的需求,因此是调度与分配企业资源的起点。通过全面预算的编制和平衡,企业可以对有限的资源进行最佳的安排使用,避免资源浪费和低效使用。

4. 有效管理经营风险

全面预算可以初步揭示企业下一年度的经营情况,使可能的问题提前暴露。参照预算结果,公司高级管理层可以发现潜在的风险所在,并预先采取相应的防范措施,从而达到规避与化解风险的目的。

5. 有效促进开源节流

全面预算管理和考核、奖惩制度共同作用，可以激励并约束相关主体追求尽量高的收入增长和尽量低的成本费用。编制全面预算过程中相关人员要对企业环境变化做出理性分析，从而保证企业的收入增长和成本节约计划切实可行。预算执行的监控过程关注收入和成本这两个关键指标的实现和变化趋势，这迫使预算执行主体对市场变化和成本节约造成的影响做出迅速有效的反应，提升企业的应变能力。

（二）全面预算管理的特点

（1）对未来的精确规划。

（2）以提高企业整体经济效益为根本出发点。全面预算管理将企业管理的职能化整合为企业管理的整体化，讲究联合管理、联合行动，大大提高了管理效率，从而增进企业经济效益。

（3）以价值形式为主的定量描述。

（4）以市场为导向。在企业全面预算的编制、监督、控制与考核中必须始终牢牢树立以市场为导向的管理意识，注意把握市场的特点和变动，揣摩市场规律，并在实际工作中较好地运用规律为企业创造效益。

（5）以企业全员参与为保障。只有企业全体人员重视并积极参与预算编制工作，企业制定的预算才易于被员工接受，才能减少企业管理层和一般员工之间的信息不对称造成的负面影响，为顺利实现企业全面预算管理目标提供保障。

（6）以财务管理为核心。预算的编制、执行、控制和考评等一系列环节，以及众多信息的搜集、传递工作都离不开财务管理工作，财务管理部门是全面预算管理的中坚力量，具有不可替代的重要作用。

（三）推行全面预算管理应注意的问题

预算管理是企业对未来整体经营规划的总体安排，是一项重要的管理工具，能帮助管理者进行计划、协调、控制和业绩评价。推行全面预算管理是发达国家成功企业多年积累的经验之一，对企业建立现代企业制度，提高管理水平，增强竞争力有着十分重要的意义。推行全面预算管理应注意下列问题。

1. 预算编制宜采用自上而下、自下而上、上下结合的动态性编制方法

整个过程为：先由高层管理者提出企业总目标和部门分目标；各基层单位根据一级管理一级的原则据以制定本单位的预算方案，呈报分管部门；分管部门再根据各下属单位的预算方案，制定本部门的预算草案，呈报预算委员会；最后，预算委员会审查各分部预算草案，进行沟通和综合平衡，拟订整个组织的预算方案；预算方案再反馈回各部门征求意见。经过自下而上、自上而下的多次反复，形成最终预算，经企业最高决策层审批后，成为正式预算，逐级下达各部门执行。

2. 预算内容要以营业收入、成本费用、现金流量为重点

营业收入预算是全面预算管理的中枢环节，它上承市场调查与预测，下启企业在整个预算期的经营活动计划。营业收入预算是否得当，关系到整个预算的合理性和可行性。成本费用预算是预算支出的重点，在收入一定的情况下，成本费用是决定企业经济效益高低的关键因素；制造成本和期间费用的控制也是企业管理的基本，可以反映出企业管理的水平。现金流量预算则是企业在预算期内全部经营活动和谐运行的保证，否则整个预算管理将是无米之炊。在企业预算管理中，特别是对资本性支出项目的预算管理，要坚决贯彻"量入为出，量力而行"的原则。这里的"入"要从过去自有资金的狭义范围拓宽到举债经营，同时又要考虑企业的偿债能力，杜绝没有资金来源或负债风险过大的资本预算。

3. 预算管理工作要建立单位、部门行政主要负责人责任制

开展全面预算管理，是企业强化经营管理，增强竞争力，提高经济效益的一项长期任务。因此，要把全面预算管理作为加强内部基础管理的首要工作内容，成立预算管理组织机构，并确定预算管理的第一责任人为各单位、部门的行政主要负责人，切实加强领导，明确责任，落实措施。

4. 推行全面预算管理必须切实抓好"四个结合"

(1) 要同实行现金收支两条线管理相结合。预算控制以成本控制为基础，现金流量控制为核心。只有通过控制现金流量才能确保收入项目资金的及时回笼及各项费用的合理支出。只有严格实行现金收支两条线管理，充分发挥企业内部财务结算中心的功能，才能确保资金运用权力的高度集中，形成资金合力，降低财务风险，保证企业生产、建设、投资等资金的合理需求，提高资金使用效率。

(2) 要同深化目标成本管理相结合。全面预算管理直接涉及企业的中心目标——利润，因此，必须进一步深化目标成本管理，从实际情况出发，找准影响企业经济效益的关键问题，瞄准国内外先进水平，制定降低成本、扭亏增效的规划、目标和措施，积极依靠全员降成本和科技降成本，加强成本、费用指标的控制，以确保企业利润目标的完成。

(3) 要同落实管理制度、提高预算的控制和约束力相结合。预算管理的本质要求是一切经济活动都围绕企业目标的实现而开展，在预算执行过程中落实经营策略，强化企业管理。因此，必须围绕实现企业预算，落实管理制度，提高预算的控制力和约束力。

预算一经确定，在企业内部即具有"法律效力"，企业各部门在生产营销及相关的各项活动中，要严格执行，切实围绕预算开展经济活动。企业的执行机构按照预算的具体要求，按"以月保季，以季保年"的原则，编制季、月滚动预算，并建立每周资金调度会、每月预算执行情况分析会等例会制度。按照预算方案跟踪实施预算控制管理，重点围绕资金管理和成本管理两大主题，严格执行预算政策，及时反映和监督预算执行情况，适时实施必要的制约手段，把企业管理的方法策略全部融会贯通于执行预算的过程中，最终形成全员和全方位的预算管理局面。

(4) 要同企业经营者和职工的经济利益相结合。全面预算管理是一项全员参与、全面覆盖和全程跟踪、控制的系统工程，为了确保预算各项主要指标的全面完成，必须制定严格的预算考核办法，依据各责任部门对预算的执行结果，实施绩效考核。可实行月度预考核、季度兑现、年度清算的办法，并做到清算结果奖惩坚决到位。把预算执行情况与经营者、职工的经济利益挂钩，奖惩分明，从而使经营者、职工与企业形成责、权、利相统一的责任共同体，最大限度地调动经营者、职工的积极性和创造性。

任务二　编制业务预算

业务预算也称经营预算，是企业日常营业活动的预算，企业的经营活动涉及供产销等各个环节及业务。业务预算的编制以销售预算为起点，根据各种预算之间的关系，按顺序从前往后逐步进行，直至编制出预计财务报表。

业务预算包括销售预算、生产预算、直接材料预算、直接人工预算、制造费用预算、单位产品成本和期末存货预算、销售及管理费用预算、产品销售成本预算等。以下介绍主要业务预算的编制方法。

一、销售预算的编制

在全面预算体系中，销售预算起着基础和核心的作用。因为销售是企业的业务核心，其他一切工作都是为销售服务。销售预算是在销售预测的基础上，根据企业年度目标利润确定的预计销售量、预计销售单价和预计销售收入等参数编制的，用于规划预算期销售活动的一种业务预算。

$$预计销售收入 = 预计销售量 \times 预计销售单价$$

编制销售预算一般要考虑以下因素。

1. 企业利润目标

通常，公司的利润目标是由最高管理层决定的。最高管理层必须对公司所有者负责，为了吸引投资和贷款，公司必须保持足够的投资回报。否则，公司的成长机会和生存将受到严重的威胁。公司的营销总监和销售经理的责任就是创造能达到公司最高层的目标的销售额，但这样做必须考虑成本。

企业的总成本可以分为固定成本与变动成本两类。在一定销售额的范围内，不随销售额增减而变化的成本称为固定成本。随着销售产品数量增减而同步变化的成本称为变动成本。

（1）主要的固定成本包括办公费用、例行的展销费用、保险、一些固定税收、固定交通费用、折旧等。

（2）变动成本通常包括提成和奖金、邮寄费、运输费等。

本量利分析通过分析考察企业的成本-业务量（销售量）-利润之间的依存关系，从结构上把握企业销售量的增加或减少会给销售收入、总成本、利润带来什么样的影响，以此推算企业需要达到什么样的业务量水平才可以补偿企业的所有成本，盈亏相抵。这就是盈亏平衡点分析。用公式可表示为：

$$Q = FC / (P - VC)$$

式中，Q 为盈亏平衡点的业务量，即利润为零的销售量目标，企业业务量如低于此点，就发生亏损，如高于此点，则取得盈利；FC 为固定成本；P 为单位产品售价；VC 为单位产品变动成本；$P - VC$ 为单位产品边际贡献。

盈亏平衡点，也就是保本点。如果企业希望获得目标利润，那就必须创造出超过保本点的销售量。其销售目标应该为：

$$Q=(FC+E)/(P-VC)$$

式中，E 为目标利润。

2. 销售预测

一旦公司销售和利润目标已经确定，就必须预测在公司的目标市场上是否能够实现这个目标。此时既要参考本公司历年实际销售量数据，又要考虑本年公司内外部可能会影响销售的各种因素。如果总体销售目标预测难以实现，就需要重新调整公司销售和利润目标或公司营销体系需要变革。

【例 2-1】 甲公司 2018 年（计划年度）只生产和销售一种产品，每季的产品销售货款有 70％属于当期收到现金，有 30％属于赊销于下一个季度收到现金。2017 年（基期）年末的应收账款为 200 000 元。甲公司 2018 年度销售预算如表 2-1 所示。

表 2-1　甲公司 2018 年度销售预算表

项目	第一季度	第二季度	第三季度	第四季度	全年
预计销售量/件	5 000	6 000	8 000	7 000	26 000
单价/(元/件)	250	250	250	250	250
预计销售收入/元	1 250 000	1 500 000	2 000 000	1 750 000	6 500 000
应收账款期初/元	200 000	—	—	—	200 000
第一季度销售收现/元	875 000	375 000	—	—	1 250 000
第二季度销售收现/元	—	1 050 000	450 000	—	1 500 000
第三季度销售收现/元	—	—	1 400 000	600 000	2 000 000
第四季度销售收现/元	—	—	—	1 225 000	1 225 000
现金收入合计/元	1 075 000	1 425 000	1 850 000	1 825 000	6 175 000

销售预算通常按产品类别编制，对数量、单价、金额和现金流入等几个方面做出预算。

二、生产预算的编制

生产预算是规划预算期生产数量而编制的一种业务预算，它是在销售预算的基础上编制的，用来安排企业在预算期间的产品生产，并可以作为编制材料采购预算和生产成本预算的依据。

生产预算编制的主要依据是预计销售量、预计期末存货量和预计期初存货量，其编制基础为：

预计生产量 ＝预计销售量＋预计期末存货量－预计期初存货量

生产预算的要点是确定预算期的产品生产量和期末结存产品量，前者为编制材料预算、人工预算、制造费用预算等提供基础，后者是编制期末存货预算和预计资产负债表的基础。

【例 2-2】 甲公司 2018 年度生产预算表见表 2-2。

表 2-2　甲公司 2018 年度生产预算表　　　　　　　　　　单位：件

项目	第一季度	第二季度	第三季度	第四季度	全年
预计销售量	5 000	6 000	8 000	7 000	26 000
加:预计期末结存量	600	800	700	600	600
预计需要量	5 600	6 800	8 700	7 600	26 600
减:期初结存量	750	600	800	700	750
预计生产量	4 850	6 200	7 900	6 900	25 850

三、直接材料预算的编制

完成生产预算后，就可以根据生产预算编制直接材料预算。直接材料预算是为了规划预算期直接材料消耗情况及采购活动而编制的，用于反映预算期各种直接材料消耗量、采购量、材料消耗成本和材料采购成本等计划信息的一种业务预算。

直接材料采购量是以预计生产量为基础，根据单位产品的材料消耗定额确定预计材料需要量，然后再根据预计期初、期末的直接材料库存量来决定材料的预计采购量。直接材料采购预算就可以根据直接材料预计采购量与预计材料采购单价得出。其计算公式为：

预计采购量＝预计生产量×单位产品消耗定额＋预计期末材料存量－期初材料存量

预计材料采购金额＝预计采购量×预计材料采购单价

直接材料预算的要点是反映预算期材料消耗量、采购量和期末结存数量，并确定各预算期材料采购现金支出。材料期末结存量的确定可以为编制期末存货预算提供依据，现金支出的确定可以为编制现金预算提供依据。

【例 2-3】　假设甲公司目前生产仅需一种原料，材料消耗定额为 2 千克/件，公司每季度的期末结存量为下一季度预计消耗量的 10%，2017 年年初结存量为 900 千克，年末为 1 000 千克，计划单价为 10 元。材料款当季付 70%，下季度再付 30%，期初应付账款为 40 000 元。根据资料编制甲公司 2018 年度直接材料预算表见表 2-3。

表 2-3　甲公司 2018 年度直接材料预算表

项目	第一季度	第二季度	第三季度	第四季度	全年
预计生产量/件	4 850	6 200	7 900	6 900	25 850
单位产品材料定额/(千克/件)	2	2	2	2	2
生产需要量/千克	9 700	12 400	15 800	13 800	51 700
加:预计期末存量/千克	1 240	1 580	1 380	1 000	1 000
减:预计期初存量/千克	900	1 240	1 580	1 380	900
预计材料采购量/千克	10 040	12 740	15 600	13 420	51 800
单价/(元/千克)	10	10	10	10	10
预计采购金额/元	100 400	127 400	156 000	134 200	518 000
应付账款期初/元	40 000	—	—	—	40 000
第一季度/元	70 280	30 120	—	—	100 400
第二季度/元	—	89 180	38 220	—	127 400
第三季度/元	—	—	109 200	46 800	156 000
第四季度/元	—	—	—	93 940	93 940
现金支出合计/元	110 280	119 300	147 420	140 740	517 740

四、直接人工预算的编制

直接人工预算是为了规划预算期内人工工时的消耗水平和人工成本而编制的一种业务预算。直接人工成本包括直接工资和按直接工资一定比例计算的其他直接费用（如福利费、社保等）。

与直接材料一样，直接人工小时预算由人工与产出的关系决定。编制直接人工预算的主要依据有：生产预算中的预计生产量、单位产品工时耗用定额以及单位工时的工资率。具体计算公式如下。

（1）某种产品直接人工工时总额＝单位产品工时定额×预计该产品生产量

（2）预计某种产品耗用直接工资＝单位工时工资率×该种产品直接人工工时总额

（3）预计某种产品计提其他直接费用＝预计该种产品耗用直接工资×其他直接费用计提标准

（4）预计某种产品直接人工成本＝预计该种产品耗用直接人工＋预计该种产品计提其他直接费用

编制直接人工预算时，一般认为各项预算期直接人工都是直接以现金发放的，因此不再特别列示直接人工的现金支出。

【例 2-4】 假设甲公司单位产品工时定额为 5 小时/件，单位工时的工资额为 6 元，编制甲公司 2018 年度直接人工预算如表 2-4 所示。

表 2-4 甲公司 2018 年度直接人工预算表

项目	第一季度	第二季度	第三季度	第四季度	全年
预计生产量/件	4 850	6 200	7 900	6 900	25 850
单位消耗工时/小时	5	5	5	5	5
直接人工小时总数/小时	24 250	31 000	39 500	34 500	129 250
单位工时的工资率/元	6	6	6	6	6
预计直接人工成本/元	145 500	186 000	237 000	207 000	775 500

五、制造费用预算的编制

制造费用预算是反映生产成本中除直接材料、直接人工以外的一切不能直接计入产品制造成本的间接制造费用的预算。制造费用预算一般将制造费用按照成本性态分为两类：变动性制造费用和固定性制造费用。随产量成比例变化的费用如水电费等是变动制造费用。固定制造费用则在一定时期内、一定产量内稳定不变，如折旧费等。制造费用预算的要点是确定各个变动制造费用和固定制造费用项目的测算金额，并确定预计制造费用的现金支出。

变动制造费用以生产预算为基础来编制。如果有完善的标准成本资料，用单位产品的标准成本与产量相乘，即可得到相应的预算金额。如果没有标准成本资料，就需要逐项预计计划产量需要的各项制造费用。固定制造费用需要逐项进行预计，通常与本期产量无关，按每季度实际需要的支付额预计，然后求出全年数。

【例 2-5】 甲公司 2018 年度制造费用预算表如表 2-5 所示。

表 2-5 甲公司 2018 年度制造费用预算表　　　　　　　　　　　单位：元

项目	第一季度	第二季度	第三季度	第四季度	全年
变动制造费用					
间接人工(1元/件)	4 850	6 200	7 900	6 900	25 850
直接人工(1元/件)	4 850	6 200	7 900	6 900	25 850
修理费(2元/件)	9 700	12 400	15 800	13 800	51 700
水电费(1元/件)	4 850	6 200	7 900	6 900	25 850
小计	24 250	31 000	39 500	34 500	129 250
固定制造费用					
修理费	10 000	10 000	10 000	10 000	40 000
折旧	10 000	10 000	10 000	10 000	40 000
管理人员工资	6 000	6 000	6 000	6 000	24 000
小计	26 000	26 000	26 000	26 000	104 000
合计	50 250	57 000	65 500	60 500	233 250
减：折旧	10 000	10 000	10 000	10 000	40 000
现金支出的费用	40 250	47 000	55 500	50 500	193 250

编制制造费用预算时，为方便现金预算编制，还需要确定预算期内制造费用预算内现金支出部分。一般将制造费用中扣除折旧费后的余额作为预算期内的制造费用现金支出。

六、单位产品成本和期末存货预算的编制

单位产品成本预算和期末存货预算是编制产品销售成本预算的重要资料来源，为编制资产负债表提供了所需的信息。

单位产品成本预算反映预算期内每种产品的单位产品成本。期末存货预算是指为规划一定预算期末的在产品、产成品和原材料预计成本水平而编制的一种日常业务预算，为正确计量预计利润表中的产品销售成本和预计资产负债表中的期末存货项目提供数据。

该预算所需要信息可以从前面编制的直接材料预算、直接人工预算和制造费用预算中得到。

七、销售及管理费用预算的编制

销售及管理费用预算是指企业制造业务范围以外各种支出的预算。销售及管理费用预算是以价值形式反映整个预算期内为销售产品和维持一般行政管理工作而发生的各项目费用支出预算。

销售费用预算是指为了实现销售预算所需支付的费用预算。它以销售预算为基础，分析销售收入、销售利润和销售费用的关系，力求实现销售费用的最有效使用。销售费用预算应和销售预算相配合，应有按品种、按地区、按用途的具体预算数额。管理费用是搞好一般管理业务所必需的费用。随着企业规模的扩大，一般管理职能日益重要，其费用也相应增加。

与制造费用一样，销售费用与管理费用也可分为变动费用和固定费用。变动费用包括包

装费、运输费等。固定费用包括管理人员工资、折旧费等。销售及管理费用预算的要点是确定各个变动及固定费用项目的预算数,并确定预计的现金支出。

【例 2-6】 甲公司 2018 年度销售及管理费用预算表如表 2-6 所示。

表 2-6 甲公司 2018 年度销售及管理费用预算　　　　单位:元

项目	金额
销售费用	
销售人员工资	2 000
广告费	5 500
包装运输费	3 000
保管费	2 700
折旧	1 000
管理费用	
管理人员薪金	4 000
福利费	800
保险费	600
办公费	1 400
折旧	1 500
合计	22 500
减:折旧	2 500
每季度支付现金	5 000

八、产品销售成本预算的编制

产品销售成本预算是关于公司年末产品销售成本的预算,是为编制年度利润表服务的。产品销售成本预算的编制须以产品成本预算及期末产品存货预算为基础。

根据前面给出的各个预算情况,就可以编制产品销售成本预算。年末预计销售成本可以通过以下公式来计算:

$$预计销售成本 = 预计总生产成本 + 期初存货成本 - 期末存货成本$$

式中,期初存货成本是上一年末的期末存货成本;预计生产总成本来自产品成本预算;期末存货成本是期末存货数量与产品单位成本的乘积,期末存货数量资料来自生产预算。

任务三　编制财务预算

财务预算是企业全面预算的一部分,和其他预算是联系在一起的。财务预算是从价值方面总括地反映企业专门决策预算与业务预算的结果,也就是说业务预算和专门决策预算中的资料都可以用货币金额反映在财务预算内。这样,财务预算就成了各项业务预算和专门决策预算的整体计划,也叫总预算。

财务预算主要以现金预算、预计资产负债表和预计利润表等形式反映。

（1）现金预算是用来反映预算期内由于经营和财务活动引起的一切现金收支及其结果的预算。它是其他预算有关现金收支的汇总，主要作为企业资金头寸调控管理的依据。

（2）预计资产负债表是反映企业预算期末财务状况的总括性预算，表中除上年期末数已知外，其余项目均应在前述各项预算指标的基础上分析填列。一般根据预算期初实际的资产负债表和销售或营业预算、生产预算、采购预算、资本预算、筹资预算等有关资料分析编制。

（3）预计利润表是按照利润表的内容和格式编制的反映预算执行单位在预算期内利润目标的预算报表。它是在销售预算、生产预算、产品成本预算、其他费用预算等的基础上，根据权责发生制原则编制的。

一、编制现金预算

1. 确定合理的现金持有量水平

现金流是一个企业的生命线，因此现金预算成为企业最重要的预算。企业持有现金的动机主要有以下 3 个。

（1）交易动机。这是营业性和资本性的目的所产生的一种日常业务需要。

（2）预防动机。这是为了应付意外事件而做的现金准备。

（3）投机动机。企业应持有足够的现金以抓住随时可能出现的盈利机会。

企业应确定最合理的现金持有量，即现金存量花费的代价最低，又能确保现金需求的持有量水平。如果现金持有量太大，会降低企业收益水平；如果现金持有量太小，又可能影响交易的正常进行，无法满足意外的现金支付需要，产生中断交易的风险。这就要求财务人员下一番工夫，测定出本企业最合理的现金持有量。

最合理的现金持有量能使企业的现金机会成本、管理成本和短缺成本三者的综合成本最低。其中，机会成本是指企业为了维持一定的现金存量而放弃了一些投资获利的机会；管理成本是指企业对库存的现金资产进行管理而需要支付的代价；短缺成本是指企业由于缺乏必要的现金资产，不能应付必要的业务开支，而使企业蒙受各种损失。企业可根据三种成本与现金持有量的关系，找出三者综合成本最低点。企业在这个成本最低点时的现金持有量，即为企业最合理的现金持有量。现金预算通过对现金持有量的安排，可以使企业保持较高的盈利水平，同时保持一定的流动性，并根据企业对资金的运用水平决定负债的种类结构和期限结构，使企业在债务到期时不至于很被动。

2. 预测现金流入和流出

现金预算是对企业未来各期现金流入和现金流出的规划。它能够反映某一时期发生现金流入或现金流出的时间与金额。管理者要根据现金预算确定企业未来的现金需要量，制定筹资计划，使现金流入和流出的金额满足经营需要，时间分布合理，从而能需要时借入现金，现金盈余时偿还借款。现金预算的编制基础是业务预算，它一般包括以下 4 个方面的内容。

（1）现金收入。计划期预计可能发生的现金收入，主要来自销售收入和应收账款的收回。应收账款的回收取决于企业的信用政策和对客户的讨价还价能力。

（2）现金支出。计划期内可能发生的一切现金支出，如直接材料、直接人工、支付制造费用及销售和管理费用、财务费用、偿还应付款、交纳税金、购买设备和支出利润等。所有不会导致现金支出的费用都应排除在外，如折旧费。

（3）现金盈余或短缺。将现金收入总额减去现金支出总额，如果有现金盈余可以用来偿还借款或进行短期投资，此时这部分反映的是偿还的现金金额。如果现金短缺，则需要进行融资，此时这部分反映的是借入的现金金额。

（4）期末现金余额。现金预算的主要内容及计算过程如下。

① 期初现金余额＋现金收入＝可供使用的现金

② 可供使用的现金－现金支出 ＝ 现金盈余或短缺

③ 现金盈余或短缺＋融资－还款或投资＝ 期末现金余额

现金预算表如表 2-7 所示。

表 2-7 现金预算表

项目	数额	数据来源	项目	数额	数据来源
现金流入			现金流出		
期初现金余额		上年数	材料采购		材料采购付现预算
现金流入		销售收入收现预算	人工成本		人工成本预算
			制造费用		制造费用付现预算
			销售费用		销售费用付现预算
			管理费用		销售费用付现预算
			流转税与预交所得税		流转税与预交所得税付现预算
			资本性支出		专门决策预算
			预计支付利润		
现金流入合计			现金流出合计		
收支相抵现金结余（或不足）					
预计融资		短期、长期借款预算	偿还贷款本金		短期、长期借款预算
期末现金余额					

 提醒您

　　现金预算是以销售预算、生产预算、直接材料预算等各项经营预算为基础的，需要它们提供的数据，而销售预算是各项预算的基础。这就需要企业加强内部各部门之间的沟通交流，相互之间提出改进建议，明确各部门的责任，便于它们之间的协调。

　　现金预算与利润预算之间有密切的联系，也有区别。现金基于收付实现制来编制，而利润预算按照权责发生制来编制。现金预算用于预测组织还有多少库存现金，以及在不同时点上对现金支出的需要量。这是企业最重要的一项控制，因为把可用的现金去偿付到期的债务是企业生存的首要条件。一旦出现库存、机器以及其他非现金资产的积压，那么，即便有了可观的利润也一样可能面临无法偿还到期债务的财务风险。现金预算还表明可用的超额现金量，并能为盈余制定营利性投资计划、为优化配置组织的现金资源提供帮助。

【例 2-7】 乙公司 2018 年度设定的每季末预算现金余额的额定范围为 50 万~60 万元，其中，年末余额已预定为 60 万元。假定当前银行约定的单笔短期借款必须为 10 万元的倍数，年利息率为 6%，借款发生在相关季度的期初，每季末计算并支付借款利息，还款发生在相关季度的期末。2018 年该公司无其他融资计划。2018 年度乙公司现金预算的部分数据如表 2-8 所示。请分别计算 A~J 字母代表的金额。

表 2-8　2018 年度乙公司现金预算　　　　　　单位：万元

项目	第一季度	第二季度	第三季度	第四季度	全年
①期初现金余额	40	—	—	—	(H)
②经营现金收入	1 010	—	—	—	5 553.7
③可运用现金合计	—	1 396.30	1 549	—	(I)
④经营现金支出	800	—	—	1 302	4 353.7
⑤资本性现金支出	—	300	400	300	1 200
⑥现金支出合计	1 000	1 365	—	1 602	5 553.7
⑦现金余缺	(A)	31.3	(−37.7)	132.3	—
⑧资金筹措及运用	0	—	(F)	−72.3	—
加：短期借款	0	(C)	0	−20	0
减：支付短期借款利息	0	(D)	0.3	0.3	—
购买有价证券	0	0	−90	(G)	—
⑨期末现金余额	(B)	(E)	—	60	(J)

A＝40＋1010−1000＝50(万元)

B＝50＋0＝50(万元)

C＝20(万元)

D＝20×6%×1/4＝0.3(万元)

E＝31.3＋19.7＝51(万元)

F＝0−0.3−(−90)＝89.7(万元)

G＝−20−0.3−(−72.3)＝52(万元)

H＝60(万元)

I＝60＋5553.7＝5613.7(万元)

J＝60(万元)

二、编制预计利润表

编制预计利润表（如表 2-9 所示）的主要依据是业务预算、专门决策预算和现金预算。

表 2-9　预计利润表（简表）

项目	金额
销售收入	
销售成本	
毛利	
销售及管理费用	
利息	
利润总额	
所得税费用	
税后净利润	

其中，销售收入项目的数据，来自销售收入预算；销售成本项目的数据，来自产品销售成本预算；毛利项目为前两项的差额；销售及管理费用项目的数据，来自销售费用及管理费用预算；利息项目的数据，来自现金预算。

利润表预算与实际利润表的内容、格式基本相同，只不过数据是面向预算期的。它是在汇总销售收入、销售成本、销售及管理费用、营业外收支、资本支出等预算的基础上编制的。通过编制利润表预算，可以了解企业预期的利润水平。如果预算利润与最初编制方针中的目标利润有较大的不一致，就需要调整部门预算，设法达到目标，或者经企业领导同意后修改目标利润。

【例 2-8】 丙公司年末预计下一年的销售收入与当年销售收入相同，均为 240 万元，全年销售额均衡。请根据以下信息编制预计利润表和预计资产负债表。

（1）最低现金余额 10 万元；
（2）销售额的平均收现期为 60 天；
（3）存货一年周转 8 次；
（4）应付账款为一个月的购买金额；
（5）各项费用总计 60 万元；
（6）明年末固定资产净值为 50 万元；
（7）短期借款为 4.3 万元，长期负债为 30 万元，明年偿还 7.5 万元；
（8）目前账面未分配利润为 40 万元；
（9）实收资本为 20 万元；
（10）销售成本为销售额的 60%；
（11）销售成本中的 50% 为外购原材料成本；
（12）企业所得税税率为 25%。

要求：根据上述信息编制预计利润表（采用完全成本法），如表 2-10 所示。

表 2-10 预计利润表　　　　　　　　　　　　　　　　单位：万元

销售收入	240
－销售成本	240×60%＝144
＝销售毛利	96
－费用	60
＝税前利润	36
－所得税	9
＝净利润	27

三、编制预计资产负债表

资产负债表预算用来反映企业在计划期末预计的财务状况。它的编制需以计划期开始日的资产负债表为基础，结合计划期内各项业务预算、专门决策预算、现金预算和利润表预算进行编制。资产负债表预算简表的格式如表 2-11 所示。

表 2-11 预计资产负债表（简表）

资产			负债和所有者权益		
项目	年初	年末	项目	年初	年末
现金			应付账款		
应收账款			长期借款		
直接材料			普通股		
产成品			未分配利润		
固定资产					
累计折旧					
资产总额			权益总额		

其中，年末"应收账款"是根据销售预算中的第四季度销售额扣除本期收现率计算的；年末"应付账款"是根据直接材料预算中的第四季度采购金额扣除付现金额计算的。

提醒您

> 资产负债表预算与实际资产负债表内容、格式基本相同，只不过数据是反映预算期末的财务状况。编制资产负债表预算的目的在于判断预算反映的财务情况的稳定性和流动性，通过预算资产负债表的分析，发现财务比率不佳，可以及时进行修改。资产负债表预算是全面预算的终点。

【例 2-9】 根据【例 2-8】信息编制预计资产负债表，如表 2-12 所示。

表 2-12 预计资产负债表　　　　　　　　单位：万元

资产		负债和所有者权益	
项目	年末	项目	年末
现金	11.8	应付账款	6
应收账款	40	短期借款	4.3
存货	18	长期负债	22.5
固定资产净值	50	实收资本	20
		未分配利润	67
资产合计	119.8	负债及所有者权益合计	119.8

销售额的平均收现次数＝360/60＝6(次)

预计应收账款＝销售额/销售额的平均收现次数＝240/6＝40(万元)

预计存货＝预计销售成本/预计存货周转次数＝144/8＝18(万元)

预计应付账款＝预计材料采购成本/12
　　　　　　＝预计销售成本×50%/12
　　　　　　＝144×50%/12＝6(万元)

预计长期负债＝30－7.5＝22.5(万元)

预计未分配利润＝40＋27＝67(万元)

任务四 编制与调整预算

一、预算编制方法

企业全面预算的构成内容比较复杂,编制预算需要采用适当的方法。常见的预算方法主要有以下几种。

(一)固定预算与弹性预算

编制预算的方法按其业务量基础的数量特征不同,可分为固定预算法和弹性预算法。

1. 固定预算法

固定预算法又称静态预算法,是指在编制预算时,只根据预算期内正常、可实现的某一固定的业务量(如生产量、销售量等)水平作为唯一基础来编制预算的方法。传统的固定预算是根据未来固定不变的业务水平,不考虑预算期内生产经营活动可能发生的变化而编制的一种预算。这种预算用来考核非盈利组织或业务水平较为稳定的企业是比较合适的,比如目前政府部门的预算都是固定预算。由于计划经济的烙印比较深,目前我国大多数国有企业也都实行的是固定预算。

固定预算法的缺点表现在以下两个方面。

(1)适应性差。因为编制预算的业务量基础是事先假定的某个业务量。在这种方法下,不论预算期内业务量水平实际可能发生哪些变动,都只按事先确定的某一个业务量水平作为编制预算的基础。

(2)可比性差。当实际的业务量与编制预算所依据的业务量发生较大差异时,有关预算指标的实际数与预算数就会因业务量基础不同而失去可比性。例如,某企业预计业务量为销售 100 000 件产品,按此业务量给销售部门的预算费用为 5 000 元。如果该销售部门实际销售量达到 120 000 件,超出了预算业务量,固定预算下用预算仍为 5 000 元。

【例 2-10】 丙公司 2017 年度分季度预计 A 产品销售量分别为 100 吨、120 吨、150 吨、130 吨,销售单价为 1 万元/吨,预计当季收回货款的 80%,剩余下季收回。预算期初应收账款余额为 0。固定销售预算如表 2-13 所示。

表 2-13 固定销售预算

项目	单位	第一季度	第二季度	第三季度	第四季度	全年
A 产品销量	吨	100	120	150	130	500
销售单价	万元/吨	1	1	1	1	1
销售收入	万元	100	120	150	130	500
第一季度现金收入	万元	80	20			100
第二季度现金收入	万元		96	24		120
第三季度现金收入	万元			120	30	150
第四季度现金收入	万元				104	104
现金收入合计	万元	80	116	144	134	474

2. 弹性预算法

目前在企业经营环境瞬息万变的情况下，企业的业务量经常变动，固定预算就暴露出了不足。为弥补固定预算编制方法的缺陷，管理会计在实践的基础上，产生了弹性预算方法。弹性预算法又称动态预算法，是在成本性态分析的基础上，依据业务量、成本和利润之间的联动关系，按照预算期内可能的一系列业务量（如生产量、销售量、工时等）水平编制系列预算的方法。理论上，弹性预算法适用于编制全面预算中所有与业务量有关的预算，但实务主要用于编制成本费用预算和利润预算，尤其是成本费用预算。

编制弹性预算的基本步骤如下。

① 选择业务量的计量单位；

② 确定适用的业务量范围；

③ 逐项研究并确定各项成本与业务量之间的数量关系；

④ 计算各项预算成本。

（1）公式法。根据成本性态，成本与业务量之间的数量关系可用公式表示为：

$$y = a + bx$$

式中，y 为成本总额；a 为不随业务量变动而变动的那部分固定成本；b 为单位变动成本；x 为预计业务量；bx 为预计总变动成本；某项目成本总额 y 是该项目固定成本和变动成本总额之和。

弹性预算比固定预算更贴近现实，预算水平与实际水平的差异明显小于固定预算。预算的作用就是计划、控制、激励和评价。弹性预算比固定预算能更好地实现这几方面的作用。

【例 2-11】 丙公司制造费用中的修理费用与修理工时密切相关。经测算，预算期修理费用中的固定修理费用为 3 000 元，单位工时的变动费用为 2 元；预计预算期的修理工时为 3 500 小时。运用公式法，测算预算期的修理费用总额。

测算预算期的修理费用总额 ＝ 3 000 ＋ 2 × 3 500 ＝ 10 000（元）

 提醒您

> 实务中有部分成本具有固定成本和变动成本的混合特征，可称为半变动成本，比如工资费用一般由底薪和提成构成，底薪部分和业务量没有直接关系，业务量为零或者很高时保持不变，而提成部分会随着业务量增减同步变化。对半变动成本的分析可以将其固定成本部分和变动部分分解开来，也可以用 $y = a + bx$ 表示。因此企业总成本，包括固定成本、变动成本和半变动成本，可用 $y = a + bx$ 近似表示，只要在预算中列示 a、b，便可随时计算出任一业务量的预算成本。

（2）列表法。列表法是在预计的业务量范围内将业务量分为若干个水平，然后按不同的业务量水平编制预算。

应用列表法编制预算，首先要在确定的业务量范围内，划分出若干个不同水平，然后分别计算各项预算值，汇总列入一个预算表格。

列表法的优点是：不管实际业务量多少，不必经过计算即可找到与业务量相近的预算成

本。但是，运用列表法编制预算在评价和考核实际成本时，往往需要使用插值法来计算实际业务量的预算成本，比较麻烦。

【例 2-12】 丙公司 2018 年预计 B 产品销量在 500～600 吨之间，单价为 1 万元/吨，单位变动成本为 0.6 万元/吨，固定成本为 100 万元。可以按照业务量 25 吨为 1 级，将业务量由低到高分为 5 个水平，分别编制弹性销售预算如表 2-14 所示。

表 2-14 弹性销售预算

项目	单位	方案 1	方案 2	方案 3	方案 4	方案 5
销售量	吨	500	525	550	575	600
销售收入	万元	500	525	550	575	600
变动成本	万元	300	315	330	345	360
边际贡献	万元	200	210	220	230	240
固定成本	万元	100	100	100	100	100
利润	万元	100	110	120	130	140

（二）滚动预算

滚动预算又称连续预算，是一种经常稳定保持一定期限（如 1 年）的预算。其基本特点是，凡预算执行过一段时间后（如 1 个月或 1 个季度），即根据前一时期的经营成果结合执行中发生的变化等新信息，对剩余时间的预算（通常 11 个月或 3 个季度）加以修订，并自动后续 1 个月或 1 个季度，重新编制新 1 年的预算，从而使总预算经常保持 1 年的预算期。

滚动预算正是为弥补定期预算的这些不足而发展起来的。其优点主要如下。

① 保持预算的完整性和连续性，以动态的观点规划企业的未来。

② 各级管理人员始终以未来 12 个月或更长的生产经营预测作为决策的出发点，能够周密考虑和长远规划，将长期计划与短期预算很好地结合起来，有利于保证企业的经营管理工作能稳定而有序地进行。

③ 由于随时根据企业经营情况对预算进行调整，使得预算和实际情况更为接近，从而有利于发挥预算的控制与指导作用。

④ 滚动预算可以使投资者、银行信贷部门和税务机关等外部机构对企业的经营状况有连贯的认识。

在编制滚动预算时，要求头几个月的预算尽量详细完整，后几个月可以粗略一些。每过 1 个月或 1 个季度，根据新的情况调整和修订剩余月份的预算，并自动延长 1 月或 1 季。原来较粗略的预算部分需要补充细化，后续的预算仍然较粗略。如此反复，不断滚动。

用滚动预算法编制预算，按照滚动的时间单位不同可分为逐月滚动、逐季滚动和混合滚动。

（1）逐月滚动。逐月滚动是指在预算编制过程中，以月份为预算的编制和滚动单位，每个月调 1 次预算的方法。如在 2017 年 1～12 月的预算执行过程中，需要在 1 月末根据当月预算的执行情况修订 2～12 月的预算，同时补充下年 1 月的预算；到 2 月末可根据当月预算的执行情况，修订 2017 年 3 月至 2018 年 1 月的预算，同时补充 2018 年 2 月的预算；依此类推。

按照逐月滚动方式编制的预算比较精确，但工作量较大。

（2）逐季滚动。逐季滚动是指在预算编制过程中，以季度为预算的编制和滚动单位，每个季度1次预算的方法。逐季滚动编制的预算比逐月滚动的工作量小，但精确度较差。

（三）增量预算

增量预算法又称调整预算法，是指以基期水平为基础，分析预算期业务量水平及有关影响因素的变动情况，通过调整基期项目及数额，编制相关预算的方法。增量预算以过去的费用发生水平为基础，主张不需在预算内容上做较大的调整，它的编制遵循以下假定。

① 企业现有业务活动是合理的，不需要进行调整；
② 企业现有各项业务的开支水平是合理的，在预算期予以保持；
③ 以现有业务活动和各项活动的开支水平，确定预算期各项活动的预算数。

【例 2-13】 丙公司上年的销售费用为 60 000 元，考虑到本年的销售收入增加 20%，按增量预算编制本年度的销售费用。

$$本年度的销售费用 = 60\,000 \times (1+20\%) = 72\,000(元)$$

增量预算法的缺点是当预算期的情况发生变化，预算数额会受到基期不合理因素的干扰，可能导致预算的不准确，不利于调动各部门达成预算目标的积极性。

（四）零基预算

零基预算是对预算收支以零为基点，对预算期内各项支出的必要性、合理性或者各项收入的可行性以及预算数额的大小逐项审议，确定收支水平的预算。零基预算是针对传统的增量预算的不足提出的。

零基预算的编制可分以下3步进行。

1. 确定任务

高层管理人员必须首先确定预算期内各部门需要完成的任务和工作，详细分析采用哪些方式完成这些任务，并从中选择成本最低方案。

部门经理则需要考虑本部门应完成的业务量及相应成本支出，提出降低成本的对策和措施，以便整个企业的获利水平最大化。

2. 方案评价

对每一项需完成的任务进行成本收益分析，将有关的费用与收益进行对比，进而对各个费用开支方案进行评价。成本超过收益的方案舍弃不用。然后，把收益超过成本的各个方案，按照收益率高低排序，从中选择可行的费用开支方案。

3. 择优分配

将企业经济资源按照选出的方案在各部门之间进行分配。资源分析需考虑不同业务量的成本收益计算结果，尽可能减少完成每项任务的预算支出，以使企业的效益最大化。

零基预算能够较好解决增量预算的问题。它不以现有费用水平为基础，而是如同新创办一个机构时一样，一切以"零"为起点，对每项费用开支的大小及必要性进行认真反复分析、权衡，并进行评定分级，据以判定其开支的合理性和优先顺序，并根据生产经营的客观需要与一定期间内资金供应的实际可能，在预算中对各个项目根据其轻重缓急加以安排，从而提高资金的使用效益、节约费用开支。零基预算由于冲破了传统预算方法的框框限制，以"零"为起点来观察分析一切费用开支项目，确定预算金额，因而具有以下优点。

(1) 有更大的适用性。编制直接成本（如直接材料、直接人工和变动制造费用）预算时，一般增量预算法更合适。

零基预算法更适宜编制间接成本的支出计划，因为这类成本支出弹性很大，是否合理没有明确标准。零基预算也适用于不经常发生的或者预算编制基础变化较大的预算项目，如对外投资、对外捐赠等。零基预算特别适用于产出较难辨认的服务性部门，具有克服资金浪费的缺点。

(2) 有助于沟通、协调。零基预算法要求高层管理人员与基层部门及人员就所有成本项目的分析、判断交换意见，因而增进了高层管理者与基层部门的沟通，增进了高层管理者对企业经营及成本运用情况的了解，同时激励了基层单位参与预算的积极性和主动性。

(3) 提高管理效率。零基预算比增量预算更能提高管理效率。它要求管理人员考虑节约成本的各种方案，那些不能为企业增加价值的活动，或者成本效益欠佳的活动会被放弃，从而提高了管理效率。

(4) 有利于成本控制。编制零基预算会促使管理人员分析判断成本支出的合理性，对管理活动导致的成本支出有更清醒的认识，因而提高了成本控制的效果。

零基预算的不足之处在于以下几点。

① 业绩差的经理人员会认为零基预算是一种威胁，因此拒绝接受；

② 工作量较大，费用较昂贵；

③ 评级和资源分配具有主观性，易引起部门间的矛盾；

④ 易引起人们注重短期利益而忽视企业长期利益。

(五) 概率预算

概率预算是为应对经营环境及经营过程中普遍存在的不确定性而发展的一种预算方法。

在编制预算的过程中，有些变量会随着市场情况发生大的变动。对这些变量数值难以确定，因此引入概率预算的方法。它是针对具有不确定性的预算项目，估计其发生各种变化的概率，根据可能出现的不同结果计算其期望值，从而编制的预算，一般适用于难以预测变动趋势的预算项目，如销售新产品、开拓新业务等。

编制概率预算的具体方法是首先根据有关预算项目的预计值及其变动的可能性（即概率），来计算并确定该预算项目在不同状态下的期望值，然后根据期望值确定预算项目的概率预算数。这个预算数值，应当是比较接近实际的，最有可能达到的预期结果。

【例 2-14】 A 公司 2017 年预算基础数据预计情况如表 2-15 所示。

销量 3 种可能，即 500 吨、550 吨、600 吨，对应概率为 0.2、0.5、0.3，而 AVC 3 种可能为 0.58 万元、0.60 万元、0.62 万元，对应概率为 0.3、0.5、0.2。

A 公司 2017 年实现利润的概率分布和期望值计算如表 2-16 所示。

表 2-15　A 公司 2017 年预算基础数据预计表

销售量		销售单价/万元	单位变动成本 AVC		固定成本/万元
数量/吨	概率		金额/万元	概率	
500	0.2	1	0.58	0.3	100
			0.60	0.5	
			0.62	0.2	
550	0.5	1	0.58	0.3	
			0.60	0.5	
			0.62	0.2	
600	0.3	1	0.58	0.3	
			0.60	0.5	
			0.62	0.2	

表 2-16　A 公司 2017 年利润概率预算表

销售量		销售单价/万元	单位变动成本		固定成本/万元	各种销售数量对应的实现利润/万元	联合概率	期望利润/万元
数量/吨	概率		金额/万元	概率				
①	②	③	④	⑤	⑥	⑦=①×③−(①×④+⑥)	⑧=②×⑤	⑨=⑦×⑧
500	0.2	1	0.58	0.3	100	110	0.06	6.6
500	0.2	1	0.60	0.5	100	100	0.10	10
500	0.2	1	0.62	0.2	100	90	0.04	3.6
550	0.5	1	0.58	0.3	100	131	0.15	19.65
550	0.5	1	0.60	0.5	100	120	0.25	30
550	0.5	1	0.62	0.2	100	10	0.10	10.9
600	0.3	1	0.58	0.3	100	152	0.09	13.68
600	0.3	1	0.60	0.5	100	140	0.15	21
600	0.3	1	0.62	0.2	100	128	0.06	7.68
Σ							1.00	123.11

（六）作业预算

作业成本法的指导思想是：成本对象消耗作业，作业消耗资源。作业成本法把直接成本和间接成本（包括期间费用）作为产品（服务）消耗作业的成本同等地对待，拓宽了成本的计算范围，使计算出来的产品（服务）成本更准确真实。

作业成本法在精确成本信息，改善经营过程，为资源决策、产品定价及组合决策提供完善的信息等方面，都受到了广泛的赞誉。自 20 世纪 90 年代以来，世界上许多先进的公司已经实施作业成本法以改善原有的会计系统，增强企业的竞争力。

作业预算法就是建立在作业成本法之上的一种新型预算编制方法。企业运用作业预算法编制预算，不仅可以将业绩目标传递到资源层次，而且还可以传递到作业层次。

作业预算管理使企业能够仔细检查每个业务单元的作业和每项作业所耗费的资源，也能够计算出作业产出的单位成本，进而能与内部或外部的相似作业进行比较，发现存在的差距，寻找持续改进的关键点或关键环节，制订出与公司战略密切相关的、明确的、可衡量的目标和相应的职责。

二、预算的调整

企业正式下达执行的预算，一般不予调整。预算执行单位在执行中由于市场环境、经营条件、政策法规等发生重大变化，致使预算的编制基础不成立，或者将导致预算执行结果产生重大偏差，可以调整预算。

企业应当建立内部的弹性预算机制，对于不影响预算目标的业务预算、资本预算、财务预算之间的调整，企业可以按照内部授权批准制度执行，鼓励预算执行单位及时采取有效的经营管理对策，保证预算目标的实现。

企业调整预算，应当由预算执行单位逐级向企业预算委员会提出书面报告，阐述预算执行的具体情况、客观因素变化情况及其对预算执行造成的影响程度，提出预算指标调整幅度。

财务管理部门应当对预算执行单位的预算调整报告进行审核分析，集中编制企业年度预算调整方案，提交预算委员会以至企业董事会或经理办公会审议批准，然后下达执行。

对于预算执行单位提出的预算调整事项，企业进行决策时，一般应当遵循以下要求。

（1）预算调整事项不能偏离企业发展战略；

（2）预算调整方案应当在经济上能够实现最优化；

（3）预算调整重点应当放在预算执行中出现的重要的、非正常的、不符合常规的关键性差异方面。

三、预算的分析与考核

企业应当建立预算分析制度，由预算委员会定期召开预算执行分析会议，全面掌握预算的执行情况，研究解决预算执行中存在的问题，纠正预算的执行偏差。

发展预算执行分析，企业管理部门及各预算执行单位应充分收集有关财务、业务、市场、技术、政策、法律等方面的信息资料，根据不同情况分别采用比率分析、比较分析、因素分析、平衡分析等方法，从定量与定性两个层面充分反映预算执行单位的现状、发展趋势及其存在的潜力。

对预算的执行偏差，企业财务管理部门及各预算执行单位应当充分、客观地分析产生的原因，提出相应的解决措施或建议，提交董事会或经理办公室研究决定。

预算委员会应当定期组织预算审计，纠正预算执行中存在的问题，充分发挥内部审计的监督作用。预算审计可以采用全面审计或者抽样审计。在特殊情况下，企业也可组织不定期的专项审计。审计工作结束后，企业内部审计机构应当形成审计报告，直接提交预算委员会甚至董事会或经理办公室，作为预算调整、改进内部经营管理和财务考核的一项重要参考。

预算年度终了，预算委员会应当向董事会或经理办公会报告预算执行情况，并依据预算完成情况和预算审计情况对预算执行单位进行考核。企业内部预算执行单位上报的预算执行报告，应经本部门、本单位负责人按照内部议事规范审议通过，作为企业进行财务考核的基本依据。企业预算按调整后的预算执行，预算完成情况以企业年度财务会计报告为准。

企业预算执行考核是企业绩效评价的主要内容，应当结合年度内部经济责任制进行考核，与预算执行单位负责人的奖惩挂钩，并作为企业内部人力资源管理的参考。

任务五 实战演练

一、背景资料

B公司是一家以加工定制零件为主业的小型机械加工企业。凭着质优价廉的产品和良好的信誉，B公司深得几家大型机械制造商的青睐。2017年年底，B公司接到了一单大生意，2018年全年为公司的一位老客户生产4 600件某种专用备件。B公司的经理估计，如果接下这份订单，公司将再无剩余生产能力生产其他产品。现在公司将通过全面预算管理来安排2018年的各项采购生产活动。

二、业务流程

1. 销售预算

根据合同规定，该专用备件的价格是每件1 200元，B公司需按季度向客户交货，四个季度的供货量分别为800件、1 100件、1 500件和1 200件。合同规定的付款方式为：各季度的货款应在当季支付60%，其余40%在下季付讫。目前，该客户尚欠B公司50万元货款，预计将在2018年第一季度付清。B公司2018年度销售预算如表2-17所示。

表2-17 B公司2018年度销售预算

季度	第一季度	第二季度	第三季度	第四季度	全年
预计销售量/件	800	1 100	1 500	1 200	4 600
预计单价/元	1 200	1 200	1 200	1 200	1 200
销售收入/元	960 000	1 320 000	1 800 000	1 440 000	5 520 000
预计现金收入					
期初应收账款/元	500 000				500 000
第一季度/元	576 000	384 000			960 000
第二季度/元		792 000	528 000		1 320 000
第三季度/元			1 080 000	720 000	1 800 000
第四季度/元				864 000	864 000
现金收入合计/元	1 076 000	1 176 000	1 608 000	1 584 000	5 444 000
预计年末应收账款					
期初应收账款/元					500 000
加：预计全年销售收入/元					5 520 000
减：预计全年收回货款/元					5 444 000
期末应收账款/元					576 000

2. 生产预算

B公司预计，为保证供货的连续性，预算期内各季度的期末产品库存量应达到下期销售量的20%。同时，根据与客户的长期合作关系来看，公司预算年末的产品库存量应维持和年初一致的水平，大约为200件，能够保证及时为客户供货。据此，B公司2018年度生产预算如表2-18所示。

表2-18　B公司2018年度生产预算　　　　　　　　　　　　　　　　　　单位：件

季度	第一季度	第二季度	第三季度	第四季度	全年
预计销售量	800	1 100	1 500	1 200	4 600
加：预计期末产品存货	220	300	240	200	200
减：预计期初产品存货	200	220	300	240	200
预计生产量	820	1 180	1 440	1 160	4 600

3. 直接材料预算

B公司生产该备件主要使用一种合金材料。根据以往的加工经验来看，平均每件产品需用料5千克。这种合金材料一直由公司以每千克200元的价格跟一位长期合作的供应商定购，并且双方约定，购货款在购货当季和下季各付1/2。目前，B公司尚欠该供应商货款400 000元，预计将在2018年第一季度付清。公司为保证生产的连续性，规定预算期内各期末的材料库存量应达到下期生产需要量的10%，同时规定各年末的预计材料库存应维持在600千克左右。据此，B公司2018年度直接材料预算如表2-19所示。

表2-19　B公司2018年度直接材料预算

季度	第一季度	第二季度	第三季度	第四季度	全年
预计生产量/件	820	1 180	1 440	1 160	4 600
单位产品材料用量/千克	5	5	5	5	5
生产需用量/千克	4 100	5 900	7 200	5 800	23 000
加：预计期末材料存货/千克	590	720	580	600	600
减：预计期初材料存货/千克	600	590	720	580	600
预计材料采购量/千克	4 090	6 030	7 060	5 820	23 000
材料单价/(元/千克)	200	200	200	200	200
预计采购金额/元	818 000	1 206 000	1 412 000	1 164 000	4 600 000
预计现金支出					
期初应付账款/元	400 000				400 000
第一季度/元	409 000	409 000			818 000
第二季度/元		603 000	603 000		1 206 000
第三季度/元			706 000	706 000	1 412 000
第四季度/元				582 000	582 000
合计/元	809 000	1 012 000	1 309 000	1 288 000	4 418 000
预计年末应付账款					
期初应付账款/元					400 000
加：预计全年采购金额/元					4 600 000
减：预计全年支付货款/元					4 418 000
期末应付账款/元					582 000

4. 直接人工预算

B公司根据以往的加工经验预计,生产1件备件大约需要7个工时。而依据公司与工人签订的劳动合同规定,每工时需要支付工人工资10元。据此,B公司2018年度直接人工预算如表2-20所示。

表2-20　B公司2018年度直接人工预算

季度	第一季度	第二季度	第三季度	第四季度	全年
预计生产量/件	820	1 180	1 440	1 160	4 600
单位产品工时/小时	7	7	7	7	7
人工总工时/小时	5 740	8 260	10 080	8 120	32 200
每小时人工成本/元	10	10	10	10	10
人工总成本/元	57 400	82 600	100 800	81 200	322 000

5. 制造费用预算

B公司根据以往的生产经验估计,公司下年度可能会发生以下几项制造费用:辅助材料与水电费为变动费用,每工时的开支额分别是3元和2元;车间管理人员工资和设备折旧费为固定费用,估计每季度的开支总额分别为10 000元和15 250元;设备维护费为混合成本,每季度要进行一次基本维护,费用大约为15 000元,日常维护费用则与开工时数有关,估计每工时的维护费约为2元。据此,B公司2018年度制造费用预算如表2-21所示。

表2-21　B公司2018年度制造费用预算

季度	第一季度	第二季度	第三季度	第四季度	全年
变动制造费用/元					
人工总工时/小时	5 740	8 260	10 080	8 120	32 200
辅助材料/(3元/工时)	17 220	24 780	30 240	24 360	96 600
水电费/(2元/工时)	11 480	16 520	20 160	16 240	64 400
日常维护费/(2元/工时)	11 480	16 520	20 160	16 240	64 400
合计/元	40 180	57 820	70 560	56 840	225 400
固定制造费用/元					
管理人员工资/元	10 000	10 000	10 000	10 000	40 000
设备折旧费/元	15 250	15 250	15 250	15 250	61 000
设备固定维护费/元	15 000	15 000	15 000	15 000	60 000
合计/元	40 250	40 250	40 250	40 250	161 000
预计现金支出					
变动制造费用合计/元	40 180	57 820	70 560	56 840	225 400
固定制造费用合计/元	40 250	40 250	40 250	40 250	161 000
减:设备折旧费/元	15 250	15 250	15 250	15 250	61 000
现金支出额/元	65 180	82 820	95 560	81 840	325 400

6. 产品成本预算

B公司根据直接材料、直接人工、制造费用三项预算,结合2018年度预计销售量和期末产品库存量情况，B 公司 2018 年度产品成本预算如表 2-22 所示。

表 2-22　B 公司 2018 年度产品成本预算　　　　　　　　　　单位：元

成本项目	单位产品成本			生产成本（4 600 件）	期末存货（200 件）	销售成本（4 600 件）
	每千克或每小时	投入量	成本			
直接材料	200	5	1 000	4 600 000	200 000	4 600 000
直接人工	10	7	70	322 000	14 000	322 000
变动制造费用	7	7	49	225 400	9 800	225 400
固定制造费用			35	161 000	7 000	161 000
合计	—	—	1 154	5 308 400	230 800	5 308 400

7. 销售及管理费用预算

B 公司预计 2018 年度的销售费用只有运输费一项，按照与运输公司的合同约定，每季度支付 13 000 元运费；管理费用包括管理人员工资、办公费和房租三项，均属于固定成本，每季开支额分别为 6 000 元、4 000 元和 10 000 元。据此，B 公司 2018 年度销售及管理费用预算如表 2-23 所示。

表 2-23　B 公司 2018 年度销售及管理费用预算　　　　　　　　单位：元

季度	第一季度	第二季度	第三季度	第四季度	全年
销售费用					
运输费	13 000	13 000	13 000	13 000	52 000
管理费用					
管理人员工资	6 000	6 000	6 000	6 000	24 000
办公费	4 000	4 000	4 000	4 000	16 000
房租	10 000	10 000	10 000	10 000	40 000
合计	33 000	33 000	33 000	33 000	132 000

8. 现金预算

B 公司财务部门根据公司的经营特点和现金流转状况，确定公司的最佳现金持有量是 10 000 元。当预计现金收支净额不足 10 000 元时，通过变现有价证券及申请短期银行借款来补足；预计现金收支净额超过 10 000 元时，超出部分用于归还借款和购入有价证券。B 公司估计，2018 年初公司大约会有 23 000 元的有价证券储备。此外，公司已和银行商定了为期 1 年的信贷额度，公司随时可按 6% 的年利率向银行借款，借款为 1 000 元的整数倍。

除了日常经营活动所引起的各项现金收支外，B 公司估计 2018 年还会发生如下现金支付业务。

（1）公司的一台专用机床必须在第一季度更新，预计需要支出购置及安装等费用共计 130 000 元。

（2）公司将在 2018 年初向股东派发 2017 年度的现金股利 20 000 元。

（3）估计公司每个季度需要缴纳所得税款 5 600 元。

根据这些资料，B 公司 2018 年度现金预算如表 2-24 所示。

表 2-24　B 公司 2018 年度现金预算　　　　　　　　　　　　　单位：元

季度	第一季度	第二季度	第三季度	第四季度	全年
期初现金余额	10 000	10 820	10 800	10 650	10 000
加：销售现金收入	1 076 000	1 176 000	1 608 000	1 584 000	5 444 000
减：各项现金支出					
材料采购	809 000	1 012 000	1 309 000	1 288 000	4 418 000
直接人工	57 400	82 600	100 800	81 200	322 000
制造费用	65 180	82 820	95 560	81 840	325 400
销售及管理费用	33 000	33 000	33 000	33 000	132 000
所得税	5 600	5 600	5 600	5 600	22 400
购置设备	130 000				130 000
分配利润	20 000				20 000
支出合计	1 120 180	1 216 020	1 543 960	1 489 640	5 369 800
现金收支净额	−34 180	−29 200	74 840	105 010	84 200
现金筹集和运用					
出售有价证券	23 000				23 000
购入有价证券				95 000	95 000
申请银行借款	22 000	40 000			62 000
归还银行借款			62 000		62 000
短期借款利息			2 190		2 190
期末现金余额	10 820	10 800	10 650	10 010	10 010

B 公司财务人员估计，如果前面各项日常业务预算和现金预算都能在预算期内予以落实的话，那么公司在 2018 年度的盈利前景还是相当乐观的。并且，估计公司 2018 年度的股利分配额能在 2017 年基础上增长 50%，达到 30 000 元。B 公司 2018 年度预计利润表如表 2-25 所示。

表 2-25　B 公司 2018 年度预计利润表　　　　　　　　　　　　单位：元

项目	金额	资料来源
销售收入	5 520 000	销售预算
销售成本	5 308 400	产品成本预算
毛利	211 600	
销售及管理费用	132 000	销售及管理费用预算
利息费用	2 190	现金预算

续表

项目	金额	资料来源
利润总额	77 410	
所得税	22 400	现金预算
净利润	55 010	
加：年初未分配利润	580 800	公司预计值
可供分配的利润	635 810	
减：利润分配	30 000	公司预计值
年末未分配利润	605 810	

结合B公司预算期内的各项业务活动的情况，B公司2018年度预计资产负债表如表2-26所示。

表 2-26　B公司2018年度预计资产负债表　　　　　　　　　单位：元

项目	年初数	年末数	资料来源
资产			
现金	10 000	10 010	现金预算
短期投资	23 000	95 000	现金预算
应收账款	500 000	576 000	销售预算
材料存货	120 000	120 000	直接材料预算
产品存货	230 800	230 800	产品成本预算
固定资产	1 100 000	1 230 000	预计购置130 000元
累计折旧	183 000	244 000	制造费用预算，预计提取折旧61 000元
资产总额	1 800 800	2 017 810	
负债及所有者权益			
应付账款	400 000	582 000	直接材料预算
应付利润	20 000	30 000	预计利润表
实收资本	800 000	800 000	
未分配利润	580 800	605 810	预计利润表
负债及所有者权益合计	1 800 800	2 017 810	

小　结

（1）预算管理是财务管理的重要内容之一。预算是企业在预测、决策的基础上，以数量和金额的形式反映企业未来一定时期内经营、投资、财务等活动的具体计划，是为实现企业目标而对各种资源和企业活动的详细安排。

（2）预算管理体系由业务预算和财务预算构成。业务预算包括销售预算、生产预算、直接材料预算、直接人工预算、制造费用预算、产品成本预算、销售费用预算和管理费用预算等。财务预算与业务预算共同构成企业的全面预算，是企业全面预算体系中的组成部分，主要包括现金预算、利润表预算和资产负债表预算。

（3）在具体编制预算时，可以根据企业的特点、编制预算依据等的不同，采用不同的预算编制方法。固定预算法又称静态预算法，是指在编制预算时，只根据预算期内正常、可实现的某一固定的业务量（如生产量、销售量等）水平作为唯一基础来编制预算的方法。

（4）弹性预算法又称动态预算法，是在成本性态分析的基础上，依据业务量、成本和利润之间的联动关系，按照预算期内可能的一系列业务量（如生产量、销售量、工时等）水平编制系列预算的方法。

（5）滚动预算又称连续预算，是一种经常稳定保持一定期限（如1年）的预算。其基本特点是，凡预算执行过一段时间后（如1个月或1个季度），即根据前一时期的经营成果结合执行中发生的变化等新信息，对剩余时间的预算（通常11个月或3个季度）加以修订，并自动后续1个月或1个季度，重新编制新1年的预算，从而使总预算经常保持1年的预算期。

（6）增量预算法又称调整预算法，是指以基期水平为基础，分析预算期业务量水平及有关影响因素的变动情况，通过调整基期项目及数额，编制相关预算的方法。增量预算以过去的费用发生水平为基础，主张不需在预算内容上做较大的调整，它的编制遵循以下假定。

① 企业现有业务活动是合理的，不需要进行调整；
② 企业现有各项业务的开支水平是合理的，在预算期予以保持；
③ 以现有业务活动和各项活动的开支水平，确定预算期各项活动的预算数。

（7）零基预算是对预算收支以零为基点，对预算期内各项支出的必要性、合理性或者各项收入的可行性以及预算数额的大小逐项审议，确定收支水平的预算。零基预算是针对传统的增量预算的不足提出的。

（8）编制概率预算的具体方法是，首先根据有关预算项目的预计值及其变动的可能性（即概率），来计算并确定该预算项目在不同状态下的期望值，然后根据期望值确定预算项目的概率预算数。这个预算数值，应当是比较接近实际的，最有可能达到的预期结果。

（9）作业预算法就是建立在作业成本法之上的一种新型预算编制方法。企业运用作业预算法编制预算，不仅可以将业绩目标传递到资源层次，而且还可以传递到作业层次。

 实践案例

案例分析

某集团企业基于SWOT分析，决定采用扩张型战略。总部将战略目标分解成年度总预算目标，再将总预算目标细化和落实到全资及控股子公司，目的是保证年度预算总目标的实现，最终实现战略目标。其2018年预算数据如下。

（1）财务方面。营业收入超过2017年，达150亿元，其中全资子公司S公司达20

亿元；利润总额超过2017年，达18亿元，其中S公司达10亿元；净资产收益率提高12%，其中S公司提高10%。

（2）客户方面。客户数量增加1000个，其中S公司增加250个，客户满意度达85分；其中S公司客户满意度达80分；加快客户回款程度为1次/月，其中S公司加快客户回款程度为1次/月。

（3）内部流程方面。新产品开发完成任务达20个/年，其中S公司达1个/年；销售渠道增加30个/年，其中S公司销售渠道增加2个/年；技术创新完成任务达20个/年，其中S公司达1个/年。

（4）学习成长方面。员工满意度达80分，其中S公司员工满意度达80分；员工士气达80分，其中S公司员工士气达80分；员工职业发展达80分；其中S公司员工职业发展达80分。

此外，预算考评与激励在该企业的全面预算管理中占有重要地位。该企业认为，全面预算体系中如果没有预算考评，预算就只能是海市蜃楼，失去控制力而流于形式。只有将预算的指标和目标值与预算的实际执行结果进行比较，肯定成绩，找出问题，分析原因，改进以后的工作，才能对员工实施公正的奖惩，奖勤罚懒，调动员工的积极性，激励员工共同努力，确保集团战略目标的最终实现。

【评析】

1. 全面预算管理体系应包括哪些内容？
2. 该企业使用了哪些预算编制方法？
3. 如何更好地实施预算考评？

业务操作

学员分成若干团队（一般6队），每个团队由5个学员组成，分别担任不同角色。通过直观的企业沙盘ERP，模拟企业实际运行状况，感悟正确的全面预算管理理念。背景资料见项目一ERP沙盘模拟实战演练。第一年年初要求如下。

（1）在市场分析的基础上，制定本年度的销售预算。
（2）在销售预算的基础上，制定本年的材料采购预算、生产预算和成本费用预算。
（3）制定现金预算。
（4）制定预计利润表和预计资产负债表。

第一年结束要求评价全年的预算执行情况，分析差异原因，给出建设性意见。

学习评价

一、单项选择题

1. 下列各项中能揭示全面预算本质的说法是：全面预算是关于未来期间内（　　）。

　　A. 企业的成本计划　　　　　　B. 事业单位的收支划
　　C. 企业总体计划的数量说明　　D. 企业总体较好的文字说明

2. 现金预算属于下列项目中（　　）。

A. 业务预算　　B. 生产预算　　C. 财务预算　　D. 专门决策预算

3. 预计期初存货50件，期末存货40件，本期销售250件，则本期生产量为（　　）件。
　　A. 250　　B. 240　　C. 260　　D. 230

4. 下列预算中，不属于业务预算的是（　　）。
　　A. 预计利润表　　　　　　B. 销售与管理费用预算
　　C. 制造费用预算　　　　　D. 销售预算

5. 在成本性态分析基础上，分别按一系列可能达到的预计业务量水平而编制的能适应多种情况的预算，称为（　　）。
　　A. 滚动预算　　B. 零基预算　　C. 弹性预算　　D. 连续预算

6. 全面预算的起点是（　　）。
　　A. 现金预算　　B. 生产预算　　C. 销售预算　　D. 管理费预算

7. 在执行了1个月的预算后，再增补一个月的预算，逐期向后滚动，由此编制而成的预算就称为（　　）。
　　A. 滚动预算　　B. 概率预算　　C. 固定预算　　D. 全面预算

8. 直接材料预算是以（　　）为基础编制的。
　　A. 生产预算　　B. 定额消耗　　C. 产量　　D. 基础薪酬

9. 根据全面预算体系的分类，下列预算中，属于财务预算的是（　　）。
　　A. 销售预算　　　　　　B. 现金预算
　　C. 直接材料预算　　　　D. 直接人工预算

10. （　　）的编制方法是首先将预算年度生产衔接安排、价格、定额等预算先导指标及相关政策性、客观性因素固定在预计水平上，然后以此为基础来确定其他项目预计数的预算编制方法。
　　A. 弹性预算　　B. 零基预算　　C. 固定预算　　D. 滚动预算

二、多项选择题

1. 下列各项中，属于业务预算的有（　　）。
　　A. 资本支出预算　　　　B. 生产预算
　　C. 管理费用预算　　　　D. 销售预算

2. 运用公式"$y=a+bx$"编制弹性预算，字母x所代表的业务量可能有（　　）。
　　A. 生产量　　B. 销售量　　C. 库存量　　D. 材料消耗量

3. 在下列各项中，属于业务预算的有（　　）。
　　A. 销售预算　　　　　　B. 现金预算
　　C. 生产预算　　　　　　D. 销售费用预算

4. 以下哪些预算属于财务预算（　　）。
　　A. 现金支出预算　　　　B. 现金收入预算
　　C. 预计资产负债表　　　D. 预计利润表

5. 现金预算的组成部分有（　　）。
　　A. 资金筹措预算　　　　B. 预计损益表
　　C. 现金收入预算　　　　D. 现金支出预算

三、判断题

1. 零基预算是为克服固定预算的缺点而设计的一种先进预算方法。　　　　（　　）
2. 在财务预算的编制过程中，编制预计财务报表的正确程序是：先编制预计资产负债表，然后再编制预计利润表。　　　　（　　）
3. 全面预算管理涉及企业经济活动的方方面面，是一项全员参与、全方位管理、全过程控制的综合性、系统性管理活动。　　　　（　　）
4. 财务预算必须以业务预算、资本预算和筹资预算为基础。　　　　（　　）

四、简答题

1. 全面预算的具体涵义？
2. 全面预算体系由哪些内容构成？各部分具体的内容是什么？
3. 主要业务预算包括哪些内容？编制依据分别是什么？
4. 财务预算的内容主要包括哪些？其作用是什么？
5. 预算编制的常用方法有哪些？

项目三 手工账务处理

 知识目标

- ◆ 熟悉会计账簿分类、格式和登记方法
- ◆ 掌握会计凭证的审核和填制要求
- ◆ 理解对账、结账的方法
- ◆ 了解财务报告的构成和编制要求

 **能力目标**

- ◆ 学会设置总账、明细账、日记账
- ◆ 能够填制和审核会计凭证
- ◆ 理解对账、错账的查找与更正方法
- ◆ 掌握资产负债表和利润表的编制方法

重点难点

- ◆ 填制会计凭证
- ◆ 资产负债表、利润表的编制

 **任务引入**

在 ERP 沙盘游戏中,每个年度财务总监都要制作真实的会计报表,全面地反映企业的财务

状况和经营成果,作为各个队伍业绩评价的主要参考指标。那么会计报表应该如何编制?如何保障其真实性、正确性、可读性?通过本项目的学习,你能够了解手工账务处理的工作过程:根据取得的原始凭证来填制相关的记账凭证、审核记账凭证;正确设置和登记会计账簿;规范对账、结账;编制资产负债表和利润表。

任务一 设置总账、明细账、日记账

一、会计账簿概述

会计账簿,简称账簿,指由一定格式的账页组成的,以经过审核的会计凭证为依据,全面、系统、连续地记录各项经济业务的簿籍。会计账簿是会计资料的主要载体之一,也是会计资料的重要组成部分。会计账簿对经济业务的记录是分类、序时、全面、连续的,能够把分散在会计凭证中的大量核算资料加以集中整理,为经营管理提供系统、完整的核算资料。账户是根据会计科目设置的,具有一定格式和结构,用于分类反映会计要素增减变动情况及其结果的载体。

账簿和账户既有区别,又有密切联系。账户是在账簿中按规定的会计科目开设的户头,用来反映某一会计科目所要核算的内容。账户存在于账簿之中,账簿中的每一账页就是账户的存在形式和载体,账簿则是若干账页的集合。账户是用来连续、系统、完整地记录企业经济活动情况,没有账簿,账户不能独立存在。账簿只是一个外在形式,账户才是其真实内容,二者间的关系是形式和内容的关系。

会计账簿的主要作用是对会计凭证提供的大量分散数据或资料进行整理、归类和汇总,从而能够系统、全面、连续地记录和反映经济活动情况及其结果。它是编制财务会计报告,检查、分析和控制单位经济活动的重要依据,是连接会计凭证和会计报表的中间环节,在会计核算中具有重要意义。

(一)会计账簿的基本内容

在实际工作中,由于各种会计账簿所记录的经济业务不同,账簿的格式也多种多样,但各种会计账簿都应具备以下的基本内容。

(1)封面。主要标明账簿的名称,如总分类账、库存现金日记账、银行存款日记账、各种明细分类账等。

(2)扉页。主要用来列明会计账簿的使用信息,如账簿启用和经管人员一览表、科目索引等。账簿启用登记和经管人员一览表格式如表3-1所示。

(3)账页。账页是账簿用来记录经济业务的主要载体。账页的基本内容主要包括以下几点。

① 账户的名称(总账科目、科目明细科目);
② 登账日期栏;
③ 凭证种类和编号栏;

表 3-1　账簿启用登记和经管人员一览表

账簿名称：_____　　　　　　　单位名称：_____

账簿编号：_____　　　　　　　账簿册数：_____

账簿页数：_____　　　　　　　启用日期：_____

会计主管：_____　　　　　　　记账人员：_____

移交日期	移交人	接管日期	接管人	会计主管

④ 摘要栏（记录经济业务内容的简要说明）；

⑤ 金额栏；

⑥ 总页次和分户页次等。

启用会计账簿时，应在账簿封面上写明单位名称和账簿名称，并在账簿扉页上附启用表。为了保证账簿记录的合法性和严肃性，明确记账责任，保证会计资料的完整，还应加单位公章和经管人员名章（包括企业负责人、主管会计、复核、记账人员等）。

（二）会计账簿的种类

会计账簿可以按照用途、外形特征、账页格式等进行分类。

1. 按用途分类

会计账簿按照用途，可以分为序时账簿、分类账簿和备查账簿。

(1) 序时账簿。也称日记账，是按照经济业务发生时间的先后顺序逐日、逐笔连续登记的账簿。设置日记账的目的，是为了使经济业务的时间顺序清晰地反映在账簿记录中。在我国企业、行政事业中，一般设置库存现金日记账和银行存款日记账。其表格如表 3-2 和表 3-3 所示。

表 3-2　库存现金日记账　　　　　　　　　　　　　　　　　　　　第　　页

2017年		凭证号码		对方科目	摘要	收入	支出	结余
月	日	字	号					
9	1				期初余额			3 800
9	2	现付	（略）	管理费用	购买办公用品		500	3 300
9	2	现收	（略）	其他应收款	交回差旅费余额	300		3 600
9	2	银付	（略）	银行存款	从银行提现	1 000		4 600
9	2				本日合计	1 300	500	4 600

表 3-3　银行存款日记账　　　　　　　　　　　　第　页

2017年		凭证号码		对方科目	摘要	收入	支出	结余
月	日	字	号					
9	1				期初余额			58 000
9	2	银付	（略）	应交税费	付进项增值税		6 500	51 500
9	2	银付	（略）	材料采购	材料采购款		30 420	21 080
9	2	银收	（略）	应收账款	收回应收款	23 400		44 480
9	2	现付	（略）	库存现金	存入销货款	3 400		47 880
9	2	银付	（略）	应付账款	偿还欠款		11 700	36 180
9	2				本日合计	26 800	48 620	36 180

（2）分类账簿。分类账簿是按照分类账户设置的账簿，按其反映经济业务的详细程度和范围可分为总分类账簿和明细分类账簿。分类账簿是会计账簿的主体，也是编会计报表的主要依据。

① 总分类账簿。简称总账，是根据总分类（一级）账户开设的，总括反映会计主体经济业务的情况，为会计报表的编制提供直接数据资料。总分类账簿通常采用三栏式，其格式见表 3-4。

表 3-4　总分类账　　　　　　　　　　　　第　页

年		凭证		摘要	借方	贷方	借或贷	余额
月	日	种类	编号					

② 明细分类账簿。简称明细账，是根据明细分类账户设开设的，用来提供明细核算资料。明细分类账簿可采用的格式主要有三栏式明细账、数量金额式明细账、多栏式明细账等。三栏式明细分类账只设借方、贷方和余额三个金额栏，分类核算各项经济业务。适用于只需进行金额明细核算，不需进行数量核算的明细账，其格式与三栏式总账的格式相同（见表 3-4）。数量金额式明细分类账是在收入、发出和结存栏内分别设置数量、单价和金额栏目，适用于既需要进行金额明细核算，又需要进行数量明细核算的账户，如原材料明细账（见表 3-5）、库存商品明细账等。多栏式明细分类账是根据经济业务的特点和经营管理的需要，将同属一个科目的各个明细科目合并在一张账页上进行登记，即在这种格式账页的借方或贷方金额栏内按有关明细项目分设若干专栏。这种格式主要适用于费用、成本、收入类科目的明细核算，如制造费用明细账（见表 3-6）。

表 3-5 原材料明细账

会计科目：甲材料　　　　　　　　　　　　　　　　　　　　　　　　　　　　第 1 页

类别：花纹板　品名及规格：2.5 厚度　计量单位：千克　金额单位：元　存放地点：1 号仓库

2017年		凭证号码	摘要	收入			支出			结存		
月	日			数量	单价	金额	数量	单价	金额	数量	单价	金额
9	1		期初结存							1 000	4	4 000
9	2	(略)	购入	2 000	4	8 000				3 000	4	12 000
9	3	(略)	领用				1 500	4	6 000	1 500	4	6 000
9	4	(略)	领用				1 000	4	4 000	500	4	2 000

表 3-6 制造费用明细账

明细科目：二车间　　　　　　　　　　　　　　　　　　　　　　　　　　　　第 1 页

2017年		凭证号码	摘要	借方					贷方	余额
月	日			职工薪酬	折旧费	机物料消耗	办公费	水电费		
9	5	(略)	分配工资	9 000						9 000
9	7	(略)	领用材料			3 000				12 000
9	8	(略)	支付办公费				500			12 500
9	10	(略)	支付水电费					490		12 990
9	30	(略)	计提折旧		2 500					15 490
9	30	(略)	转入生产成本						15 490	0

(3) 备查账簿。也称为辅助登记簿或补充登记簿，是对某些在序时账簿和分类账簿中未能记载或记载不全的经济业务进行补充登记的账簿。例如，反映企业租入固定资产的租入固定资产登记簿、反映为其他企业代管商品的代管商品物资登记簿等。备查账簿没有固定的格式要求，不一定在每个单位都设置，是根据各单位实际需要而定。备查账簿只是对其他账簿记录的一种补充，与其他账簿之间不存在严密的依存和勾稽关系。

2. 按外形特征分类

会计账簿按照外形特征，可以分为订本式账簿、活页式账簿和卡片式账簿。

(1) 订本式账簿。简称订本账，是在账簿启用之前将编有顺序页码的一定数量账页固定装订成册的账簿。订本式账簿的优点是有利于防止账页散失，防范非法抽换账页等舞弊行为的发生，保证账簿记录的安全、完整；缺点是由于账页序号和总数已经固定，不能增减，不能准确为各账户预留账页。订本式账簿主要适用于比较重要、业务量较多的账簿，如总分类账和库存现金日记账、银行存款日记账等。

(2) 活页式账簿。简称活页账，是在启用账簿时不把账页固定装订成册，可根据记账内容的变化随时增加或减少部分账页的账簿。活页式账簿的优点是账页不固定地装订在一起，可以根据实际需要，随时将空白账页装入账簿，或抽去不需要的账页，方便由若干会计人员分工记账；缺点是如果管理不善，可能造成账页容易散失或故意抽换。活页式账簿一般适用于明细分类账。

（3）卡片式账簿。简称卡片账，是指由具有一定格式的硬质卡片按照一定的规则编号，放置于专设的卡片箱内，可根据需要随时取用或添增的账簿。在我国，企业一般只对固定资产的核算采用卡片账形式，也有少数企业在材料核算中使用材料卡片。

3. 按账页格式分类

会计账簿按照账页格式可以分为三栏式账簿、多栏式账簿和数量金额式账簿。

（1）三栏式账簿。是设有借方、贷方和余额三个金额栏目的账簿。各种日记账、总分类账以及资本、债权、债务明细账都可以采用三栏式账簿（见表3-4）。三栏式账簿又分为设置对方科目和不设置对方科目两种，区别在于摘要栏和借方科目栏之间是否有一栏"对方科目"。

（2）多栏式账簿。是在账簿的两个金额栏目（借方和贷方）按需要再分设若干专栏的账簿，在实际工作中，可以按"借方"和"贷方"分设专栏，也可以只设"借方"或"贷方"专栏，设多少专栏，则根据需要确定。收入、成本、费用明细账一般都采用这种格式的账簿（见表3-6）。

（3）数量金额式账簿。是在账簿的借方、贷方和余额三个栏目内，都再分设数量、单价和金额三小栏，分别反映财产物资的实物数量和价值量。原材料、库存商品等明细账一般都采用数量金额式账簿（见表3-5）。

二、依法建账

（一）设置会计科目表和账户

会计科目是对会计要素的具体内容进行分类核算的项目，账户是根据会计科目设置的，具有一定格式和结构，用于分类反映会计要素增减变动情况及其结果的载体。

设置账户是会计核算的重要方法之一。同会计科目的分类相对应，账户可以根据其核算的经济内容，按其所提供信息的详细程度及其统驭关系进行分类。根据提供信息的详细程度及其统驭关系，账户分为总分类账户和明细分类账户；按其所反映核算的经济内容，账户分为资产类账户、负债类账户、共同类账户、所有者权益类账户、成本类账户、损益类账户。

（二）结转期初余额

每个会计期间期初必须首先结转上期期末余额，并准确判断余额方向，填在"借/贷"列中。也可以借助于会计等式"资产=负债+所有者权益"或者资产负债表来判断，资产类的一般是借方余额，但其中坏账准备、累计折旧等资产抵减账户除外；负债类及所有者权益类的一般则是贷方余额，请注意本年利润和利润分配可能会在亏损时出现借方余额。而损益类科目，月末无余额。

1. 根据总账科目开设总账，并结转期初余额

总账是按照总分类账户分类登记，提供总括会计信息的账簿。总账一般使用订本账，最常用的格式为三栏式。

2. 根据明细科目设置明细账，并结转期初余额

各单位在设置总账的同时，还应设置必要的明细账。明细账是根据有关明细分类科目设置并登记的账簿，它能提供交易或事项比较详细、具体的核算资料，以弥补总账所提供核算资料的不足。明细账一般采用活页账、卡片式账簿，账页格式主要有三栏式、数量金额式、多栏式。

3. 设置日记账，并登记期初余额

企业必须依法设置库存现金日记账和银行存款日记账。设置日记账一般使用订本式账簿。银行存款日记账应根据不同开户银行和币种分别设置，每个银行账户设置一本日记账。

4. 设置备查账簿

在实际会计实务中，主要包括各种租借设备、物资的辅助登记或有关应收、应付款项的备查簿，担保、抵押备查簿等。

依法建账是单位进行会计核算的最基本要求之一。建账是会计工作中的重要一环，是如实记录和反映经济活动情况的重要前提。这里所说的依法建账的"法"，既包括《中华人民共和国会计法》《会计基础工作规范》等，也包括其他法律、行政法规，如《中华人民共和国税收征收管理法》《中华人民共和国公司法》等。

根据这些法律的规定，各单位在建账时应遵守以下几点。

（1）国家机关、社会团体、企业、事业单位和其他经济组织，要按照要求设置会计账簿进行会计核算。不具备建账条件的，应实行代理记账。

（2）设置会计账簿的种类和具体要求，要符合《中华人民共和国会计法》和国家统一的会计制度的规定。

（3）各单位发生的各项经济业务应当在依法设置的会计账簿上统一登记、核算，不得违反《中华人民共和国会计法》和国家统一的会计准则制度的规定私设会计账簿进行登记、核算。

任务二 填制和审核会计凭证

一、会计凭证概述

会计凭证是记录经济业务事项的发生和完成情况的书面证明，是登记账簿的依据。会计凭证是会计核算的重要会计资料，填制和审核会计凭证是会计核算工作的起点和基本环节，对会计核算过程、会计资料质量都起着至关重要的作用。会计凭证按照填制程序和用途的不同分为原始凭证和记账凭证。

原始凭证又称为单据，是在经济业务发生或完成时取得或填制的，用以记录或证明经济业务的发生和完成情况的原始凭据。原始凭证是在经济业务发生的过程中直接产生的，是经济业务发生的最初证明，具有法律效力，是会计核算的重要资料。常用的原始凭证有发货票、现金收据、增值税专用（或普通）发票、产品入库单、领料单等。

记账凭证又称记账凭单，是指会计人员根据审核无误的原始凭证，按照经济业务的内容加以归类，并据以确定会计分录后所填制的会计凭证。记账凭证应记载经济业务的简要内容,明确会计分录,它是登记账簿的直接依据。记账凭证的作用主要是确定会计分录,进行账簿登记,反映经济业务的发生或完成情况,监督企业经济活动,明确相关人员责任。

(一)原始凭证

1. 原始凭证的种类

原始凭证可以按其取得来源、填制手续和内容、格式加以分类。

(1) 按其来源不同,原始凭证可以分为外来原始凭证和自制原始凭证两种。

① 外来原始凭证。指在经济业务发生或完成时,从其他单位或个人直接取得的原始凭证。例如,由供货单位开具的增值税专用(或普通)发票、火车票、飞机票、餐饮费发票等。增值税专用发票样张如图3-1所示。

图3-1 增值税专用发票样张

② 自制原始凭证。是指由本单位内部经办业务的部门和人员,在执行或完成某项经济业务时填制的、仅供本单位内部使用的原始凭证,如产品入库时的产品入库单(见表3-7)、领用材料时的领料单(见表3-8)、借款单等。

表3-7 产品入库单

编号:

交库单位:　　　　　　　　　　　年　月　日　　　　　　　　　　产品仓库:

产品编号	产品名称	规格	单位	交付数量	检验结果		实收数量	单价	金额
					合格	不合格			

制单:　　　　　检验人:　　　　　　　仓库:　　　　　　　经手人:

表 3-8　领料单

领料部门：　　　　　　　　　　　　　　　　　　　　　　　　　　凭证编号：
用途：　　　　　　　　　　　　年　月　日　　　　　　　　　　　　发料仓库：

材料编号	材料规格及名称	计量单位	数量		备注
			请领	实领	
备注					

制单：　　　　　发料人：　　　　　　　审批：　　　　　　　领料人：

（2）按其填制手续及内容不同，原始凭证可以分为一次凭证、累计凭证和汇总凭证。

① 一次凭证。是指一次填制完成，只反映一项经济业务，或者同时反映若干项同类性质的经济业务的原始凭证。一次凭证是一次有效的凭证，如借款单、收料单、银行结算凭证、发货单（见表3-9）等都是一次凭证。

表 3-9　发货单

购买单位：
结算方式：　　　　　　　　　　　年　月　日　　　　　　　　　　　　编号：

品名规格	单位	数量	单价	金额

会计：　　　　　　　　　　复核：　　　　　　　　　　制单：

② 累计凭证。是指一定时期内多次记录发生的同类型经济业务的原始凭证。其特点是在一张凭证内可以连续登记相同性质的经济业务，随时结出累计数及结余数，并按照费用限额进行费用控制，期末按实际发生额记账。工业企业用的限额领料单（见表3-10）就是一种典型的累计凭证。

表 3-10　限额领料单

领料部门：　　　　　　　　　　　　　　　　　　　　　　　　　　发料仓库：
用途：　　　　　　　　　　　　年　月　日　　　　　　　　　　　　编号：

材料编号	材料名称	材料规格	计量单位	计划单价	领用限额	全月实额	
						数量	金额
领用日期	请领数量	实发数量		领料人签章	发料人签章	限额结余数量	

供应部门负责人：　　　　　领料部门负责人：　　　　　仓库负责人：

③ 汇总凭证。是指对一定时期内反映经济业务内容相同的若干张原始凭证，按照一定标准综合填制的原始凭证。汇总凭证合并了同类经济业务，可以简化记账凭证的编制，提高工作效率，能直接为管理提供某些综合指标，在大中型企业使用非常广泛。在实际工作中，汇总原始凭证如发料凭证汇总表（见表 3-11）、工资结算汇总表等。

表 3-11 发料凭证汇总表

年　月

材料＼借方科目	生产成本	制造费用	管理费用	制造费用	合计
合计					

会计主管：　　　　记账：　　　　审核：　　　　制单：

（3）按其格式不同，原始凭证可以分为通用原始凭证和专用原始凭证两种。

① 通用原始凭证。是指由有关部门统一印制，在一定范围内使用的具有统一格式和使用方法的原始凭证。通用原始凭证的使用范围，因制作部门不同而异，可以是某一地区、某一行业，也可以是全国通用，如某省（市）印制的收据等，在该省（市）通用；由人民银行印制的银行结算凭证，在全国通用等。

② 专用原始凭证。是指由单位自行印制、仅在本单位使用的原始凭证，如领料单、差旅费报销单、折旧计算表、工资费用分配表等。

2. 原始凭证的基本内容

由于不同经济业务内容和经济管理的要求不同，原始凭证的名称、格式和内容也是多种多样的。但是，所有的原始凭证，不管是自制原始凭证，还是外来原始凭证，作为经济业务的原始证据，各种原始凭证都应具有一些共同的基本内容（也称为原始凭证要素）。主要包括以下内容。

（1）原始凭证的名称。
（2）填制原始凭证的日期。
（3）接受原始凭证单位或个人的名称。
（4）经济业务的基本内容。
（5）填制单位名称或填制人姓名。
（6）经办人员的签章。
（7）数量、单价和金额。

(二) 记账凭证

1. 记账凭证的种类

记账凭证按经济业务内容不同，通常可以分为收款凭证、付款凭证和转账凭证。

（1）收款凭证。收款凭证是用于记录库存现金和银行存款收款业务的记账凭证。收款凭证又可以分为现金收款凭证和银行存款收款凭证，分别根据库存现金或银行存款收入业务的原始凭证填制，是登记库存现金日记账、银行存款日记账以及有关明细账和总账等账簿的依据，也是出纳人员收讫款项的依据。收款凭证的一般格式如表 3-12 所示。

表 3-12　收款凭证

借方科目：库存现金　　　　　　2017 年 7 月 1 日　　　　　　现收字第 4 号

摘要	贷方总账科目	明细科目	√	贷方金额									
				亿	千	百	十	万	千	百	十	元	角	分
收回余款	其他应收账款	王伟	√						6	8	0	0	0
合计								¥	6	8	0	0	0

附单据 1 张

会计主管：王文　　　记账：江山　　　出纳：李莉　　　审核：李明明　　　制单：王俊

（2）付款凭证。付款凭证是用于记录库存现金和银行存款付款业务的记账凭证。付款凭证又可分为库存现金付款凭证和银行存款付款凭证，分别依据库存现金或银行存款付出业务的原始凭证填制，是登记库存现金日记账、银行存款日记账以及有关明细账和总账等账簿的依据。为避免重复，对库存现金和银行存款两类货币资金之间的划转业务，（如从银行取现金或将现金送存银行），一般只编制付款凭证，不编制收款凭证。付款凭证的格式一般如表 3-13 所示。

表 3-13　付款凭证

贷方科目：银行存款　　　　　　2017 年 7 月 8 日　　　　　　银付字第 4 号

摘要	借方总账科目	明细科目	√	借方金额									
				亿	千	百	十	万	千	百	十	元	角	分
偿还欠款	应付账款	A 公司	√					5	8	0	0	0	0	0
合计								¥	5	8	0	0	0	0

附单据 2 张

会计主管：王文　　　记账：江山　　　出纳：李莉　　　审核：李明明　　　制单：王俊

（3）转账凭证。转账凭证是用于记录不涉及现金和银行存款业务的记账凭证。转账凭证应根据有关转账业务的原始凭证编制，作为登记有关明细账和总账等会计账簿的依据。转账凭证的一般格式如表 3-14 所示。

表 3-14 转账凭证

2017 年 7 月 9 日　　　　　　　　　　　　　　　　　　　　　　　　　　转字第 5 号

摘要	总账科目	明细科目	√	借方金额 十万千百十元角分	√	贷方金额 十万千百十元角分	
生产车间计提折旧	制造费用	折旧费	√	3 5 0 0 0 0			附单据1张
生产车间计提折旧	累计折旧			√		3 5 0 0 0 0	
合计				¥ 3 5 0 0 0 0		¥ 3 5 0 0 0 0	

会计主管：王文　　　记账：江山　　　出纳：李莉　　　审核：李明明　　　制单：王俊

收款凭证、付款凭证和转账凭证，都是按照交易或事项的某种特定属性定向使用的记账凭证，因此都属于专用记账凭证。此外，业务比较单一、业务量比较少的单位，也可以采用通用记账凭证。通用记账凭证是各类交易或事项（包括收款、付款和转账业务）共同使用的记账凭证。通用记账凭证的一般格式同转账凭证，见表 3-15。

表 3-15 记账凭证

2017 年 8 月 9 日　　　　　　　　　　　　　　　　　　　　　　　　　　记字第 10 号

摘要	总账科目	明细科目	√	借方金额 十万千百十元角分	√	贷方金额 十万千百十元角分	
结转完工产品成本	库存商品	甲产品	√	3 6 0 0 0 0 0			附单据1张
结转完工产品成本	生产成本	甲产品	√			3 6 0 0 0 0 0	
合计				¥ 3 6 0 0 0 0 0		¥ 3 6 0 0 0 0 0	

会计主管：王文　　　记账：江山　　　出纳：李莉　　　审核：李明明　　　制单：王俊

2. 记账凭证的基本内容

记账凭证种类繁多，格式不一，但其主要作用都在于对原始凭证进行分类整理，按照复式记账的要求，编制会计分录，是登记账簿的依据。为了保证账簿记录的正确性，记账凭证都必须具备以下基本内容。

（1）填制记账凭证的日期。

（2）记账凭证的编号。

（3）经济业务事项的摘要。

（4）会计科目。

（5）金额。

（6）所附原始凭证的张数。

（7）稽核人员、制单人员、记账人员、会计主管的签章，收款和付款记账凭证还应当由出纳人员签章。

二、填制和审核原始凭证

1. 填制原始凭证

为了使会计工作能够顺利进行，法律规定办理经济业务事项的单位和人员都必须填制或取得原始凭证并及时送交会计机构。填制或取得原始凭证是会计核算工作的起点。具体要求如下。

（1）记录真实。记录真实是指实事求是地填写经济业务，原始凭证列经济业务的内容和数字，必须真实可靠，符合实际情况。

（2）记录内容完整。原始凭证上各项内容要逐项填制齐全，不得遗漏和简略。年、月、日要按照原始凭证的实际日期填写；名称要齐全，不能简化；品名或用途要填写明确，不能含糊其辞；业务经办人员在原始凭证上签名或盖章必须齐全，对凭证的真实性和正确性负责。

（3）填制及时。每笔经济业务发生或完成时，经办人员必须及时取得或填制原始凭证，并按照规定的程序及时送交会计部门审核、记账，不能提前，也不能事后补办，做到不积压、不误时、不事后补制。

（4）手续完备。单位自制的原始凭证必须附有经办单位相关负责人的签名盖章；对外开出的原始凭证必须加盖本单位公章或财务专用章；从外部取得的原始凭证，必须盖有填制单位的公章或财务专用章；从个人取得的原始凭证，必须有填制人员的签名盖章。

（5）书写清楚、规范。填写原始凭证要按规定填写，文字要简明，字迹要清晰，易于辨认，不得使用未经国务院公布的简化汉字。大小写金额必须符合且填写规范。原始凭证数字及文字填写应注意以下几点。

中文大写金额一律应用正楷或行书填写，用汉字壹、贰、叁、肆、伍、陆、柒、捌、玖、拾、佰、仟、万、亿、元、角、分、零、整等字样。大写金额前未印"人民币"字样的，应加写"人民币"三个字且和大写金额之间不得留有空白。大写金额到元或角为止的，后面要写"整"或"正"字，大写金额数字有"分"的，"分"后面不写"整"或"正"字。如小写金额为￥8004.00，大写金额应写成"人民币捌仟零肆元整"。

小写金额阿拉伯数字逐个书写,不得写连笔字。在小写金额前面均应填写人民币符号"¥",且与阿拉伯数字之间不得留有空白。金额数字一律填写到角、分,无角分的,写"00"或符号"—";有角无分的,分位写"0",不得用符号"—"。

(6) 编号连续。各种原始凭证要连续编号,以便检查。如有些凭证已预先印定编号,特别是涉及现金、银行存款收付的原始凭证,如发票、支票都有连续编号,应按照编号连续使用。这类凭证如有填写错误,应予作废并重填,并在填错的凭证上加盖"作废"戳记,与存根一起保存,不得任意销毁。

(7) 不得涂改、刮擦、挖补。原始凭证发生差错要按规定的方法更正,不得涂改、刮擦、挖补。原始凭证金额有错误的,应当由出具单位重开,不得在原始凭证上更正。原始凭证有其他错误的,应当由出具单位重开或更正,更正处应当加盖出具单位公章或财务专用章。

2. 审核原始凭证

为了正确反映各项经济业务的发生和完成情况,充分发挥会计的监督职能,财务部门对取得的原始凭证,必须进行严格审核和核对,保证核算资料的真实、合法、准确、完整。只有经过审查无误的原始凭证凭证,方可作为编制记账凭证和登记账簿的依据。原始凭证的审核主要包括以下几点。

(1) 审查原始凭证所反映经济业务的真实性。其真实性的审核包括凭证日期是否真实、业务内容是否真实、数据是否真实等。对外来原始凭证,必须有填制单位公章或财务专用章和填制人员签章;对自制原始凭证,必须有经办部门和经办人员的签章。此外,对通用原始凭证,还应审核凭证本身的真实性,以防作假。

(2) 审查原始凭证所反映经济业务的合法性、合理性。审核原始凭证所记录经济业务是否符合有关政策、法规、制度,是否履行了规定的凭证传递和审核程序;审核原始凭证所记录经济业务是否符合企业经济活动的需要,是否符合有关的计划、预算和标准等。

(3) 审核原始凭证的准确性。审核原始凭证记载的各项内容是否正确,包括:接受原始凭证单位的名称是否正确;金额的填写是否正确。阿拉伯数字分位填写,不得连写,小写金额前面要标明"¥"字样,中间不能留有空位。大写金额前面要加"人民币"字样,大写金额与小写金额相符;更正是否正确。原始凭证记载的各项内容均不得涂改,原始凭证发生错误应按规定的方法更正。

(4) 审核原始凭证所反映经济业务的完整性。审查所用的凭证格式是否符合规定,凭证的要素是否齐全,是否有经办单位和经办人员签章,凭证联次是否正确;审查凭证上的数字是否完整,大、小写是否一致;审查凭证上数字和文字是否有涂改、污损等不符合规定之处等。

三、填制和审核记账凭证

(一) 选择记账凭证

记账凭证按经济业务的内容分为收款凭证、付款凭证和转账凭证三种,根据业务内容或者会计分录选择记账凭证类型十分关键。收款凭证是根据有关库存现金和银行存款收入业务的原始凭证编制的，又可以分为库存现金收款凭证和银行存款收款凭证两种。付款凭证是根据有关库存现金和银行存款付出业务的原始凭证填制的，又可以分为库存现金付款凭证和银行存款付款凭证两种。转账凭证是根据不涉及库存现金和银行存款收付的有关转账业务的原始凭证填制的。

（二）填制记账凭证

1. 收款凭证的填制

在其左上角的"借方科目"按收款的方式填写"库存现金"或"银行存款"；日期填写的是填制本凭证的日期；右上角填写收款凭证的顺序号；"摘要"填写所记录经济业务的简要说明；"贷方科目"填写与收入"库存现金"或"银行存款"相对应的会计科目；"记账"是指该凭证已登记账簿的标记，防止经济业务重记或漏记；"金额"是指该项经济业务的发生额；该凭证右边"附单据×张"是指该记账凭证所附原始凭证的张数；最下边分别由相关人员签章，以明确经济责任。

2. 付款凭证的填制

与收款凭证基本相同，不同的是在付款凭证的左上角的"贷方科目"按付款的方式填写"库存现金"或"银行存款"。对于涉及"库存现金"和"银行存款"科目之间的相互划转业务，为了避免重复记账，一般只填制付款凭证，不再填制收款凭证。

3. 转账凭证的填制

转账凭证中"总账科目"和"明细科目"栏应填写应借、应贷的总账科目和明细科目，借方科目应记金额应在同一行的"借方金额"栏填列，贷方科目应记金额应在同一行的"贷方金额"栏填列，"借方金额"栏合计数与"贷方金额"栏合计数应相等。

记账凭证的填制除要做到内容完整、书写清楚和规范外，还必须符合下列要求。

（1）除结账和更正错账可以不附原始凭证外，其他记账凭证必须附原始凭证。

（2）填制记账凭证时，可以根据每一份原始凭证单独填制，也可以根据同类经济业务的多份原始凭证汇总填制，还可以根据汇总的原始凭证填制；但不得将不同内容和类别的原始凭证汇总填制在一张记账凭证上。

（3）记账凭证应连续编号。凭证应由主管该项业务的会计人员，按业务发生的顺序并按不同种类的记账凭证采用字号编号法编号，如现收字1号、银收字1号、现付字1号、银付字1号。如果一笔经济业务需要填制2张以上（含2张）记账凭证的，可以采用分数编号法编号，如转字$1\frac{1}{2}$前面的整数"1"表示业务顺序，分母表示该业务共有2张凭证，分子表示该记账凭证是2张记账凭证中的第1张。

（4）记账凭证填制完经济业务事项后，如有空行，应当自金额栏最后一笔金额数字下的空行处至合计数上的空行处划线注销。

4. 审核记账凭证

为了保证会计信息质量，在记账之前应由有关稽核人员对记账凭证进行严格的审核，只有经过审核无误的记账凭证，才能据以登记账簿。审核的内容包括以下几点。

（1）记账凭证内容是否真实。记账凭证是否附有原始凭证，原始凭证是否齐全，内容是否合法，记账凭证所记录的经济业务与所附原始凭证所反映的经济业务是否相符等。

（2）完整性。审核记账凭证中各项目，如日期、凭证编号、摘要、会计科目、金额、所附原始凭证张数及有关人员签章等是否填写齐全。

（3）记账凭证的应借、应贷科目以及对应关系是否正确。

（4）记账凭证记录的金额是否正确。记账凭证记录的金额与原始凭证的有关金额是否一致，计算是否准确等。

（5）记账凭证书写是否正确。记账凭证中记录的文字和数字是否工整、清晰，是否按规定进行更正等。

（6）出纳人员在办理收、付款业务后，是否在原始凭证上加盖"收讫"或"付讫"的戳记。

填制记账凭证时若发生差错，应重新填制。已登记入账的记账凭证，在当年内发现填写错误的，可以用红字填写一张与原内容相同的记账凭证，在摘要栏注明"注销某月某日第某号凭证"字样，同时再用蓝字重新填制一张正确的记账凭证，在摘要栏注明"订正某月某日第某号凭证"字样。如果会计科目没有错误，只是金额错误，也可以将正确数字与错误数字之间的差额另编写一张记账凭证，用蓝字调增金额，用红字冲销多余金额。

任务三 记账、对账、结账

一、记账

1. 登记现金日记账

库存现金日记账，是用来核算和监督库存现金日常的收入、支出和结存情况的序时账簿，其主要格式为三栏式。三栏式库存现金日记账设有借方、贷方和余额三个金额栏，一般将其分别称为收入、支出和结余三个基本栏目。三栏式库存现金日记账由出纳人员根据库存现金收、付款凭证和银行存款付款凭证，按经济业务发生时间的先后顺序，逐日逐笔进行登记。依据库存现金收款凭证和与库存现金有关的银行存款付款凭证登记库存现金收入栏，库存现金付款凭证登记库存现金支出栏，再根据"上日余额＋本日收入－本日支出＝本日金额"的计算公式，逐日结出库存现金余额，并与库存现金实存数核对，以检查每日现金收付是否有误。

三栏式库存现金日记账的登记方法如下。

（1）日期栏。根据记账凭证的日期登记，应与库存现金实际收付日期一致。

（2）凭证号码栏。登记入账的收、付款凭证的种类和编号，如"库存现金收（付）款凭证"，简写为"现收（付）"；"银行存款收（付）款凭证"，简写为"银收（付）"。凭证栏还应登记凭证的编号数，以便于查账和核对。

（3）摘要栏。用以说明登记入账的经济业务的内容。要求文字简练，说明清楚。

（4）对方科目栏。登记库存现金收入、支出对应的科目，作用在于了解经济业务的来龙去脉。如从银行提取现金，其来源科目（即对方科目）为"银行存款"。

(5) 收入、支出和结余栏。分别登记库存现金收、付的实际金额和余额。每日终了，应分别计算库存现金收入和付出的合计数，结出余额，同时将余额与实有库存现金核对，通常称为"日清"。如果账款不符，应查明原因，并记录备案。月终同样要计算现金收、付和结存的合计数，并与实有库存现金核对相符，通常称为"月结"。

2. 登记银行存款日记账

银行存款日记账是用来核算和监督银行存款每日的收入、支出和结余情况的账簿，应根据不同开户银行和币种分别设置，每个银行账户设置一本日记账。银行存款日记账应由出纳人员根据与银行存款收、付业务有关的记账凭证，按经济业务发生时间的先后顺序，逐日逐笔进行登记。依据银行存款收款凭证和与银行存款有关的库存现金付款凭证登记银行存款收入栏，根据银行存款付款凭证登记银行存款支出栏，每日结出存款余额。

银行存款日记账的格式与库存现金日记账相同，可以采用三栏式，也可以采用多栏式。多栏式可以将收入和支出的核算在一本账上进行，也可以分设"银行存款收入日记账"和"银行存款支出日记账"两本账。其格式和登记方法与"库存现金收入日记账"和"库存现金支出日记账"基本相同。

3. 登记明细账

审核材料和产成品的收、发业务的原始凭证和记账凭证，经审核无误后，据以登记原材料明细账和库存商品明细账。审核应收、应付款增减业务的记账凭证，经审核无误后，可据以登记应收、应付款明细账。登记明细账时，应在账簿中记录凭证号数，在凭证中注明账簿页数，以便于账证核对。月末应结算出每本明细账的余额，并与有关总账科目或实物核对。

4. 登记总分类账

认真审核记账凭证，根据审核无误的记账凭证或科目汇总表或汇总记账凭证登记总分类账。总账的登记方法因登记的依据不同而有所不同，取决于企业所采用的会计账务处理程序。经济业务少的小型单位，可以根据记账凭证逐笔登记（见表3-16）；经济业务多的大中型单位，也可以根据记账凭证汇总表（又称科目汇总表）（见表3-17）或汇总记账凭证等定期登记。所示总分类账采用的记账凭证账务处理程序，所示总分类账采用的是科目汇总表账务处理程序。

表 3-16 总分类账

会计科目：原材料

2017年		凭证号码	摘要	借方	贷方	借或贷	余额
月	日						
4	1		期初余额			借	45 000
4	2	转1	材料验收入库	30 000		借	75 000
4	5	转2	领用材料		45 000	借	30 000

表 3-17 总分类账

会计科目：原材料

2017年		凭证号码	摘要	借方	贷方	借或贷	余额
月	日						
4	1		期初余额			借	78 000
4	15	科汇1	1~15日汇总	40 000	89 000	借	29 000

根据记账凭证应按规定序时逐笔登记，根据其余各种记账依据应按规定定期汇总登记。月末，结算出每个总分类账户的增加和减少的发生额和期末余额，并将期末余额与有关日记账或明细账进行核对，做到账账相符。

 提醒您

总分类账与明细分类账的平行登记

平行登记是对所发生的每项经济业务都要以会计凭证为依据，一方面记入有关总分类账户，另一方面记入所辖明细分类账户的方法。

总分类账户与明细分类账户平行登记的要点如下。

（1）方向相同。在总分类账户及其所辖明细分类账户中登记同一项经济业务时，方向通常相同。即在总分类账户中记入借方（或贷方），在其所辖明细分类账户中也应记入借方（或贷方）。

（2）期间一致。发生的经济业务记入总分类账户和所辖明细分类账户的具体时间可以有先后，但应在同一个会计期间。

（3）金额相等。记入总分类账户的金额必须与记入其所辖的一个或几个明细账户的金额合计数相等。

---

5. 记账要求

（1）登记账簿必须是根据经过审核无误的会计凭证。必须用蓝（黑）色墨水钢笔书写，除了复写外，不得用圆珠笔。应按账户页次顺序逐行逐页登记，不得跳行、隔页。如果发生跳行、隔页时，应在空行、空页处用红色墨水笔画对角线注销，注明"此行作废"或"此页作废"字样，并由记账人员盖章。记账要保持清晰、整洁，记账的文字或数字都要端正、清楚，严禁挖补、刮擦、涂改或用药水消除字迹。

（2）记账时，每一笔账都要记明日期、凭证号数、摘要和金额。记账后，要在记账凭证上注明所记账簿的页次，或划"√"符号，以免重记、漏记。

（3）除结账划线，冲销、调整账务和更正错误记录外，不得用红色墨水书写，因为在会计核算中红色数字表示对蓝色数字的冲销、冲减或表示负数。

（4）应按会计凭证上的分录所指借、贷方向登记，不要记错借、贷方向，凡需结出余额的账户，在结出余额后，应在"借"或"贷"栏内写明"借"或"贷"字样，没有余额的账户,应在该栏内写"平"字以表示该账户已经结平,同时在金额栏"元"位上用"-0-"表示。

（5）各个账户在一张账页记满时,要在该账页的最末一行分别记借、贷双方发生额并结出余额,并在该行"摘要"栏内注明"转次页"字样,然后再将这个发生额合计数和余额数填列到下一页的第一行内,并在"摘要"栏内注明"承前页"字样,以保证账簿记录的连续性。

（6）订本式账簿一般都编有账页的顺序号,不得任意撕毁。活页式账簿的账页在启用后,除经会计主管人员同意外,也不得随便调换。

（7）启用各种账簿时,应在"账簿启用及交接表"中填明各项目,如账簿名称、启用日期、账簿页数（活页账簿可以装订成册时补填）,并由记账人员盖章,以明确岗位责任。记账人员如有变动时,应办理交接手续,注明交接日期和交接双方人员姓名,并由交接双方人员盖章。

（8）文字书写一般以楷书为主,可用行书,但不得过分潦草。书写时要严谨、认真,不写怪字体,不写错别字,不写杜撰的简体字。

（9）数字的书写必须符合规范。数字必须在金额线内填写,高度约占格子的1/2或2/3,为更正错账留有余地。数字要大小匀称,必须一个一个地写,不可连笔写,字体一般自左向右略微倾斜,但倾斜度要前后一致,通常在60度左右比较适当。数字的书写,除7与9两字下端可以略微出格外,其余都应写在格内,高低要相等,1与7、3、5与8、0与6等数字必须严格区别,避免混淆,防止造成错账。数字书写,对6、8、9、0这四个字的圆圈必须封口,每个字的下端,都要紧贴在横格的底线。这些文字和数码字书写的要求,不仅适用于记账,对填制会计凭证和编制会计报表,同样要符合这些要求。

（10）对未印有金额线的凭证、单据等,在填写数字时,要注意用好分节号（,）和小数点（.）。分节号是从个位数起,每三位为一节,加写一个分节号（,）；小数点是在"元"位以下,"角"位的数字前加一个小数点。这两个符号书写时都应靠在数字的右下角,不可写在数字的中间。

二、对账

对账就是核对账目,是对账簿记录所进行的核对工作。对账一般可以分为账证核对、账账核对和账实核对。

1. 账证核对

账证核对是将账簿记录与会计凭证核对,核对账簿记录与原始凭证、记账凭证的时间、凭证字号、内容、金额等是否一致,记账方向是否相符,做到账证相符。

2. 账账核对

账账核对是指核对不同会计账簿之间的账簿记录是否相符。

（1）总分类账簿之间的核对——试算平衡。试算平衡是指根据借贷记账法的记账规则和资产与权益（负债和所有者权益）的恒等关系,通过对所有账户的发生额和余额的汇总计算和比较,来检查账户记录是否正确的一种方法。试算平衡有发生额试算平衡和余额试算平衡两种方法。

① 发生额试算平衡。是指全部账户本期借方发生额合计与全部账户本期贷方发生额合计保持平衡，即：

全部账户本期借方发生额合计＝全部账户本期贷方发生额合计

发生额试算平衡的直接依据是借贷记账法的记账规则，即有借必有贷，借贷必相等。

② 余额试算平衡。是指全部账户借方期末（初）余额合计与全部账户贷方期末（初）余额合计保持平衡，即：

全部账户借方期末(初)余额合计＝全部账户贷方期末(初)余额合计

余额试算平衡的直接依据是会计恒等式，即资产＝负债＋所有者权益。

试算平衡是通过编制试算平衡表进行的。试算平衡表通常是在期末结存各账户的本期发生额合计和期末余额后编制的，试算平衡表中一般设置"期初余额""本期发生额"和"期末余额"三大栏目，其下分设"借方"和"贷方"两个小栏。各大栏中的借方合计和贷方合计应该平衡相等，否则，便存在记账错误。为了简化格式，试算平衡表也可以根据各个账户的本期发生额编制，不填列各账户的期初余额和期末余额。

试算平衡只是通过借贷金额是否平衡来检查账户记录是否正确的一种方法。如果借贷双方发生额或余额相等，表明账户记录基本正确，但有些错误并不影响借贷双方的平衡，因此，试算不平衡表明记账一定有错误，但试算平衡不能表明记账一定正确。

不影响借贷双方平衡关系的错误通常如下。

① 漏记某项经济业务，使本期借贷双方的发生额等额减少，借贷仍然平衡；

② 重记某项经济业务，使本期借贷双方的发生额等额虚增，借贷仍然平衡；

③ 某项经济业务记录的应借、应贷科目正确，但借贷双方金额同时多记或少记，且金额一致，借贷仍然平衡；

④ 某项经济业务记错有关账户，借贷仍然平衡；

⑤ 某项经济业务在账户记录中，颠倒了记账方向，借贷仍然平衡；

⑥ 某借方或贷方发生额中，偶然发生多记或少记并相互抵销，借贷仍然平衡。由于账户记录可能存在这些不能由试算平衡表发现的错误，所以需要对一切会计记录进行日常或定期的复核，以保证账户记录的正确性。

（2）总分类账簿与所属明细分类账簿核对

① 总分类账户的期初余额＝所属的明细分类账户的期初余额之和

② 总分类账户的本期借方发生额＝所属的明细分类账户的本期借方发生额之和

③ 总分类账户的本期贷方发生额＝所属的明细分类账户的本期贷方发生额之和

④ 总分类账户的期末余额＝所属的明细分类账户的期末余额之和

（3）分类账簿与序时账簿核对。检查现金总账和银行存款总账的期末余额，与现金日记账和银行存款日记账的期末余额是否相符。

（4）会计部门与财产物资保管和使用部门的明细分类账簿之间的核对。会计部门有关实物资产的明细账与财产物资保管部门或使用部门的明细账定期核对，以检查其余额是否相符。

3. 账实核对

账实核对是指各项财产物资、债权债务等账面余额与实有数额之间的核对。

(1) 库存现金日记账账面余额与库存现金实际库存数逐日核对是否相符；
(2) 银行存款日记账账面余额与银行对账单的余额定期核对是否相符；
(3) 各项财产物资明细账账面余额与财产物资的实有数额定期核对是否相符；
(4) 有关债权债务明细账账面余额与对方单位的账面记录核对是否相符。

 提醒您

> **查找账簿查错**
>
> 　　如果对账不相符时，查找账簿差错的方法一般有两种，即全面查找和个别查找。
> 　　全面查找包括正查法和逆查法。正查法就是对发现记错账月份的所有经济业务，按其发生的先后顺序逐笔进行查找。逆查法与正查法的查找顺序正相反。
> 　　个别查找的方法一般有差额法、除2法、除9法等专门方法。
> 　　差额法是根据不相符的错账差额查找漏记账目的方法，即查找账簿中的全部金额有无与差额相同的数字，检查其是否漏记或重记。除2法是用差额除以2后得出的商数来判明、查找错误的一种方法，用来查找记错方向而产生的记账错误。如果某一数字记反了方向，就会使一方发生额增大，另一方发生额减少，差错数一定是记反方向数字的2倍，且一定是偶数，均能被2整除，其商数即是记反方向的数字。除9法是用差额除以9后得出的商数来判明、查找错误的一种方法，用来查找数字错位或位数颠倒而产生的记账错误。多记1位数或少记1位数都使原来金额增加9倍或减少9倍（多记或少记2位时，是99的倍数；多记或少记3位时，是999的倍数等）。

三、更正错账

更正错账的方法一般有三种：划线更正法、红字更正法和补充登记法。

1. 划线更正法

在结账前发现账簿记录有文字或数字错误，而记账凭证没有错误，采用划线更正法。

更正时，应在错误的文字或数字上面划一条红线注销，但必须使原有的笔迹仍可辨认清楚。然后在上方空白处用蓝字填写正确的文字和数字，并在更正处盖记账人员、会计机构负责人（会计主管人员）名章，以明确责任。

对于错误数字必须全部用红线注销，不能只划销整个数中的个别位数。对于文字错误，可只划去错误的部分。

2. 红字更正法

红字更正法，适用于以下两种情形。

(1) 记账后发现记账凭证中的应借、应贷会计科目有错误所引起的记账错误。

记账凭证中会计科目发生错误，如：科目名称写错或借贷方向写错。

更正时，应先用红字填写一张与错误的记账凭证内容相同的红字记账凭证，然后据此用红字入账，并在摘要栏注明"冲销×月×日×号凭证错账"以示注销。

同时，用蓝字再编写一张正确的记账凭证，据此用蓝字入账，并在摘要栏注明"订正×月×日×号凭证错账"。

【例 3-1】 4 月 6 日，企业购入材料 5 000 元，货款尚未支付。

错误记录：记账凭证写错账户名称并已登记入账。

借：原材料　　　　　　　　　　　　　　　　　　　　　　　　　5 000
　　贷：应收账款　　　　　　　　　　　　　　　　　　　　　　　　5 000

更正：① 4 月 18 日编制红字记账凭证并入账

借：原材料　　　　　　　　　　　　　　　　　　　　　　　　　5000
　　贷：应收账款　　　　　　　　　　　　　　　　　　　　　　　　5000

（注意：摘要栏是"冲销 4 月 6 日×号凭证错账"）

② 用蓝字编制正确记账凭证并登记入账

借：原材料　　　　　　　　　　　　　　　　　　　　　　　　　5 000
　　贷：应付账款　　　　　　　　　　　　　　　　　　　　　　　　5 000

（注意：摘要栏是"订正 4 月 6 日×号凭证错账"）

（2）记账后发现记账凭证和账簿记录中应借、应贷会计科目无误，只是所记金额大于应记金额所引起的记账错误。

更正时，按多记金额用红字编制一张与原记账凭证应借、应贷科目完全相同的记账凭证，然后据此用红字入账，在摘要栏注明"冲销×月×日×号凭证多记金额"。

【例 3-2】 企业提取本月固定资产折旧费 3 800 元，编制记账凭证时误记为 38 000 元。

错误记账凭证如下。

借：管理费用　　　　　　　　　　　　　　　　　　　　　　　　38 000
　　贷：累计折旧　　　　　　　　　　　　　　　　　　　　　　　38 000

更正：将多记金额用红字编制记账凭证，并记入账内。

借：管理费用　　　　　　　　　　　　　　　　　　　　　　　　34 200
　　贷：累计折旧　　　　　　　　　　　　　　　　　　　　　　　34 200

（注意：摘要栏是"冲销×月×日×号凭证多记金额"）

3. 补充登记法

记账后发现记账凭证和账簿记录中应借、应贷会计科目无误，只是所记金额小于应记金额时，采用补充登记法。

进行更正时，将少记金额用蓝字编制一张与原记账凭证应借、应贷科目完全相同的记账凭证，然后用蓝字记入账内，并在摘要栏注明"补记×月×日×号凭证少记金额"。

【例 3-3】 甲公司为生产 A 产品领用材料 8 400 元。

错误凭证如下。

借：生产成本　　　　　　　　　　　　　　　　　　　　　　　　4 800
　　贷：原材料　　　　　　　　　　　　　　　　　　　　　　　　　4 800

更正：将少记金额编制记账凭证并入账。

借：生产成本　　　　　　　　　　　　　　　　　　　　　　　　3 600
　　贷：原材料　　　　　　　　　　　　　　　　　　　　　　　　　3 600

（注意：摘要栏是"补记×月×日×号凭证少记金额"）

四、结账

　　结账是将账簿记录定期结算清楚的会计工作。在会计期间结束时（如月末、季末或年末），为编制财务报表，需要进行结账，具体包括月结、季结和年结。结账的内容通常包括两个方面：一是结清各种损益类账户，据以计算确定本期利润；二是结出各种资产、负债和所有者权益账户的本期发生额合计和期末余额。

　　结账的要求如下。

　　（1）对不需按月结计本期发生额的账户，如各项应收、应付明细账和各项财产物资明细账等，每次记账后，都要随时结出余额，每月最后一笔余额是月末余额。月末结账时，只需要在最后一笔经济业务记录下面通栏划单红线，不需要再次结计余额。

　　（2）库存现金、银行存款日记账和需要按月结计发生额的收入、费用等明细账，每月结账时，要在最后一笔经济业务记录下面通栏划单红线，结出本月发生额和余额，在摘要栏内注明"本月合计"字样，并在下面通栏划单红线。

　　（3）对于需要结计本年累计发生额的明细账户，每月结账时，应在"本月合计"行下结出自年初起至本月末止的累计发生额，登记在月份发生额下面，在摘要栏内注明"本年累计"字样，并在下面通栏划单红线。12月末的"本年累计"就是全年累计发生额，全年累计发生额下面通栏划双红线。

　　（4）总账账户平时只需结出月末余额。年终结账时，为总体反映全年各项资金运动情况的全貌，核对账目时要将所有总账账户结出全年发生额和年末余额，在摘要栏内注明"本年合计"字样，并在合计数下面通栏划双红线。

　　（5）年度终了结账时，有余额的账户，应将其余额结账下年，并在摘要栏注明"结转下年"；在下一会计年度新建有关账户的第一行余额栏内填写上年结转的余额，并在摘要栏注明"上年结转"字样，使年末有余额账户的余额如实地在账户中加以反映，以免混淆有余额的账户和无余额的账户。

任务四　编制会计报表

一、会计报表概述

　　资产负债表是反映企业在某一特定日期的财务状况的报表，是企业经营活动的静态体现。资产负债表是根据"资产＝负债＋所有者权益"这一平衡公式，依照一定的分类标准和一定的次序，将某一特定日期的资产、负债、所有者权益的具体项目予以适当的排列编制而成。通过资产负债表，可以反映企业在某一特定日期所拥有或控制的经济资源，所承担的现时义务和所有者对净资产的要求权，帮助财务报表使用者全面了解企业的财务状况、分析企业的偿债能力等情况，从而为其做出经济决策提供依据。

资产负债表通常包括表头、表体。表头主要包括报表的名称、编制单位、资产负债表日、报表编号和计量单位；表体部分是资产负债表的主体，列示了用以说明企业财务状况的各个项目。资产负债表的表体格式一般有两种：报告式资产负债表和账户式资产负债表。我国企业的资产负债表采用账户式结构，分为左右两方。左方为资产，大体按资产的流动性大小排列，流动性大的资产排在前面，流动性小的资产排在后面。右方为负债及所有者权益，一般按要求清偿时间的先后顺序排列。账户式资产负债表中的资产各项的合计等于负债和所有者权益各项目的合计，即资产负债表左方和右方平衡。

利润表，又称损益表，是反映企业在一定会计期间的经营成果的报表。通过利润表，可以反映企业在一定会计期间收入、费用、利润（或亏损）的金额和构成情况，帮助财务报表使用者全面了解企业的经营成果，分析企业的获利能力及盈利增长趋势，从而为其做出经济决策提供依据。利润表由表头和表体组成。表头主要包括报表的名称、编制单位、编制日期、报表编号和计量单位；表体是利润表的主体，列示了形成经营成果的各个项目和计算过程。我国《企业会计制度》规定的利润表的格式是多步式，分步计算营业利润、利润总额、净利润。

二、编制资产负债表

通常，资产负债表的各项目均需要填列"年初数"和"期末数"。其中，"年初数"的数据根据上年末资产负债表的期末数填列。如果本年度报表的项目名称和内容与上年度表不一致，则需要将上年度报表数字按本年度报表的规定作相应调整，填入本年度报表的"年初数"栏。"期末数"的数据根据总账和有关明细账户的期末余额进行分析填列。

具体填列方法如下。

1. 根据有关总账账户的期末余额直接填列

如"应收股利""工程物资""短期借款""实收资本""资本公积"等大部分项目。

2. 根据总账期末余额计算填列

（1）"货币资金"项目。反映了企业期末货币资金的实有数。应根据"库存现金""银行存款""其他货币资金"账户的期末余额相加计算填列。

（2）"存货"项目。存货是指企业在生产经营过程中为销售或者耗用而储存的各种资产，包括商品、产成品、半成品、在产品以及各类材料、燃料、包装物、低值易耗品等。"存货"项目反映了企业在期末这些资产实际价值的总和。该项目应根据"在途物资""原材料""周转材料""库存商品""委托加工物资""生产成本"等账户的期末余额加总后再减去"存货跌价准备"账户的期末余额来填。在采用计划成本核算的企业，还应考虑"材料成本差异"金额。

（3）"固定资产"项目和"无形资产"项目。"固定资产"项目应根据"固定资产"总账的期末余额减去"累计折旧"及"固定资产减值准备"账户余额后的净额填列。"无形资产"项目应根据"无形资产"总账的期末余额减去"累计摊销"及"无形资产减值准备"账户余额后的净额填列。此类账户还有"长期股权投资""在建工程""持有至到期投资"等，凡是设有备抵账户的，都需要将本账户和备抵账户结合起来填列有关的项目。

(4)"未分配利润"项目。应根据"本年利润"账户和"利润分配"账户的期末余额计算填列。"本年利润"贷方余额反映本年累计净利润,借方余额则反映累计亏损;"利润分配"贷方余额反映累计未分配利润,借方余额则反映未弥补亏损。年末结账后,"本年利润"结平,可直接根据"利润分配"账户的期末余额填列。贷方余额以正数填列,如为借方余额,则以"—"号填列。

(5)"长期待摊费用"项目。将于未来一年内摊销的数额列在"一年内到期的非流动资产"项目内,扣除后的剩余部分则填列在此。

(6)"长期借款""应付债券"项目。将于未来一年内到期的数额列在"一年内到期的非流动负债"项目内,本项目只反映剩余部分。

3. 根据明细账户期末余额分析

(1)"应收账款"项目。反映企业因销售商品和提供劳务等而应向购买方收取但尚未收到的各种款项,减去已计提的坏账准备后的净额。该项目应根据"应收账款"和"预收账款"账户所属各明细账的期末借方余额合计,减去"坏账准备"账户中的有关应收账款计提的坏账准备期末余额后的金额填列。

(2)"预收账款"项目。反映企业预收购买方的账款。该项目应根据"预收账款"和"应收账款"账户所属各明细账的期末贷方余额合计填列。

(3)"应付账款"项目。反映企业购买原材料、商品或接受劳务应付而未付给供应商的款项。该项目应根据"应付账款"和"预付账款"账户所属各明细账的期末贷方余额合计填列。

(4)"预付账款"项目。反映企业预付给供应商的款项。该项目应根据"预付账款"和"应付账款"账户所属各明细账的期末借方余额合计填列。

(5)"应收票据""应收股利""应收利息""其他应收款"项目。应该根据各总账期末余额减去"坏账准备"相应明细账户期末余额后填列。

 提醒您

(1)如果涉及的账户余额方向是相同的,那就相加后填列,而方向不一致的余额应该要扣除。

(2)资产负债表全面反映了企业某一日期资产、负债和所有者权益要素的构成,需要根据全部的资产类、负债类、所有者权益类账户余额进行编制,千万不要遗漏。尤其是"生产成本"账户余额反映的是在产品价值,也是资产的一部分,应在"存货"中反映。

三、编制利润表

(1)计算营业收入和营业成本

营业收入＝主营业务收入＋其他业务收入

营业成本＝主营业务成本＋其他业务成本

（2）计算营业利润

营业利润＝营业收入－营业成本－税金及附加－销售费用－管理费用－财务费用－
　　　　　资产减值损失＋公允价值变动损益＋投资收益

（3）计算利润总额

利润总额＝营业利润＋营业外收入－营业外支出

（4）计算净利润

净利润＝利润总额－所得税

利润表的格式内容分为本月数和本年累计数。本月数反映各项目的本月实际发生数，应根据各损益类账户期末结转至"本年利润"的金额填列。本年累计数反映各项目自年初起至本月止的累计发生数，应根据上月利润表中的累计数和本月利润表中的本月数合并填列。年度终了，企业编制的年度利润表中的"本月数"改为"上年数"，应根据上年末利润表的数额填列。如果上年度利润表的项目名称和内容与本年度利润表不相一致，应对上年度利润表项目的名称和数字按本年度的规定进行调整，调整后数字填入"上年数"。

【例 3-4】 C 公司 2018 年 1 月发生损益的情况如表 3-18 所示。

表 3-18　2018 年 1 月损益类账户发生额　　　　　　单位：元

账户名称	借方发生额	账户名称	贷方发生额
主营业务收入	184 000	主营业务成本	115 000
营业外收入	56 300	税金及附加	0
		管理费用	11 000
		销售费用	5 000
		财务费用	500
		营业外支出	6 000
		所得税费用	25 700

根据上述数据编制利润表（见表 3-19）。

表 3-19　利润表

编制单位：C 公司　　　　　　2018 年 1 月　　　　　　单位：元

项目	行次	本期金额	上期金额
一、营业收入	1	184 000	（略）
减：营业成本	4	115 000	
税金及附加		0	
销售费用	14	5 000	

83

续表

项目	行次	本期金额	上期金额
管理费用	15	11 000	
财务费用	16	500	
资产减值损失		0	
加:公允价值变动损益(亏损以"—"号填列)		0	
投资收益(亏损以"—"号填列)		0	
其中:对联营企业和合营企业的投资收益			
其他收益			
二、营业利润(亏损以"—"号填列)	18	52 500	
加:营业外收入	23	56 300	
其中:非流动资产处置利得			
减:营业外支出			
其中:非流动资产处置损失	25	6 000	
三、利润总额(亏损以"—"号填列)	27	102 800	
减:所得税费用	28	25 700	
四、净利润(亏损以"—"号填列)	30	77 100	

任务五　实战演练

一、背景资料

2017年1月初，丁公司各账户期初余额如表3-20所示。

表3-20　期初余额表

2017年1月1日　　　　　　　　　　　　　　　　　　　　　单位：元

会计账户	期初借方余额	会计账户	期初贷方余额
库存现金	20 000	短期借款	110 000
银行存款	260 000	应付账款	130 000
其他应收款	3 000	其中:德康公司	130 000
其中:王丽	3 000	应付票据	320 000
应收账款	97 000	其中:西林公司	320 000

续表

会计账户	期初借方余额	会计账户	期初贷方余额
其中:顺发公司	75 000	实收资本	11 320 000
天和公司	22 000		
原材料	200 000		
其中:甲材料	150 000		
乙材料	50 000		
库存商品	300 000		
其中:A产品	250 000		
B产品	50 000		
固定资产	11 000 000		
合计	11 880 000	合计	11 880 000

2017年年初仓库中甲材料有30 000千克，单价5元/千克；乙材料有10 000千克，单价5元/千克。仓库中A产品1000件，每件250元；B产品1000件，每件50元。

2017年1月，丁公司发生的部分经济业务如下。

3日，收到投资者交来的资本金520 000元，已存入银行。

5日，向银行借入期限为3个月的借款400 000元存入银行。

7日，从西林公司购买原材料（甲材料）50 000元（假定不考虑增值税因素）已验收入库，款未付。

10日，从银行提取现金9 000元作为备用。

15日，用银行存款100 000元偿还前欠的短期借款。

15日，签发2个月到期的商业汇票40 000元抵付上月所欠德康公司货款

15日，从德康公司购买原材料（乙材料）30 000元（假定不考虑增值税因素），其中用银行存款支付20 000元，其余货款尚欠，材料已验收入库。

28日，用银行存款购买400 000元不需要安装的机器设备1台（假定不考虑增值税因素），设备已交付使用。

30日，以银行存款偿还短期借款100 000元，偿还德康公司的应付账款70 000元。

要求完成丁公司2017年1月份手工账务处理。

二、业务流程

1. 设置库存现金日记账（见表3-21）和银行存款日记账（见表3-22），并登记期初余额

表3-21　库存现金日记账　　　　　　　　　　　　第　1　页

2017年		凭证号码		对方科目	摘要	收入	支出	结余
月	日	字	号					
1	1				期初余额			20 000

表 3-22　银行存款日记账　　　　　　　　　　　　　　　第 1 页

2017年		凭证号码		对方科目	摘要	收入	支出	结余
月	日	字	号					
1	1				期初余额			260 000

2. 根据一级科目开设总账，并结转期初余额

分别是库存现金总分类账（见表 3-23）、银行存款总分类账（见表 3-24）、其他应收款总分类账（见表 3-25）、应收账款总分类账（见表 3-26）、原材料总分类账（见表 3-27）、库存商品总分类账（见表 3-28）、固定资产总分类账（见表 3-29）、短期借款总分类账（见表 3-30）、应付账款总分类账（见表 3-31）、应付票据总分类账（见表 3-32）、实收资本总分类账（见表 3-33）。

表 3-23　库存现金总分类账　　　　　　　　　　　　　　第 1 页

2017年		凭证		摘要	借方	贷方	借或贷	余额
月	日	种类	编号					
1	1			期初余额			借	20 000

表 3-24　银行存款总分类账　　　　　　　　　　　　　　第 1 页

2017年		凭证		摘要	借方	贷方	借或贷	余额
月	日	种类	编号					
1	1			期初余额			借	260 000

表 3-25　其他应收款总分类账　　　　　　　　　　　　　第 1 页

2017年		凭证		摘要	借方	贷方	借或贷	余额
月	日	种类	编号					
1	1			期初余额			借	3 000

表 3-26　应收账款总分类账　　　　　　　　　　　　　　第 1 页

2017年		凭证		摘要	借方	贷方	借或贷	余额
月	日	种类	编号					
1	1			期初余额			借	97 000

表 3-27　原材料总分类账　　　　　　　　　　　　　　　第 1 页

2017年		凭证		摘要	借方	贷方	借或贷	余额
月	日	种类	编号					
1	1			期初余额			借	200 000

表 3-28　库存商品总分类账　　　　　　　　　　　第　1　页

2017 年		凭证		摘要	借方	贷方	借或贷	余额
月	日	种类	编号					
1	1			期初余额			借	300 000

表 3-29　固定资产总分类账　　　　　　　　　　　第　1　页

2017 年		凭证		摘要	借方	贷方	借或贷	余额
月	日	种类	编号					
1	1			期初余额			借	11 000 000

表 3-30　短期借款总分类账　　　　　　　　　　　第　1　页

2017 年		凭证		摘要	借方	贷方	借或贷	余额
月	日	种类	编号					
1	1			期初余额			贷	110 000

表 3-31　应付账款总分类账　　　　　　　　　　　第　1　页

2017 年		凭证		摘要	借方	贷方	借或贷	余额
月	日	种类	编号					
1	1			期初余额			贷	130 000

表 3-32　应付票据总分类账　　　　　　　　　　　第　1　页

2017 年		凭证		摘要	借方	贷方	借或贷	余额
月	日	种类	编号					
1	1			期初余额			贷	320 000

表 3-33　实收资本总分类账　　　　　　　　　　　第　1　页

2017 年		凭证		摘要	借方	贷方	借或贷	余额
月	日	种类	编号					
1	1			期初余额			贷	11 320 000

3. 根据明细科目设置明细账，并结转期初余额

分别是其他应收款——王丽明细账（见表 3-34）、应收账款——顺发公司明细账（见表 3-35）、应收账款——天和公司明细账（见表 3-36）、原材料——甲材料明细账（见表 3-37）、原材料——乙材料明细账（见表 3-38）、库存商品——A 产品明细账（见表 3-39）、库存商品——B 产品明细账（见表 3-40）、应付账款——德康公司明细账（见表 3-41）、应付票据——西林公司明细账（见表 3-42）。

表 3-34　其他应收款——王丽　　　　　　　　　　　　　　　　第　1　页

2017 年		凭证		摘要	借方	贷方	借或贷	余额
月	日	种类	编号					
1	1			期初余额			借	3 000

表 3-35　应收账款——顺发公司　　　　　　　　　　　　　　　第　1　页

2017 年		凭证		摘要	借方	贷方	借或贷	余额
月	日	种类	编号					
1	1			期初余额			借	75 000

表 3-36　应收账款——天和公司　　　　　　　　　　　　　　　第　1　页

2017 年		凭证		摘要	借方	贷方	借或贷	余额
月	日	种类	编号					
1	1			期初余额			借	22 000

表 3-37　原材料——甲材料

会计科目：甲材料　　　　　　　　　　　　　　　　　　　　　　第　1　页
类别：　　　　　　品名及规格：　　　　　　计量单位：千克　　　存放地点：1号仓库

2017 年		凭证号码	摘要	收入			支出			结存		
月	日			数量	单价	金额	数量	单价	金额	数量	单价	金额
1	1		期初结存							30 000	5	150 000

表 3-38　原材料——乙材料

会计科目：乙材料　　　　　　　　　　　　　　　　　　　　　　第　1　页
类别：　　　　　　品名及规格：　　　　　　计量单位：千克　　　存放地点：1号仓库

2017 年		凭证号码	摘要	收入			支出			结存		
月	日			数量	单价	金额	数量	单价	金额	数量	单价	金额
1	1		期初结存							10 000	5	50 000

表 3-39　库存商品——A产品

会计科目：A产品　　　　　　　　　　　　　　　　　　　　　　第　1　页
类别：　　　　　　品名及规格：　　　　　　计量单位：件　　　　存放地点：2号仓库

2017 年		凭证号码	摘要	收入			支出			结存		
月	日			数量	单价	金额	数量	单价	金额	数量	单价	金额
1	1		期初结存							1 000	250	250 000

表 3-40　库存商品——B 产品

会计科目：B 产品　　　　　　　　　　　　　　　　　　　　　　　　　　第　1　页
类别：　　　　　　品名及规格：　　　　　计量单位：件　　　　　存放地点：2 号仓库

2017 年		凭证号码	摘要	收入			支出			结存		
月	日			数量	单价	金额	数量	单价	金额	数量	单价	金额
1	1		期初结存							1 000	50	50 000

表 3-41　应付账款——德康公司

　　　　　　　　　　　　　　　　　　　　　　　　　　　　　　　　　　　第　1　页

2017 年		凭证		摘要	借方	贷方	借或贷	余额
月	日	种类	编号					
1	1			期初余额			贷	130 000

表 3-42　应付票据——西林公司

　　　　　　　　　　　　　　　　　　　　　　　　　　　　　　　　　　　第　1　页

2017 年		凭证		摘要	借方	贷方	借或贷	余额
月	日	种类	编号					
1	1			期初余额			贷	320 000

4．填制和审核本月业务的原始凭证

如 2017 年 1 月 10 日，从银行提取现金 9 000 元作为备用，填写支票（见图 3-2）。

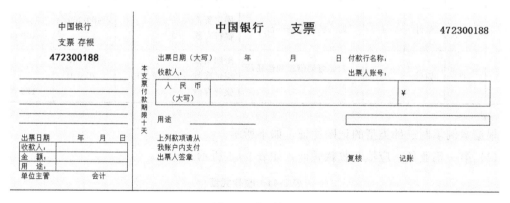

图 3-2　支票样张

具体填写要求如下。

（1）签发日期为实际的出票日期，存根联处小写为"2017.01.10"；正联处中文大写为"贰零壹柒年零壹月零壹拾日"；

（2）支票内容要齐全，大小写金额要相符；

（3）支票正面不能有涂改痕迹，否则本支票作废；

（4）收票人如果发现支票填写不全，可以补记，但不能涂改；

（5）支票的提示付款期限为 10 天，日期首尾算一天，节假日顺延。超过提示付款期限提示付款的，持票人开户银行不予受理，付款人不予付款；

（6）签发现金支票必须符合库存现金管理制度；

（7）不得签发空头支票，不得出租、出借支票。

5. 完成丁公司2017年1月全部业务的记账凭证填制和审核

采用五类记账凭证分类法。简化记账凭证汇总表如表3-43所示。

表3-43 记账凭证汇总表

2017年		凭证		摘要	会计科目	借方金额	贷方金额
月	日	字	号				
1	3	银收	1	收到投资者的资本金	银行存款 实收资本	520 000	520 000
1	5	银收	2	借入三个月的短期借款	银行存款 短期借款	400 000	400 000
1	07	转	1	采购甲材料,款未付	原材料——甲材料 应付账款——西林公司	50 000	50 000
1	10	银付	1	提取备用金	库存现金 银行存款	9 000	9 000
1	15	银付	2	偿还所欠的借款	短期借款 银行存款	100 000	100 000
1	15	转	2	签发商业汇票抵付货款	应付账款——德康公司 应付票据——德康公司	40 000	40 000
1	15	银付	3	采购乙材料,部分货款未付,部分用银行存款支付	原材料——乙材料 银行存款 应付账款——德康公司	30 000	20 000 10 000
1	28	银付	4	购入机器设备一台	固定资产 银行存款	400 000	400 000
1	30	银付	5	归还短期借款和偿还所欠货款	短期借款 应付账款——德康公司 银行存款	100 000 70 000	170 000

根据案例填制三种类型的记账凭证，如下所示。

（1）第一笔业务，应填制收款凭证，如表3-44所示。

表3-44 收款凭证

借方科目：银行存款　　　　　　　2017年1月3日　　　　　　　银收字第1号

摘 要	贷方总账科目	明细科目	√	贷方金额									
				亿	千	百	十	万	千	百	十	元	角	分
收到资本金	实收资本					5	2	0	0	0	0	0	0	0
合计				¥		5	2	0	0	0	0	0	0	0

会计主管：　　　　记账：　　　　出纳：李莉　　　　审核：　　　　制单：王俊

(2) 第二笔业务，应该填制付款凭证，如表 3-45 所示。

表 3-45 付款凭证

贷方科目：银行存款　　　　　　　2017 年 1 月 10 日　　　　　　　银付字第 1 号

摘要	借方总账科目	明细科目	√	借方金额									
				亿	千	百	十	万	千	百	十	元	角	分
提取备用金	库存现金							9	0	0	0	0	0
合计								¥	9	0	0	0	0	0

附单据 1 张

会计主管：　　　　　记账：　　　　　出纳：李莉　　　　　审核：　　　　　制单：王俊

(3) 第三笔业务，应该填制转账凭证，如表 3-46 所示。

表 3-46 转账凭证

2017 年 1 月 7 日　　　　　　　　　　　　　　　　　转字第 1 号

摘要	总账科目	明细科目	√	借方金额							√	贷方金额							
				十	万	千	百	十	元	角	分		十	万	千	百	十	元	角	分
采购原材料	原材料	乙材料			5	0	0	0	0	0	0									
采购原材料	应付账款	西林公司												5	0	0	0	0	0	0
合计					¥	5	0	0	0	0	0			¥	5	0	0	0	0	0

附单据 2 张

会计主管：　　　　　记账：　　　　　出纳：　　　　　审核：　　　　　制单：王俊

6. 登记日记账

逐笔登记库存现金日记账（见表 3-47）和银行存款日记账（见表 3-48）。

表 3-47 库存现金日记账　　　　　　　　　　　　　　　　　第　1　页

2017 年		凭证号码		对方科目	摘要	收入	支出	结余
月	日	字	号					
1	1				期初余额			20 000
1	10	银付	1	银行存款	从银行提现	9 000		29 000
1	31				本月合计	9 000		29 000

表 3-48　银行存款日记账　　　　　　　　　　　　　第 1 页

2017年		凭证号码		对方科目	摘要	收入	支出	结余
月	日	字	号					
1	1				期初余额			260 000
1	3	银收	1	实收资本	收到资本金	520 000		780 000
1	5	银收	2	短期借款	借入短期借款	400 000		1 180 000
1	10	银付	1	库存现金	提取备用金		9 000	1 171 000
1	15	银付	2	短期借款	归还短期借款		100 000	1 071 000
1	15	银付	3	原材料	材料采购款		20 000	1 051 000
					本日合计		120 000	1 051 000
1	28	银付	4	固定资产	固定资产采购款		400 000	651 000
1	30	银付	5	短期借款、应付账款	偿还欠款、归还借款		170 000	481 000
1	31				本月合计	920 000	699 000	481 000

7. 根据记账凭证，登记有关明细账

分别是原材料——甲材料明细账（表3-49）、原材料——乙材料明细账（表3-50）、应付账款——德康公司明细账（表3-51）、应付票据——西林公司明细账（表3-52）、应付票据——德康公司明细账（表3-53）（该明细账没有期初余额，但本期发生业务就要开设账簿进行登记）。

表 3-49　原材料——甲材料

会计科目：甲材料　　　　　　　　　　　　　　　　　　　　　　　　第 1 页
类别：　　　　　品名及规格：　　　　　计量单位：千克　　　存放地点：1号仓库

2017年		凭证号码	摘要	收入			支出			结存		
月	日			数量	单价	金额	数量	单价	金额	数量	单价	金额
1	1		期初结存							30 000	5	150 000
1	7	转1	购入	10 000	5	50 000				40 000	5	200 000
1	31		本月合计	10 000	5	50 000				40 000	5	200 000

表 3-50　原材料——乙材料

会计科目：乙材料　　　　　　　　　　　　　　　　　　　　　　　　第 1 页
类别：　　　　　品名及规格：　　　　　计量单位：千克　　　存放地点：1号仓库

2017年		凭证号码	摘要	收入			支出			结存		
月	日			数量	单价	金额	数量	单价	金额	数量	单价	金额
1	1		期初结存							10 000	5	50 000
1	15	银付3	采购	6 000	5	30 000				16 000	5	80 000
1	31		本月合计	6 000	5	30 000				16 000	5	80 000

表 3-51 应付账款——德康公司   第 1 页

2017 年		凭证		摘要	借方	贷方	借或贷	余额
月	日	种类	编号					
1	1			期初余额			贷	130 000
1	15	转	2	签发商业汇票抵货款	40 000		贷	90 000
1	15	银付	3	采购乙材料		10 000	贷	100 000
1	30	银付	5	偿还货款	70 000		贷	30 000

表 3-52 应付票据——西林公司   第 1 页

2017 年		凭证		摘要	借方	贷方	借或贷	余额
月	日	种类	编号					
1	7	转	1	采购甲材料		50 000	贷	50 000

表 3-53 应付票据——德康公司   第 1 页

2017 年		凭证		摘要	借方	贷方	借或贷	余额
月	日	种类	编号					
1	15	转	2	签发商业汇票抵货款		40 000	贷	40 000

8. 根据记账凭证，登记总分类账

分别是库存现金总分类账（见表 3-54）、银行存款总分类账（见表 3-55）、其他应收款总分类账（见表 3-56）、应收账款总分类账（见表 3-57）、原材料总分类账（见表 3-58）、库存商品总分类账（见表 3-59）、固定资产总分类账（见表 3-60）、短期借款总分类账（见表 3-61）、应付账款总分类账（见表 3-62）、应付票据总分类账（见表 3-63）、实收资本总分类账（见表 3-64）。

表 3-54 库存现金总分类账   第 1 页

2017 年		凭证		摘要	借方	贷方	借或贷	余额
月	日	种类	编号					
1	1			期初余额			借	20 000
1	10	银付	1	从银行提现	9 000		借	29 000
1	31			本月合计	9 000		借	29 000

表 3-55 银行存款总分类账   第 1 页

2017 年		凭证		摘要	借方	贷方	借或贷	余额
月	日	种类	编号					
1	1			期初余额			借	260 000
1	3	银收	1	收到资本金	520 000		借	780 000

续表

2017年		凭证		摘要	借方	贷方	借或贷	余额
月	日	种类	编号					
1	5	银收	2	借入短期借款	400 000		借	1 180 000
1	10	银付	1	提取备用金		9000	借	1 171 000
1	15	银付	2	归还短期借款		100 000	借	1 071 000
1	15	银付	3	材料采购款		20 000	借	1 051 000
1	28	银付	4	固定资产采购款		400 000	借	651 000
1	30	银付	5	偿还欠款、归还借款		170 000	借	481 000
1	31			本月合计	920 000	699 000	借	481 000

表 3-56 其他应收款总分类账   第 1 页

2017年		凭证		摘要	借方	贷方	借或贷	余额
月	日	种类	编号					
1	1			期初余额			借	3 000

表 3-57 应收账款总分类账   第 1 页

2017年		凭证		摘要	借方	贷方	借或贷	余额
月	日	种类	编号					
1	1			期初余额			借	97 000

表 3-58 原材料总分类账   第 1 页

2017年		凭证		摘要	借方	贷方	借或贷	余额
月	日	种类	编号					
1	1			期初余额			借	200 000
1	7	转	1	采购甲材料	50 000		借	250 000
1	15	银付	3	采购乙材料	30 000		借	280 000
1	31			本月合计	80 000		借	280 000

表 3-59 库存商品总分类账   第 1 页

2017年		凭证		摘要	借方	贷方	借或贷	余额
月	日	种类	编号					
1	1			期初余额			借	300 000

表 3-60　固定资产总分类账　　　　　　　　　　　　　　第 1 页

2017年		凭证		摘要	借方	贷方	借或贷	余额
月	日	种类	编号					
1	1			期初余额			借	11 000 000
1	28	银付	4	购入机器设备	400 000		借	11 400 000
1	31			本月合计	400 000		借	11 400 000

表 3-61　短期借款总分类账　　　　　　　　　　　　　　第 1 页

2017年		凭证		摘要	借方	贷方	借或贷	余额
月	日	种类	编号					
1	1			期初余额			贷	110 000
1	5	银收	2	借入三个月借款		400 000	贷	510 000
1	15	银付	2	归还短期借款	100 000		贷	410 000
1	30	银付	5	归还短期借款	100 000		贷	310 000
1	31			本月合计	200 000	400 000	贷	310 000

表 3-62　应付账款总分类账　　　　　　　　　　　　　　第 1 页

2017年		凭证		摘要	借方	贷方	借或贷	余额
月	日	种类	编号					
1	1			期初余额			贷	130 000
1	7	转	1	采购甲材料		50 000	贷	180 000
1	15	转	2	签发商业汇票抵货款	40 000		贷	140 000
1	15	银付	3	采购原材料		10 000	贷	150 000
1	30	银付	5	偿还所欠货款	70 000		贷	80 000
1	31			本月合计	110 000	60 000	贷	80 000

表 3-63　应付票据总分类账　　　　　　　　　　　　　　第 1 页

2017年		凭证		摘要	借方	贷方	借或贷	余额
月	日	种类	编号					
1	1			期初余额			贷	320 000
1	15	转	2	签发商业汇票抵货款		40 000	贷	360 000
1	31			本月合计		40 000	贷	360 000

表 3-64　实收资本总分类账　　　　　　　　　　　　　　第 1 页

2017年		凭证		摘要	借方	贷方	借或贷	余额
月	日	种类	编号					
1	1			期初余额			贷	11 320 000
1	3	银收	1	收到投资者资本金		520 000	贷	11 840 000
1	31			本月合计		520 000	贷	11 840 000

也可采用科目汇总表账务处理程序，先根据记账凭证，按旬编制科目汇总表如表 3-65 所示。

表 3-65　科目汇总表

2017 年 1 月 01 日—1 月 31 日　　　　　　　　　　　　　　汇字第 01 号

会计科目	记账	本期发生额		记账凭证起讫号数
		借方	贷方	
银行存款		920 000	699 000	
库存现金		9 000		
原材料		80 000		收款凭证 01—02
固定资产		400 000		付款凭证 01—05
短期借款		200 000	400 000	转账凭证 01—02
应付账款		110 000	60 000	
应付票据			40 000	
实收资本			520 000	
合计		1 719 000	1 719 000	

根据科目汇总表直接登记总账，可以大大节约记账工作量，比如根据上述科目汇总表登记银行存款总账如表 3-66 所示。

表 3-66　银行存款总分类账　　　　　　　　　　　　　　　　第　1　页

2017 年		凭证号码		摘要	借方	贷方	借或贷	余额
月	日	种类	编号					
1	1			期初余额			借	260 000
1	31	科汇	01	1 至 31 日汇总	920 000	699 000	借	481 000
1	31			本月合计	920 000	699 000	借	481 000

9. 试算平衡

编制试算平衡表如表 3-67 所示。

表 3-67　总分类账户试算平衡表

2017 年 1 月 31 日　　　　　　　　　　　　　　　　　　　　单位：元

账户名称	期初余额		本期发生额		期末余额	
	借方	贷方	借方	贷方	借方	贷方
银行存款	260 000		920 000	699 000	481 000	
库存现金	20 000		9 000		29 000	
原材料	200 000		80 000		280 000	
固定资产	11 000 000		400 000		11 400 000	
其他应收款	3 000				3 000	
应收账款	97 000				97 000	
库存商品	300 000				300 000	

续表

账户名称	期初余额		本期发生额		期末余额	
	借方	贷方	借方	贷方	借方	贷方
短期借款		110 000	200 000	400 000		310 000
应付账款		130 000	110 000	60 000		80 000
应付票据		320 000		40 000		360 000
实收资本		11 320 000		520 000		11 840 000
合计	11 880 000	11 880 000	1 719 000	1 719 000	12 590 000	12 590 00

10. 资产负债表

编制资产负债表如表 3-68 所示。报表各项目根据各账户 1 月 31 日余额计算如下。

货币资金＝"库存现金"期末余额＋"银行存款"期末余额＝481 000＋29 000＝510 000(元)

应收账款＝"应收账款——顺发公司"期末余额＋"应收账款——天和公司"期末余额＝97 000(元)

其他应收款＝"其他应收款"期末余额－"坏账准备——其他应收款"期末余额＝3 000(元)

存货＝"原材料"期末余额＋"生产成本"期末余额＋"库存商品"期末余额＝280 000＋300 000＝580 000(元)

固定资产＝"固定资产"期末余额－"累计折旧"－"固定资产减值准备"＝11 400 000(元)

应付账款＝"应付账款——德康公司"期末余额＋"应付账款——西林公司"期末余额＝80 000(元)

应付票据＝"应付票据——德康公司"期末余额＋"应付票据——西林公司"期末余额＝360 000(元)

表 3-68 资产负债表

编制单位：丁公司　　　　　　2017 年 1 月 31 日　　　　　　单位：元

资产	期末余额	年初余额	负债和所有者权益	期末余额	年初余额
流动资产			流动负债		
货币资金	510 000		短期借款	310 000	
以公允价值计量且其变动计入当期损益的金融资产			以公允价值计量且其变动计入当期损益的金融负债		
应收票据			应付票据	360 000	
应收账款	97 000		应付账款	80 000	
预付账款			预收账款		
应收利息			应付职工薪酬		
应收股利			应交税费		
其他应收款	3 000		应付利息		
存货	580 000		应付股利		
持有待售的非流动资产或持有待售的处置组中的资产			其他应付款		

续表

资产	期末余额	年初余额	负债和所有者权益	期末余额	年初余额
一年内到期的非流动资产			持有待售的处置组中的负债		
其他流动资产			一年内到期的非流动负债		
流动资产合计	1 190 000		其他流动负债		
非流动资产			流动负债合计		
以摊余成本计量的金融资产			非流动负债		
以公允价值计量且变动计入其他综合收益的金融资产			长期借款		
长期应收款			应付债券		
长期股权投资			长期应付款		
投资性房地产			专项应付款		
固定资产	11 400 000		预计负债		
在建工程			递延收益		
固定资产清理			递延所得税负债		
生产性生物资产			其他非流动负债		
油气资产			非流动负债合计		
无形资产			所有者权益		
开发支出			实收资本	11 840 000	
商誉			资本公积		
长期待摊费用			减:库存股		
递延所得税资产			其他综合收益		
其他非流动性资产			盈余公积		
非流动性资产合计	11 400 000		未分配利润		
			所有者权益合计		
资产总计	12 590 000		负债和所有者权益总计	12 590 000	

小　　结

（1）会计账簿（简称账簿），是指以经过审核的会计凭证为依据，由专门格式、相互联结的账页所组成，用来全面、连续、系统地记录各项经济业务的簿籍。设置和登记会计账簿是会计核算工作的中心环节之一，是会计核算的重要办法。

（2）原始凭证又称为单据，是在经济业务发生或完成时取得或填制的，用以记录或证明经济业务的发生和完成情况，是经济业务发生的最初证明。

（3）记账凭证又称记账凭单，是会计人员根据审核无误的原始凭证，据以确定会计分录后所填制的会计凭证,也是登记账簿的直接依据。

(4) 收款凭证是指用于记库存录现金和银行存款收款业务的记账凭证;付款凭证是指用于记录库存现金和银行存款付款业务的记账凭证;转账凭证是指用于记录不涉及现金和银行存款业务的记账凭证。为避免重复,对两类货币资金之间的划转业务(如从银行取现金或将现金送存银行),一般只编制付款凭证,不编制收款凭证。

(5) 在记账过程中,可能由于种种原因会使会计账簿记录发生错误。对于发生的账簿记录错误,应当采用正确、规范的方法予以更正,其主要方法有划线更正法、红字更正法和补充登记法三种。

(6) 结账工作一般按月度、季度、半年度和年度进行。结账通过划"结账线"表示;月结、季结结账时划单红线,年末结账划双红线。

(7) 资产负债表是反映企业在某一特定日期的财务状况的报表,是企业经营活动的静态体现。资产负债表是根据"资产=负债+所有者权益"这一平衡公式,依照一定的分类标准和一定的次序,将某一特定日期的资产、负债、所有者权益的具体项目予以适当的排列编制而成。

(8) 利润表,又称损益表,是反映企业在一定会计期间的经营成果的报表。通过利润表,可以反映企业在一定会计期间收入、费用、利润(或亏损)的金额和构成情况,帮助财务报表使用者全面了解企业的经营成果,分析企业的获利能力及盈利增长趋势,从而为其做出经济决策提供依据。

实践案例

案例分析

D公司对材料采用计划成本核算。2017年12月31日结账后,有关科目余额为:材料采购为150 000元(借方),原材料科目余额为2 500 000元(借方),周转材料科目余额为2 000 000元(借方),库存商品科目余额为1 800 000元(借方),生产成本科目余额为700 000元(借方),材料成本差异科目余额为130 000元(贷方),存货跌价准备科目余额为220 000元(贷方),交易性金额资产账户余额为240 000元,库存现金账户余额为12 000元,银行存款余额为4 500 000元,其他货币资金余额为1 500 000元;长期待摊费用科目的期末余额为388 000元,其中,将于一年内摊销的数额为215 000元。有关总账科目下明细账余额合计数如下(见表3-69)。

表3-69 D公司往来明细余额表　　　　　　　　　单位:元

科目名称	借方余额	贷方余额
应收账款	1 500 000	100 000
预付账款	700 000	50 000
应付账款	300 000	1 700 000
预收账款	500 000	1 300 000

如何完成资产负债表的编制？

【评析】

年末资产负债表中交易性金融资产项目期末金属为240 000元

货币资金项目期末余额＝12 000＋4 500 000＋1 500 000＝6 012 000(元)

存货项目期末余额＝150 000＋2 500 000＋2 000 000＋1 800 000＋700 000－130 000－220 000＝6 800 000(元)

应收账款项目期末余额＝1 500 000＋500 000＝2 000 000(元)

预付账款项目期末余额＝700 000＋300 000＝1 000 000(元)

应付账款项目期末余额＝50 000＋1 700 000＝1 750 000(元)

预收账款项目期末余额＝1 300 000＋100 000＝1 400 000(元)

长期待摊费用期末余额＝388 000－215 000＝173 000(元)

业务操作

1. 背景

见项目一沙盘模拟实战演练背景资料，1月份发生业务如下。

(1) 申请5年期长贷金额20M，4年期长贷金额20M，已获批。

(2) 申请短贷194M，其中89M为4Q后到期，105M为3Q后到期。

(3) 决定投放2M广告费。

(4) 购买厂房1间，价值40M。

(5) 订购R1原料2个，单价为1M/个。

(6) 上月所订R1原料3个验收入库。

(7) 取出R1原料1个，投入P1生产线进行加工，结算人工费1M。

(8) 更新P1产品生产，完工入库3个。

(9) 按订单交货，出售P1产品，总价15M，账期为3Q。

2. 业务操作要求

(1) 开设资产类总账，包括"库存现金""应收账款""原材料""库存商品""固定资产"等。

(2) 开设负债类总账，包括"短期借款""应付账款""应交税费""长期借款"等。

(3) 开设所有者权益类总账，包括"实收资本""盈余公积""利润分配"等。

(4) 开设成本类总账，包括"生产成本""制造费用"。

(5) 开设损益类总账，包括"主营业务收入""主营业务成本""销售费用""管理费用""财务费用""所得税费用"等。

(6) 开设应收、应付、存货、生产成本等明细账。

(7) 结转全部总账和明细账户的期初余额。

(8) 开设全部T型账户。

(9) 完成上述ERP操作业务的会计分录。

(10) 完成全部记账凭证的选择和填制、审核。

(11) 记账、对账、结账。

（12）编制资产负债表。
（13）编制利润表。

 学习评价

一、单项选择题

1. （　　）是每项经济业务发生或完成时取得填制的会计凭证。
   A. 原始凭证　　　　　　　　B. 付款凭证
   C. 收款凭证　　　　　　　　D. 转账凭证

2. 某企业原材料总分类账户下设 A 材料和 B 材料两个明细账户，原材料总账余额为 60 000元，A 材料明细账户余额为 40 000 元，则 B 材料明细账户余额为（　　）元。
   A. 60 000　　B. 40 000　　C. 20 000　　D. 50 000

3. 银行存款日记账一般采用（　　）账簿。
   A. 订本式　　B. 活页式　　C. 卡片式　　D. 数量金额式

4. 下列各项中，不能作为登记明细账依据的是（　　）。
   A. 原始凭证　　　　　　　　B. 原始凭证汇总表
   C. 科目汇总表　　　　　　　D. 记账凭证

5. 经济业务发生时间的先后顺序逐日、逐笔登记的账簿是（　　）。
   A. 序时账簿　　B. 分类账簿　　C. 卡片式账簿　　D. 活页账簿

二、多项选择题

1. 下列错误事项不能通过试算平衡查找的有（　　）。
   A. 某项经济业务重复记账　　B. 某项经济业务未入账
   C. 应借应贷账户中借贷方向颠倒　　D. 应借应贷账户中金额不等

2. 下列各项中，可以作为银行存款日记账记账依据的是（　　）。
   A. 银行收款凭证　　　　　　B. 银行付款凭证
   C. 现金收款凭证　　　　　　D. 现金付款凭证

3. 下列经济业务中应编制转账凭证的有（　　）。
   A. 开出转账凭证支付前欠货款　　B. 产品完工入库
   C. 收到前欠货款存入银行　　　　D. 结账已销售成本

4. 错账更正的方法一般有（　　）。
   A. 划线更正法　　　　　　　B. 红字更正法
   C. 补充登记法　　　　　　　D. 重新抄写法

三、判断题

1. 需要结计本年累计发生额的某些明细账，全年累计发生额下通栏划双红线。（　　）
2. 增值税专用发票属于外来、一次性原始凭证。（　　）
3. 记账凭证是原始凭证的填制依据，原始凭证是登记账簿的依据。（　　）
4. 通过试算平衡检查账簿记录后，如果左右平衡就可以确定账簿记录完全正确。（　　）
5. 如果原始凭证已预先印定编号，在写坏作废时，应加盖"作废"戳记，妥善保管，

不得撕毁。( )

四、简答题

1. 账簿格式有哪些分类？分别适用于什么账户？
2. 如何进行错账查找？
3. 如何进行错账更正？
4. 利润表的计算公式有哪些？
5. 资产负债表的计算公式有哪些？

项目四 会计电算化

知识目标

- 了解会计软件的构成
- 掌握初始化
- 熟悉日常处理
- 掌握报表编制

能力目标

- 了解会计软件的构成
- 掌握和熟悉电算化核算的流程

重点难点

- 初始化
- 日常处理
- 报表编制

任务引入

会计信息化在近年来有了飞速发展,财务机器人的诞生正在影响着每一个会计人的工作和生活。认识和掌握财务软件,使用信息化手段完成会计核算,既提供了准确性和效率,又能让我们有更多时间和精力来行使会计的参与管理职能,成为一名真正的财务管理者。那么常见的财务软件都可以帮我们做什么呢？应该如何操作？要注意哪些问题？

任务一　认知会计电算化

一、会计电算化

会计电算化是指将电子计算机技术应用到会计业务处理工作中,用计算机来辅助会计核算和管理,通过会计软件指挥计算机替代手工完成手工很难完成的会计工作,即电子计算机在会计应用中的代名词。会计电算化的特征如下。

1. 人机结合

在会计电算化方式下,会计人员填制电子会计凭证并审核后,执行记账功能,计算机将根据程序和指令在极短的时间内自动完成会计数据的分类、汇总、计算、传递及报告等工作。

2. 会计核算自动化、集中化

在会计电算化方式下,试算平衡、登记账簿等以往依靠人工完成的工作,都由计算机自动完成,大大减轻了会计人员的工作负担,提高了工作效率。计算机网络在会计电算化中的广泛应用,使得企业能将分散的数据统一汇总到会计软件中进行集中处理,既提高了数据汇总的速度,又增强了企业集中管控的能力。

3. 数据处理及时准确

利用计算机处理会计数据,可以在较短的时间内完成会计数据的分类、汇总、计算、传递和报告等工作,使会计处理流程更为简便,核算结果更为精确。此外,在会计电算化方式下,会计软件运用适当的处理程序和逻辑控制,能够避免在手工会计处理方式下出现的一些错误。

4. 内部控制多样化

在会计电算化方式下,与会计工作相关的内部控制制度也将发生明显的变化,内部控制由过去的纯粹人工控制发展成为人工与计算机相结合的控制形式。内部控制的内容更加丰富,范围更加广泛,要求更加有效。

二、会计软件的构成

会计软件是指专门用于会计核算和财务管理的计算机软件、软件系统或者其功能模块,包括一组指挥计算机进行会计核算与管理工作的程序、存储数据以及有关资料。

任何一个会计软件都是由模块、数据库和会计软件文档三大部分组成的。

(一) 会计软件的功能模块

模块是程序的集合体,一个或数个程序组成一个模块,完成一个相对独立的功能。例如,凭证输入模块、总账打印模块、报表编制模块等。数个相互联系又相对独立的模块装配在一起形成一个独立的会计软件,如账务处理子系统、工资核算子系统等。一个模块完成的功能可多可少，通常也可以将账务处理子系统称为一个功能模块。尽管不同的开发者对会计软件的理解各有不同，对会计软件子系统的划分也有着各自的特点，但经过多年的实践和探索，同时吸收了国外会计软件开发的一些观点，对会计软件的主要职能子系统的划分已基本上达成共识。

完整的会计软件的功能模块包括：账务处理模块、固定资产管理模块、工资管理模块、应收应付管理模块、成本管理模块、报表管理模块、存货核算模块、财务分析模块、预算管理模块、项目管理模块、其他管理模块。

1. 账务处理模块

总账子系统是以凭证为原始数据，通过凭证输入和处理，完成记账和结账、银行对账、账簿查询及打印输出，以及系统服务和数据管理等工作。近年来，随着用户对会计信息系统的需求不断提高和软件开发公司对总账子系统的不断完善，目前许多商品化总账子系统还增加了个人往来款核算和管理、部门核算和管理、项目核算和管理及现金银行管理等功能。本教程仅仅介绍账务处理模块的实际运用。

2. 固定资产管理模块

固定资产管理模块主要是以固定资产卡片和固定资产明细账为基础，实现固定资产的会计核算、折旧计提和分配、设备管理等功能，同时提供了固定资产按类别、使用情况、所属部门和价值结构等进行分析、统计和各种条件下的查询、打印功能，以及该模块与其他模块的数据接口管理。

3. 工资管理模块

工资管理模块是进行工资核算和管理的模块，该模块以人力资源管理模块提供的员工及其工资的基本数据为依据，完成员工工资数据的收集、员工工资的核算、工资发放、工资费用的汇总和分摊、个人所得税计算和按照部门、项目、个人时间等条件进行工资分析、查询和打印输出，以及该模块与其他模块的数据接口管理。

4. 应收应付管理模块

应收应付管理模块以发票、费用单据、其他应收单据、应付单据等原始单据为依据，记录销售、采购业务所形成的往来款项，处理应收应付款项的收回、支付和转账，进行账龄分析和坏账估计及冲销，并对往来业务中的票据、合同进行管理，同时提供统计分析、打印和查询输出功能，以及与采购管理、销售管理、账务处理等模块进行数据传递的功能。

5. 成本管理模块

成本管理模块主要提供成本核算、成本分析、成本预测功能，以满足会计核算的事前预测、事后核算分析的需要。

此外，成本模块还具有与生产模块、供应链模块、账务处理、工资管理、固定资产管理和存货核算模块进行数据传递的功能。

6. 报表管理模块

报表管理模块与其他模块相比，可以根据会计核算的数据（如账务处理子系统产生的总账及明细账等数据），生成各种内部报表、外部报表及汇总报表，并根据报表数据生成各种分析表和分析图等。

在网络环境下，报表管理模块能够利用现代网络通信技术，为行业型、集团型用户解决远程报表的汇总、数据传输、检索查询和分析处理等功能，既可用于主管单位又可用于基层单位，支持多级单位逐级上报、汇总的应用。

7. 存货核算模块

存货核算模块以供应链产生的入库单、出库单、采购发票等核算单据为依据，核算存货的出入库和库存金额、余额，确认采购成本，分配采购费用，确认销售收入、成本和费用，并将核算完的数据按照需要分别传递到成本管理模块，应收应付管理模块和账务处理模块。

8. 财务分析模块

财务分析模块从会计软件的数据库中提取数据，运用各种专门的分析方法对财务数据做进一步的加工，完成对企业财务活动的分析，实现对财务数据的进一步加工，生成各种分析和评价企业财务状况、经营成果和现金流量的信息，为决策提供正确依据。

9. 预算管理模块

预算管理模块将需要进行预算管理的集团公司、子公司、分支机构、部门、产品、费用要素等对象，根据实际需要分别定义为利润中心、成本中心、投资中心等不同类型的责任中心，然后确定各责任中心的预算方案，指定预算审批流程，明确预算编制内容，进行责任预算的编制、审核、审批，以便实现对各个责任中心的控制、分析和绩效考核。

利用预算管理模块，既可以编制全面预算，又可以编制非全面预算；既可以编制滚动预算，又可以编制固定预算、零基预算；同一责任中心，既可以设置多种预算方案，编制不同预算，又可以在同一预算方案下，选择编制1个月、1个季度、1年、3年、5年等不同预算期的预算。预算管理模块还可以实现对各子公司预算的汇总、对集团公司及子公司预算的查询，以及根据实际数据和预算数据自动进行预算执行差异分析和预算执行进度分析等。

10. 项目管理模块

项目管理模块主要是对企业的工程项目进行核算、控制与管理。项目管理主要包括项目立项、计划、跟踪与控制、终止的业务处理以及项目自身的成本核算等功能。该模块可以及时、准确地提供有关项目的各种资料，包括项目文档、项目合同、项目的执行情况，通过对项目中的各项任务进行资源的预算分配，实时掌握项目的进度，及时反映项目执行情况及财务状况，并且与财务处理、应收管理、应付管理、固定资产管理、采购管理、库存管理等模块集成，对项目收支进行综合管理，是对项目的物流、信息流、资金流的综合控制。

11. 其他管理模块

根据企业管理的实际需要，其他管理模块一般包括领导查询模块、决策支持模块等。领导查询模块可以按照领导的要求从各模块中提取有用的信息，并将数据进一步加工、整理、分析和研究，以最直观的表格和图形显示，使得管理人员通过领导查询模块及时掌握企业信息。决策支持模块利用现代计算机、通讯技术和决策分析方法，通过建立数据库和决策模型，实现向企业决策者提供及时、可靠的财务和业务决策辅助信息的目的。

以上各模块既相互联系又相互独立，有着各自的目标和任务，它们共同构成了会计软件，实现了会计软件的总目标。但是不同的单位由于其所处的行业不同，会计核算和管理需求不同，因此，其会计信息系统的总体结构和应用方案也不尽相同。在建立会计信息系统时应该根据行业的特点和企业的规模，具体考虑其会计信息系统结构和应用方案。

（二）数据库

数据库是数据的集合体，用于存放各种数据，如凭证、账簿、报表等。数据库由多个数据文件或表组成，任何一个会计软件都必须有数据库，用于存储相关数据。

（三）会计软件文档

会计软件文档是对会计软件模块和数据库所做的文字说明，包括用户需求说明书、概要设计说明书、软件测试报告、用户手册等技术文档和使用文档。

三、会计软件的分类

会计软件按其适用范围不同，可划分为通用会计软件和专用会计软件；按提供信息的层次不同，可分为核算型会计软件和管理型会计软件。

1. 通用会计软件和专用会计软件

通用会计软件是指在某一特定范围内普遍适用的会计软件，通常又分为适用于各行各业的全通用会计软件和适用于某一行业的行业通用会计软件。通用会计软件的特点是含有较少的会计核算规则和管理方法，需由单位根据具体情况自行设定，较为灵活。但是，由于通用会计软件没有考虑不同用户的会计核算个性，企业初始化的工作量较大，且操作起来有一定的难度，需要得到软件开发商的帮助才能顺利实施。

专用会计软件是指仅适用于处理个别单位会计业务的会计软件。专用会计软件通常是由企业根据自身会计核算和经营管理的特点自行开发或委托他人开发研制的，将会计核算规则和管理方法固化在程序中，其优点是适合本单位会计电算化工作的需要，针对性强，但灵活性较差，如会计政策一旦发生变更就需要通过修改程序来满足会计工作的需求。

2. 核算型会计软件和管理型会计软件

核算型会计软件是指专门用于完成会计核算工作的应用软件，它面向事后核算，通过采用专门的会计核算方法，实现会计数据处理的电算化，提供会计信息资料，从而完成会计电算化基础工作。核算型会计软件的主要功能包括对账务、工资、固定资产、成本、应收款、应付款、存货、往来账款等内容的核算以及会计报表处理等。

管理型会计软件是对核算型会计软件功能的延伸，它利用会计核算软件所提供信息以及其他生产经营活动资料，采用各种管理模型和方法，对企业的经营状况进行分析和评价，具有事前预测、事中控制和辅助决策等功能。在核算型会计软件完成会计核算基本任务的基础上，管理型会计软件具有分析、预算和控制等扩展功能。其中，分析功能主要包括对各种财务报表和预算报表的财务结构、财务指标进行定比和环比等多项比较分析；预算功能提供从一般经营活动到投资、筹资、资本支出、收入、成本和现金流量等方面的预算；控制功能包括对固定成本、变动成本、预计流动比率、预计投资收益率、保本点等的计算控制，通过预算报表和实际执行中的反馈结果进行控制。

四、会计软件的规范性要求

（1）会计软件应当保障企业按照国家统一会计准则制度开展会计核算，不得有违背国家统一会计准则制度的功能设计。

（2）会计软件的界面应当使用中文并且提供对中文处理的支持，可以同时提供外国或者少数民族文字界面对照和处理支持。

（3）会计软件应当提供符合国家统一会计准则制度的会计科目分类和编码功能。

（4）会计软件应当提供符合国家统一会计准则制度的会计凭证、账簿和报表的显示和打印功能。

（5）会计软件应当提供不可逆的记账功能，确保对同类已记账凭证的连续编号，不得提供对已记账凭证的删除和插入功能，不得提供对已记账凭证日期、金额、科目和操作人的修改功能。

（6）鼓励软件供应商在会计软件中集成可扩展商业报告语言（XBRL）功能，便于企业生成符合国家统一标准的XBRL财务报告。

（7）会计软件应当具有符合国家统一标准的数据接口，满足外部会计监督需要。

（8）会计软件应当具有会计资料归档功能，提供导出会计档案的接口，在会计档案存储格式、原数据采集、真实性与完整性保障方面，符合国家有关电子文件归档与电子档案管理的要求。

（9）会计软件应当记录生成用户操作日志，确保日志的安全、完整，提供按操作人员、操作时间和操作内容查询日志的功能，并能以简单易懂的形式输出。

五、会计信息系统

会计信息系统（accounting information system，AIS），是指利用信息技术对会计数据进行采集、存储和处理，完成会计核算任务，并提供会计管理、分析与决策相关会计信息的系统，其实质是将会计数据转化为会计信息的系统，是企业管理信息系统的一个重要子系统。

会计信息系统根据信息技术的影响程度可划分为手工会计信息系统、传统自动化会计信息系统和现代会计信息系统；根据其功能和和管理层次的高低，可以分为会计核算系统、会计管理系统和会计决策支持系统。

在整个会计信息系统中，会计信息处于核心的地位，从会计信息的收集、处理到会计信息的输出，最终传递给决策者和使用者，都是一个信息流动的过程。在这个过程中，伴随着对会计活动的管理与控制。

六、会计软件各模块的数据传递

会计软件中各职能模块是相互联系的。虽然它们都有着各自不同的职能，但从总体上讲，它们是一个相互关联的有机整体，各个职能模块之间流畅的数据传递与数据共享是高效率地实现系统总体目标的根本保证。一个成熟的会计软件，它的各个职能模块是紧密结合在一起的，各个模块之间的数据共享程度高，数据传输路径清晰，重复性的人工操作和人工干预少，系统数据的稳定性好，出错率低。

会计软件各模块之间的关系如下。

（1）存货核算模块生成存货入库、存货估价入账、存货出库、盘亏/毁损、存货销售收入、存货期初余额调整等业务的记账凭证，并传递到账务处理模块，以便用户审核登记存货账簿。

（2）应付管理模块完成采购单据处理、供应商往来处理、票据新增、付款、退票处理等业务后，生成相应的记账凭证，并传递到账务处理模块，以便用户审核登记赊购往来及其相关账簿。

（3）应收管理模块完成销售单据处理、客户往来处理、票据处理及坏账处理等业务后，生成相应的记账凭证，并传递到账务处理模块，以便用户审核登记赊销往来及其相关账簿。

（4）固定资产管理模块生成固定资产增加、减少、盘盈、盘亏、固定资产变动、固定资产评估和折旧分配等业务的记账凭证，并传递到账务处理模块，以便用户审核登记相关的资产账簿。

（5）工资管理模块进行工资核算，生成提取各种费用、分配工资费用、应交个人所得税等业务的记账凭证，并传递到账务处理模块，以便用户审核登记应付职工薪酬及相关成本费用账簿。

（6）成本核算业务处理中，如果计入生产成本的间接费用和其他费用定义为来源于账务处理模块，则成本管理模块在账务处理模块记账后，从账务处理模块中直接取得间接费用和其他费用的数据。如果不使用工资、固定资产、存货核算模块，则成本管理模块还需要在财务处理模块记账后，自动从账务处理模块中取得材料费用、人工费用和折旧费用等数据。成本管理模块的成本核算完成后要将结转制造费用、结转辅助生产成本、结转盘点损失和结转工序产品耗用等记账凭证数据传递到账务处理模块。

（7）存货核算为成本管理模块提供材料出库核算的结果，成本管理模块提供给存货核算模块半成品、产成品入库成本，以进行半成品、产成品出库核算。

（8）工资管理模块为成本管理模块提供人工费资料，其中应属于成本开支范围的工资分摊结果由成本管理模块登记到成本录入资料中。

（9）固定资产管理模块为成本管理模块提供固定资产折旧费数据。

（10）存货核算模块将应计入外购入库成本的运费、装卸费等采购费用和应计入委托加工入库成本的加工费传递到应付管理模块。

此外，各功能模块都可以从账务处理模块获得相关的账簿信息。

七、安全使用会计软件的基本要求

常见的非规范化操作包括密码与权限管理不当、会计档案保存不当、未按照正常操作规范运行软件等。这些操作可能威胁会计软件的安全运行。

1. 严格管理账套使用权限

在使用会计软件时，用户应该对账套使用权限进行严格管理，防止数据外泄；用户不能随便让他人使用电脑；在离开电脑时，必须立即退出会计软件，以防止他人偷窥系统数据。

2. 定期打印备份重要的账簿和报表数据

为防止硬盘上的会计数据遭到意外或被人为破坏，用户需要定期将硬盘数据备份到其他磁性介质上（如U盘、光盘等）。在月末结账后，对本月重要的账簿和报表数据还应该打印备份。

3. 严格管理软件版本升级

对会计软件进行升级的原因主要有：因改错而升级版本；因功能改进和扩充而升级版本；因运行平台升级而升级版本。经过对比审核，如果新版软件更能满足实际需要，企业应该对其进行升级。

4. 计算机病毒的防范

计算机病毒是指编制者在计算机程序中插入的破坏计算机功能或者数据，影响计算机使用并且能够自我复制的一组计算机指令或者程序代码。

任务二　系统初始化

在会计信息系统中，一般采用通用财务软件来建立自己的系统，不同会计主体在核算上存在差异，不同会计对象适用的具体会计方法可能也不相同，由于商品化财务软件具有通用性的特点，使得各单位在开始使用软件时，首先要针对本单位的业务性质及会计核算与财务管理的具体要求对它进行具体设置，这种工作称为为系统初始化。

系统初始化是系统首次使用时，根据企业的实际情况进行参数设置，并录入基础档案与初始数据的过程。

系统初始化是会计软件运行的基础。它将通用的会计软件转变为满足特定企业需要的系统，使手工环境下的会计核算和数据处理工作得以在计算机环境下延续和正常运行。

系统初始化的内容包括系统级初始化和模块级初始化。模块级初始化是针对某一应用功能模块的设置，如账务参数设置、固定资产折旧方式、往来单位设置、收付结算设置等，本教程不做介绍。

系统级初始化是设置会计软件所公用的数据、参数和系统公用基础信息，其初始化的内容涉及多个模块的运行，不特定专属于某个模块。系统级初始化内容主要包括以下几点。

一、创建账套

账套是指存放会计核算对象的所有会计业务数据文件的总称，账套中包含的文件有会计科目、记账凭证、会计账簿、会计报表等。一个账套只能保存一个会计核算对象的业务资料，这个核算对象可以是企业的一个分部，也可以是整个企业集团。

建立账套是指在会计软件中为企业建立一套符合核算要求的账簿体系。在同一会计软件中可以建立一个或多个账套。

1. 设置账套相关信息

建立账套时需要根据企业的具体情况和核算要求设置相关信息。账套信息主要包括账套号、企业名称、企业性质、会计期间、记账本位币等。

（1）设置账套基本信息。包括：账套编号、账套名称、账套数据存储路径、账套启用会计期间等。账套编号是一个账套在软件系统内部的识别代码。账套名称是指供用户识别的账套名。账套数据路径指账套数据的存放位置。账套启用会计期间表示新建账套开始使用的会计核算日期，账套被正式启用后，账套启用期间就不能再被修改。

（2）录入单位基本数据。包括单位全称或简称、办公地址、邮政编码、银行账号、法人代表、通讯方式等。

（3）选择会计核算类型。核算类型是指用户单位所属的行业性质，以便系统按照所指定行业的特点为该账套预置一套标准的会计科目。

（4）设置本位币。系统一般提供多种外币核算功能，根据财务核算的要求，所有的外币都应折算为记账本位币进行核算。因此在账套中必须指定一种货币作为记账本位币，其他币种都必须以此本位币为基础进行核算。

（5）基础信息分类选择。是指确认对供应商、客户、存货、部门等要素是否分类，如何分类的设置。

（6）确立代码设置规则。这是对科目、客户、部门等关键核算内容确定分类级次以及确定各级编码的长度。需要确定设置规则的代码项目一般包括会计科目编码、存货编码、部门编码、客户（或供应商）编码等。

（7）确定数据核算精度。对金额、存货数量等保留的小数位数进行定义。

（8）设置会计期间。按照企业会计准则的要求，会计核算必须分会计期间进行。系统能满足任何会计分期的需求，也可以根据需要自定义任意的会计期间。一旦设置完成将不能更改。

2. 账套参数的修改

账套建立后，企业可以根据业务需要对某些已经设定的参数内容进行修改。如果账套参数内容已被使用，进行修改可能会造成数据的紊乱，因此，对账套参数的修改应当谨慎。

二、管理用户并设置权限

1. 管理用户

用户是指有权登录系统，对会计软件进行操作的人员。管理用户主要是指将合法的用户增加到系统中，设置其用户名和初始密码，对不再使用系统的人员进行注销等操作。

一般通用软件中，操作员的增删以及权限设置的权力通常由系统管理员控制。用户设置通常跟密码设置联系在一起。设置密码一方面避免无关人员进入系统；另一方面也使不相容职务岗位人员做好相互牵制工作。

新增加的用户必须被授权后才拥有对系统的操作权力。设置用户需要录入以下内容：用户编号、用户姓名、用户所在部门、用户密码。

2. 设置权限

在增加用户后，一般应该根据用户在企业核算工作中所担任的职务和分工来设置、修改其对各功能模块的操作权限。通过设置权限，用户不能进行没有权限的操作，也不能查看没有权限的数据。

三、设置系统公用基础信息

设置系统公用基础信息包括设置编码方案、基础档案、收付结算方式、凭证类别、外币和会计科目等。

1. 设置编码方案

设置编码方案是指设置具体的编码规则，包括编码级次、各级编码长度及其含义。其目的在于方便企业对基础数据的编码进行分级管理。设置编码的对象包括部门、职员、客户、供应商、会计科目、存货分类、成本对象、结算方式和地区分类等。编码符号能唯一地确定被标识的对象。

2. 设置基础档案

设置基础档案是后续进行具体核算、数据分类、汇总的基础，其内容一般包括设置企业部门档案、职员信息、往来单位信息、项目信息等。

（1）设置企业部门档案。部门是指用户单位下辖的需要区别核算方法或具有相应管理要求的单元。部门是一个逻辑概念，其与单位内部实际的职能部门不一定一一对应，甚至可以完全不同。

设置企业部门档案一般包括输入部门编码、名称、属性、负责人、电话、传真等。其目的是方便会计数据按照部门进行分类汇总和会计核算。

（2）设置职员信息。职员是指参与用户单位的业务活动，且需要对其进行核算和业绩考核的人员。

设置职员信息一般包括输入职员编号、姓名、性别、所属部门、身份证号等，其目的在于方便进行个人往来核算和管理等操作。

（3）设置客户信息。设置客户信息是指对与企业有业务往来核算关系的客户进行分类并设置其基本信息，一般包括输入客户编码、分类、名称、开户银行、联系方式等。其目的是方便企业录入、统计和分析客户数据和业务数据。

（4）设置供应商信息。设置供应商信息是指对与企业有业务往来核算关系的供应商企业进行分类并设置其基本信息，一般包括输入供应商编码、分类、名称、开户银行、联系方式等。其目的是方便企业对采购、库存、应付账款等进行管理。

（5）设置项目信息。项目是指一个特定的核算对象或成本归集对象。企业需要对涉及该项目的所有收入、费用、支出进行专项核算和管理。设置项目信息，一般包括定义核算项目，建立项目档案，输入其名称、代码等。项目类别是指所设置项目的名称，如工程费用、业务费用等；而项目目录是指某一类项目的具体分类，如工程费用可分为人工费、材料费、其他等。

设置项目目录的步骤为：设置会计科目的辅助核算为项目核算—定义项目大类—定义项目大类的级别—定义项目栏目—指定待核算会计科目—在项目大类中选择其中一个，单击"维护"，进行项目目录的增加或修改。

3. 设置收付结算方式

设置收付结算方式一般包括设置结算方式编码、结算方式名称等。其目的是建立和管理企业在经营活动中所涉及的货币结算方式，方便银行对账、票据管理和结算票据的使用。

4. 设置凭证类别

设置凭证类别是指对记账凭证进行分类编制。用户可以按照企业的需求选择或自定义凭证类别。

凭证类别设置完后，用户应该设置凭证类别限制条件和限制科目，两者组成凭证类别校验的标准，供系统对录入的记账凭证进行输入校验，以便检查录入的凭证信息和选择的凭证类别是否相符。

通常在会计软件中，系统提供的限制条件一般包括借方必有、贷方必有、凭证必有、凭证必无、无限制等。

凭证类别的限制科目是指限制该凭证类别所包含的科目。不同类别的凭证，将受到不同的限制。比如，收款凭证借方必有库存现金或银行存款科目。在记账凭证录入时，如果录入的记账凭证不符合用户设置的限制条件或限制科目，则系统会提示错误，要求修改，直到符合为止。

企业在经营活动中不可避免地会涉及多种币种，为了方便用户对不同币种的业务数据进行记录和计量，在录入初始数据时，可选择不同的货币币种。

5. 设置外币

设置外币是指当企业有外币核算业务时，设置所使用的外币币种、核算方法和具体汇率。用户可以增加、删除币别。通常在设置外币时，需要输入以下信息。

（1）币符。即货币的惯例代码；

（2）币名。即货币名称；

（3）固定汇率、浮动汇率。即指定系统选择固定汇率或浮动汇率；

（4）记账汇率。即经济业务发生时的记账汇率；

（5）折算方式。系统提供直接汇率法和间接汇率法两种折算方式。

在录入原币数额后，系统会根据预设的汇率自动将原币折算为本位币。这时系统也允许修改折算后的本位币数值。系统会将输入的各个币种的折合本位币进行试算平衡。

企业有外币的，要进行外币及汇率的设置。外币及汇率的设置与录入固定汇率还是浮动汇率有关。如果使用固定汇率，则应在每月初录入记账汇率（即期初汇率），月末计算汇兑损益时录入调整汇率（即期末汇率）；如果使用浮动汇率，则应每天在此录入当日汇率。

6. 设置会计科目

设置会计科目就是将企业进行会计核算所需要使用的会计科目录入到系统中，并按照企业核算要求和业务要求，对每个科目的核算属性进行设置。设置会计科目是填制会计凭证、记账、编制报表等各项工作的基础。设置会计科目一般包括以下内容。

（1）增加、修改或删除科目。系统通常会提供预置的科目，用户可以直接引入系统提供的预置科目，在此基础上根据需要，增加、修改、删除会计科目。如果企业所使用的会计科目与预置的会计科目相差较多，用户也可以根据需要在系统初始设置时选择"不预置行业会计科目"，可以自行设置全部会计科目。

增加会计科目时，应遵循先设置上级科目，再设置下级科目的顺序。科目编码、科目名称不能为空。增加的会计科目编码必须遵循会计科目编码方案。

修改或删除会计科目应遵循"自下而上"的原则，必须先从末级科目开始，即先删除或修改下一级科目，然后再删除或修改本级科目。修改或删除已经输入期初余额的会计科目，必须先删除本级及下级科目的期初余额，才能修改或删除该科目。

科目一经使用，即已经输入凭证，则不允许修改或删除该科目，只能增加同级科目，而不能为该科目增设下级科目。

指定科目是指选定库存现金、银行存款科目，供出纳管理使用，所以在查询库存现金、银行存款日记账前，必须指定现金、银行存款总账科目。

如果指定科目已被制过单或已录入期初余额，则不能删除、修改该科目。如果要修改该科目，必须先删除有该科目的凭证，并将该科目及其下级科目余额清零，再进行修改，修改后还要将余额及凭证补上。指定的现金流量科目供定义现金流量表时取数函数使用，所以在录入凭证时，对指定的现金流量科目系统自动弹出窗口要求指定当前录入分录的现金流量项目。

（2）设置科目属性

① 科目编码。系统中的会计科目由科目编码和科目名称两部分构成。其中科目编码是按照科目编码方案对每一科目进行代码定义。

设置科目编码按照科目编码规则进行，首先从一级科目开始，逐渐向下设置明细科目。在对会计科目编码时，一般应遵守以下原则。

- 唯一性：每个编码必须唯一地标识某一个科目，不可重复。
- 统一性：所有会计科目的编码标准必须遵守统一的编码方案。
- 扩展性：编码既要适应企业当前核算的要求，又要考虑将来企业业务发展的变化，在设计编码时应注意保留一些空间，以方便将来科目的增减变动。
- 合法性：凡是会计制度已统一编号的科目，都必须采用制度规定的编号作为科目编码，一般不得自定标准，以保持核算口径的一致性，提高数据的可比性。

因为编码结构在初始化中已经设定，以后再改变将会有很大的风险，所以在进行科目设置时，对于每一个科目的类别、余额方向、外币核算、辅助核算等项内容，也要进行正确的设置，否则会影响到某类会计业务的核算。

② 科目名称。科目名称是指本级科目名称，通常分为中文科目名称和英文科目名称。

从会计软件的要求来看，企业所使用的会计科目的名称可以是汉字、英文字母、数字等符号，但不能为空。其中一级会计科目的名称必须按现行会计制度的要求设置，二级及以下明细科目可以按照企业或单位的具体要求设置。

③ 科目类型。按照企业会计制度规定，会计科目按其性质划分为资产类、负债类、共同类、所有者权益类、成本类和损益类共六种类型。用户可以选择一级科目所属的科目类型。如果增加的是二级或其以下科目，则系统将自动与其一级科目类型保持一致，用户不能更改。

④ 账页格式。用于定义该科目在账簿打印时的默认打印格式。一般可以分为普通三栏式、数量金额式、外币金额式等格式。当科目有数量核算时，账簿格式设置为"数量金额式"；当科目有外币核算要求时，账簿格式设置为"外币金额式"。

⑤ 外币核算。用于设定该科目核算是否有外币核算。

⑥ 数量核算。用于设定该科目是否有数量核算。如果有数量核算，则需设定数量计量单位。

⑦ 科目性质（余额方向）。用于定义该科目余额默认的方向。一般情况下，资产类、成本类、费用类科目的余额方向为借方，负债类、权益类、收入类科目的余额方向为贷方。

记借方的科目，科目性质在借方；记贷方的科目，科目性质在贷方。一般情况下，只能在一级科目下设置科目性质，下级科目的科目性质与其一级科目的相同。已有数据的科目不能再修改科目性质。

⑧ 辅助核算性质。辅助核算功能用于设置科目是否有辅助核算。辅助核算的目的是实现对会计数据的多元分类核算，为企业提供多元化的信息。辅助核算一般包括部门核算、个人往来核算、客户往来核算、供应商往来核算、项目核算五种专项核算。

辅助核算一般设置在末级科目上。某一科目可以同时设置多种相容的辅助核算。

⑨ 日记账和银行账。用于设置科目是否有日记账、银行账核算要求。一般情况下，库存现金科目要设定为日记账；银行存款科目要设定为银行账和日记账。

四、录入会计科目初始数据

会计科目初始数据录入是指第一次使用账务处理模块时，用户需要在开始日常核算工作前将会计科目的初始余额以及发生额等相关数据输入到系统中。

1. 录入会计科目期初余额

在系统中一般只需要对末级科目录入期初余额，系统会根据下级会计科目自动汇总生成上级会计科目的期初余额。如果会计科目设置了数量核算，用户还应该输入相应的数量和单价；如果会计科目设置了外币核算，用户应该先录入本币余额，再录入外币余额；如果会计科目设置了辅助核算，用户应该从辅助账录入期初明细数据，系统会自动汇总并生成会计科目的期初余额。

在期初余额录入完毕后，用户应该进行试算平衡，以检查期初余额的录入是否正确。一般情况下，由于初始化的工作量较大，在日常业务发生时可能初始化工作仍然没有完成，因此即使试算报告提示有误，仍可以输入记账凭证，但是不能记账。

2. 录入会计科目本年累计发生额

用户如在会计年度初建账，只需将各个会计科目的期初余额录入到系统中即可；用户如在会计年度中建账，则除了需要录入启用月份的月初余额外，还需录入本年度各会计科目截至上月份的累计发生额。系统一般能根据本月月初数和本年度截至上月份的借、贷方累计发生数，自动计算出本会计年度各会计科目的年初余额。

任务三　日常业务处理

如图 4-1 所示，日常业务处理的任务是通过输入和处理各种记账凭证，完成记账工作，查询和打印输出各种日记账、明细账和总分类账，同时对辅助核算进行管理。具体包括：常用摘要和常用凭证的设置；凭证的填制、修改、删除；出纳签字和会计凭证的审核、记账；凭证和账簿的查询等。

一、设置控制参数

在会计软件运行之前，企业应该根据国家统一的会计准则制度和内部控制制度来选择相应的运行控制参数，以符合企业核算的要求。在账务处理模块中，常见的参数设置包括：凭证编号方式、是否允许操作人员修改他人凭证、凭证是否必须输入结算方式和结算号、现金流量科目是否必须输入现金流量项目、出纳凭证是否必须经过出纳签字、是否对资金及往来科目实行赤字提示等。

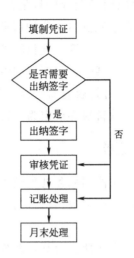

图 4-1 日常处理流程

二、填制凭证

1. 凭证录入

（1）凭证录入的内容。凭证录入的内容包括凭证类别、凭证编号、制单日期、附件张数、摘要、会计科目、发生金额、制单人等。用户应该确保凭证录入的完整、准确。另外，对于系统初始设置时已经设置为辅助核算的会计科目，在填制凭证时，系统会弹出相应的窗口，要求根据科目属性录入相应的辅助信息；对于设置为外币核算的会计科目，系统会要求输入外币金额和汇率；对于设置为数量核算的会计科目，系统会要求输入该会计科目发生的数量和交易的单价。

（2）凭证录入的输入校验。在凭证实时校验时，系统会对凭证内容的合法性进行校验。校验的内容如下。

① 会计科目是否存在，即会计科目是否是初始化时设置的会计科目；

② 会计科目是否为末级科目；

③ 会计科目是否符合凭证的类别限制条件；

④ 发生额是否满足"有借必有贷，借贷必相等"的记账凭证要求；

⑤ 凭证必填内容是否填写完整；

⑥ 手工填制凭证号的情况下还需校验凭证号的合理性。

2. 凭证修改

（1）凭证修改的内容。凭证可以修改的内容一般包括摘要、科目、金额及方向等。凭证类别、编号不能修改，制单日期的修改也会受到限制。在对凭证进行修改后，系统仍然会按照凭证录入时的校验标准来对凭证内容进行检查，只有满足了校验条件后，才能进行保存。

① 错误凭证的"无痕迹"修改。所谓无痕迹，即不留下任何曾经修改的线索和痕迹，也即调出原已录入的凭证，直接修改其中的内容。

有两种状态下的错误凭证可进行无痕迹修改，一是凭证输入后还未审核或审核未通过，此时可利用凭证的编辑输入功能直接由录入人员进行修改;二是凭证虽已通过审核,但还未记账,此时应首先由凭证审核人员取消审核后再利用凭证的编辑输入功能由原录入人员进行修改。

② 错误凭证的"有痕迹"修改。所谓有痕迹,指留下曾经修改的线索和痕迹,即以红字冲销或补充登记的方法来修改凭证中的错误。

对已记账的错误凭证可以采用类似手工操作中的红字冲销法和补充法的方法进行修改。使用了红字冲销和蓝字补充的方法而增加的凭证,应视同正常凭证进行保存和管理。在补充增加的凭证上必须注明原凭证的编号,以明确这一凭证与原业务的关系。

(2) 凭证修改的操作控制

① 修改未审核或审核标错的凭证。对未审核的凭证或审核标错的凭证,可以由填制人直接进行修改并保存。审核标错的凭证在修改正确后,出错的标记将会消失。

② 修改已审核而未记账的凭证。经过审核人员审核,并已签章而未记账的凭证,如果存在错误需要修改,应该由审核人员首先在审核模块中取消对该凭证的审核标志,使凭证恢复到未审核状态,然后再由制单人员对凭证进行修改。外部系统传过来的凭证不能在账务处理模块中进行修改,只能在生成该凭证的模块中进行修改。

③ 修改已经记账的凭证。如果发现已经记账的凭证存在错误,用户可以使用红字冲销法或蓝字补充法进行修改。

④ 修改他人制作的凭证。如果需要修改他人制作的凭证,在账务处理模块参数设置中需要勾选允许修改他人凭证的选项,修改后凭证的制单人将显示为修改凭证的操作人员。如果参数设置中选择不允许修改他人凭证,该功能将不能被执行。

三、凭证审核

1. 凭证审核功能

审核凭证是指审核人员按照国家统一会计准则制度规定,对于完成制单的记账凭证的正确性、合规合法性等进行检查核对,审核记账凭证的内容、金额是否与原始凭证相符,记账凭证的编制是否符合规定,所附单据是否真实、完整等。

2. 凭证审核的操作控制

(1) 审核人员和制单人员不能是同一人;

(2) 审核凭证只能由具有审核权限的人员进行;

(3) 已经通过审核的凭证不能被修改或者删除,如果要修改或删除,需要审核人员取消审核签字后,才能进行;

(4) 审核未通过的凭证必须进行修改,并通过审核后方可被记账。

四、记账

1. 记账功能

在会计软件中,记账是指由具有记账权限的人员,通过记账功能发出指令,由计算机按照会计软件预先设计的记账程序自动进行合法性校验、科目汇总、登记账目等操作。

2. 记账的操作控制

(1) 期初余额不平衡，不能记账；

(2) 上月未结账，本月不可记账；

(3) 未被审核的凭证不能记账；

(4) 一个月可以一天记一次账，也可以一天记多次账，还可以多天记一次账；

(5) 记账中，不应人为终止记账。

五、其他日常业务

1. 出纳管理

(1) 现金日记账、银行存款日记账及资金日报表的管理。出纳对现金日记账和银行存款日记账的管理包括查询（见图 4-2）和输出现金及银行存款日记账。

凭证号数	摘要	对方科目	借方	贷方	方向	余额
	上年结转				借	5,000.00
付-0001	取现	100201	5,000.00		借	10,000.00
	本日合计		5,000.00		借	10,000.00
付-0002	报销	6601		800.00	借	9,200.00
	本日合计			800.00	借	9,200.00
	当前合计		5,000.00	800.00	借	9,200.00
	当前累计		5,000.00	800.00	借	9,200.00

科目：1001 库存现金

图 4-2 现金日记账

资金日报表以日为单位，列示现金、银行存款科目当日累计借方发生额和贷方发生额，计算出当日的余额，并累计当日发生的业务笔数，对每日的资金收支业务、金额进行详细汇报。出纳对资金日报表的管理包括查询、输出或打印资金日报表，提供当日借、贷金额合计和余额，以及发生的业务量等信息。

(2) 支票管理。支票管理功能主要包括支票的购置、领用和报销。

(3) 银行对账。银行对账是指在每月月末，企业的出纳人员将企业的银行存款日记账与开户银行发来的当月银行存款对账单进行逐笔核对，勾对已达账项，找出未达账项，并编制每月银行存款余额调节表的过程。

会计软件中执行银行对账功能，具体步骤包括：银行对账初始数据录入、本月银行对账单录入、对账、银行存款余额调节表的编制等。

① 银行对账初始数据录入。在首次启用银行对账功能时，需要事先录入账务处理模块启用日期前的银行和企业账户余额及未达账项，即银行对账的初始数据。从启用月份开始，上月对账的未达账项将自动加入到以后月份的对账过程中。

② 银行对账单录入。对账前，必须将银行对账单的内容录入到系统中。录入的对账单内容一般包括入账日期、结算方式、结算单据字号、借方发生额、贷方发生额，余额由系统自动计算。

③ 对账。在会计电算化环境下,系统提供自动对账功能,即系统根据用户设置的对账条件进行逐笔检查,对达到对账标准的记录进行勾对,未勾对的即为未达账项。

系统进行自动对账的条件一般包括:业务发生的日期、结算方式、结算票号、发生金额相同等。其中,发生金额相同是对账的基本条件,对于其他条件,用户可以根据需要自定义选择。

除了自动对账外,系统一般还提供手工对账功能。特殊情况下,有些已达账项通过设置的对账条件系统无法识别,这就需要出纳人员通过人工识别进行勾对。

④ 余额调节表的编制。对账完成后,系统根据本期期末的银行存款日记账的余额、银行对账单的余额对未达账项进行调整,自动生成银行存款余额调节表。调整后,银行存款日记账和银行对账单的余额应该相等。用户可以在系统中查询余额调节表,但不能对其进行修改。

2. 凭证查询

在会计业务处理过程中,用户可以查询符合条件的凭证,以便随时了解经济业务发生的情况。

3. 账簿查询

(1) 总账查询。用于查询各总账科目的年初余额、各月期初余额、发生额合计和期末余额。总账查询可以根据需要设置查询条件,如会计科目代码、会计科目范围、会计科目级次、是否包含未记账凭证等。在总账查询窗口下,系统一般允许联查当前会计科目当前月份的明细账。

在账务处理系统中,单击"账簿查询"图标。查询库存现金总账,如图 4-3 所示。

图 4-3 库存现金总账

(2) 明细账查询。用于查询各账户的明细发生情况,用户可以设置多种查询条件查询明细账,包括会计科目范围、查询月份、会计科目代码、是否包括未记账凭证等。在明细账查询窗口下,系统一般允许联查所选明细事项的记账凭证及联查总账。

(3) 余额表查询。用于查询统计各级会计科目的期初余额、本期发生额、累计发生额和期末余额等。用户可以设置多种查询条件。利用余额表可以查询和输出总账科目、明细科目在某一时期内的期初余额、本期发生额、累计发生额和期末余额;可以查询和输出某会计科目范围在某一时期内的期初余额、本期发生额、累计发生额和期末余额;可以查询和输出包含未记账凭证在内的最新发生额及期初余额和期末余额。

(4)多栏账查询。多栏账即多栏式明细账，用户可以预先设计企业需要的多栏式明细账，然后按照明细科目保存为不同名称的多栏账。查询多栏账时，用户可以设置多种查询条件，包括多栏账名称、月份、是否包含未记账凭证等。

(5)日记账查询。用于查询除现金日记账、银行日记账之外的其他日记账。用户可以查询输出某日所有会计科目（不包括现金、银行存款会计科目）的发生额及余额情况。用户可以设置多种查询条件，包括查询日期、会计科目级次、会计科目代码、币别、是否包含未记账凭证等。

(6)辅助账查询。辅助账查询一般包括客户往来、供应商往来、个人往来、部门核算、项目核算的辅助总账、辅助明细账查询。在会计科目设置时，如果某一会计科目设置多个辅助核算，则在输出时会提供多种辅助账簿信息。

六、期末处理

在会计期末，要对收入、费用类账户余额进行结转，计算出本期的利润或亏损。账务处理模块的期末处理是指会计人员在每个会计期间的期末所要完成的特定业务，主要包括会计期末的自动转账、对账、月末结账等。

(一) 自动转账

自动转账是指对于期末那些摘要、会计科目固定不变，发生金额的来源或计算方法基本相同，相应凭证处理基本固定的会计业务，将其既定模式事先录入并保存到系统中，在需要的时候，让系统按照既定模式，根据对应会计期间的数据自动生成相应的记账凭证。自动转账的目的在于减少工作量，避免会计人员重复录入此类凭证，提高记账凭证录入的速度和准确度。

1. 自动转账的步骤

(1)自动转账定义。自动转账定义是指对需要系统自动生成凭证的相关内容进行定义。在系统中事先进行自动转账定义，设置的内容一般包括：编号、凭证类别、摘要、发生会计科目、辅助项目、发生方向、发生额计算公式等。自动转账应在基础设置环节完成。

(2)自动转账生成。自动转账生成是指在自动转账定义完成后，用户每月月末只需要执行转账生成功能，即可快速生成转账凭证，并被保存到未记账凭证中。

用户应该按期末结转的顺序来执行自动转账生成功能。此外，在自动转账生成前，应该将本会计期间的全部经济业务填制记账凭证，并将所有未记账凭证审核记账。

保存系统自动生成的转账凭证时，系统同样会对凭证进行校验，只有通过了系统校验的凭证才能进行保存。生成后的转账凭证将被保存到记账凭证文件中，制单人为执行自动转账生成的操作员。自动生成的转账凭证同样要进行后续的审核、记账。

2. 常用的自动转账功能

(1)自定义转账。自定义转账包括自定义转账定义和自定义转账生成。自定义转账定义允许用户通过自动转账功能自定义凭证的所有内容，然后用户可以在此基础上执行转账生成。

(2)期间损益结转。期间损益结转包括期间损益定义和期间损益生成。期间损益结转用于在一个会计期间结束时,将损益类科目的余额结转到本年利润科目中,从而及时反映企业利润的盈亏情况。

用户应该将所有未记账凭证审核记账后,再进行期间损益结转。在操作时需要设置凭证类别,一般凭证类别为转账凭证。执行此功能后,一般系统能够自动搜索和识别需要进行损益结转的所有科目(即损益类科目),并将它们的期末余额(即发生净额)转到本年利润科目中。

(二)对账

对账是指为保证账簿记录正确可靠,对账簿数据进行检查核对。对账主要包括总账和明细账、总账和辅助账、明细账和辅助账的核对。为了保证账证相符、账账相符,用户应该经常进行对账,至少一个月一次,一般可在月末结账前进行。只有对账正确,才能进行结账操作。

(三)月末结账

1. 月末结账功能

根据有关会计制度的规定,结账主要是计算和结转各个会计科目的本期发生额并将会计科目余额结转至下月作为月初余额。所有本期会计业务处理完毕之后,方可以进行期末结账处理。结账每个月只能进行一次。结账后,当月不能再填制和修改凭证。

2. 月末结账操作的控制

结账工作执行时,系统会检查相关工作的完成情况,主要包括以下几点。

(1)检查本月记账凭证是否已经全部记账,如有未记账凭证,则不能结账;
(2)检查上月是否已经结账,如上月未结账,则本月不能结账;
(3)检查总账与明细账、总账与辅助账是否对账正确,如果对账不正确则不能结账;
(4)对科目余额进行试算平衡,如果试算不平衡将不能结账;
(5)检查损益类账户是否已经结转到本年利润,如损益类科目还有余额,则不能结账;
(6)当其他各模块也已经启用时,账务处理模块必须在其他各模块都结账后,才能结账。

结账只能由具有结账权限的人进行。在结账前,最好进行数据备份,一旦结账后发现业务处理有误,可以利用备份数据恢复到结账前的状态。

 提醒您

企业实际运营中,存在很多不可预知的不安全的因素,这些因素的存在有可能对系统安全造成致命性的损害。因此,对于企业系统管理员来讲,应该及时地将企业的数据存储到不同的介质上。软件中数据的存储功能是通过输出或备份功能来实现的;另一方面,对于异地管理的公司,财务数据的备份有利于解决审计和数据汇总的问题。在会计软件应用的各个环节均应注意对数据的管理。

数据备份是指将会计软件的数据输出保存在其他存储介质上,以备后续使用。数据

> 备份主要包括账套备份、年度账备份等。
>
> 数据还原又称数据恢复，是指将备份的数据使用会计软件恢复到计算机硬盘上。它与数据备份是一个相反的过程。数据还原主要包括账套还原、年度账还原等。
>
> 数据还原通常用来完成同一软件环境里的一个账套数据在不同计算机之间的转移。对集团公司来说，可以将子公司的账套数据定期引入到母公司系统中，以便进行有关账套数据的分析和合并工作。
>
> 只有系统管理员才能进行企业账套的输出和引入，只有企业的账套主管才能进行本企业年度账的输出和引入。

任务四　生成报表

一、报表数据来源

1. 手工录入

报表中有些数据需要手工输入，例如资产负债表中"一年内到期的非流动资产"和"一年内到期的非流动负债"需要直接输入数据。

2. 来源于报表管理模块其他报表

会计报表中，某些数据可能取自某会计期间同一会计报表的数据，也可能取自某会计期间其他会计报表的数据。

3. 来源于系统内其他模块

会计报表数据也可以来源于系统内的其他模块，包括账务处理模块、固定资产管理模块等。

二、报表管理模块应用基本流程

1. 格式设置

报表格式设置的具体内容一般包括：定义报表尺寸、定义报表行高列宽、画表格线、定义单元属性、定义组合单元、设置关键字等。

2. 公式设置

在报表中，由于各报表的数据间存在着密切的逻辑关系，所以报表中各数据的采集、运算需要使用不同的公式。报表中，主要有计算公式、审核公式和舍位平衡公式。

3. 数据生成

报表公式定义完成后，或者在报表公式未定义完需要查看报表数据时，将报表切换到显示数据的状态，就生成了报表的数据。

4. 报表文件的保存

对于新建的报表文件，用户需要对其进行保存。

5. 报表文件的输出

会计报表输出是报表管理系统的重要功能之一。会计报表按输出方式的不同，通常分为：屏幕查询输出、图形输出、磁盘输出、打印输出和网络传送五种类型。其中屏幕查询输出简称为查询输出，又称屏幕输出、屏幕显示、显示输出，是最为常见的一种输出方式。不同的会计报表，打印输出的要求不同。

三、生成报表

单击会计电算化软件中的"财务报表"，将显示三个图标，如图4-4所示，分别是"常用报表""按行业模板新建"和"自定义报表"。"常用报表"可直接打开用户最近保存过的报表；"按行业模板新建"可选择不同行业的标准报表模板，如资产负债表，利润表等；"自定义报表"可新建一张空白报表，完全由用户定义报表格式和公式，并生成报表数据，适用于管理会计职能下的各类报表，例如项目一ERP沙盘模拟中需要填制的产品核算单、项目二全面预算管理中需要填制的各种预算表等。

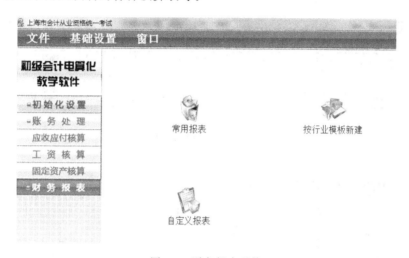

图4-4 财务报表系统

1. 自定义报表

以操作员的身份点击"打开账套"，单击左边"财务报表"，进行自定义报表设计。

（1）设置报表尺寸。

（2）定义报表的行高和列宽。

（3）画表格线。

（4）定义组合单元。

（5）定义单元属性。

（6）设置关键字，如图4-5所示。

当报表格式设置好以后，通过录入不同的关键字，如单位名称、年、月等，系统将从该会计主体指定的会计期间账簿中取值，自动生成当月报表。

（7）设置报表公式有两种方式。

① 直接输入公式，如图4-6所示。

② 利用函数向导输入公式，如图4-7所示。

（8）录入关键字。

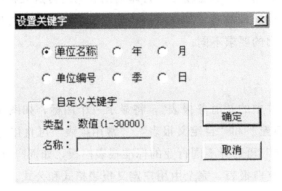

图 4-5　设置关键字

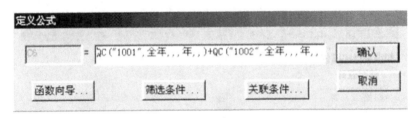

图 4-6　直接输入公式

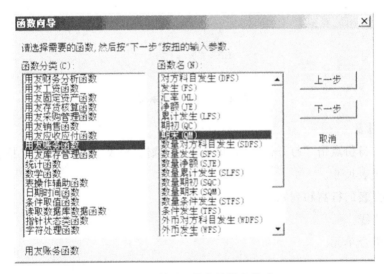

图 4-7　利用函数向导输入公式

（9）保存报表。

2．利用模板生成报表

报表管理模块通常提供按行业设置的报表模板，为每个行业提供若干张标准的会计报表模板，以便用户直接从中选择合适的模板快速生成固定格式的会计报表。用户不仅可以修改系统提供报表模板中的公式，而且可以生成、调用自行设计的报表模板。

任务五　运用电子表格软件完成财务工作

一、电子表格软件概述

（一）常用的电子表格软件

电子表格，又称电子数据表，是指由特定软件制作而成的，用于模拟纸上计算的由横竖线条交叉组成的表格。

WINDOWS 操作系统下常用的电子表格软件主要有微软的 Excel、金山 WPS 电子表格等，Mac 操作系统下有苹果的 Numbers，该软件同时可用于 iPad 等手持设备。此外，还有专业电子表格软件如 Lotus Notes、第三方电子表格软件如 Formula One 等。

微软的 Excel 软件（以下简称 Excel）是美国微软公司研制的办公自动化软件 Office 的重要组成部分，目前已经广泛应用于会计、统计、金融、财经、管理等众多领域。其操作简单直观、应用范围广泛、用户众多且与其他电子表格软件具有很好的兼容性。

（二）电子表格软件的主要功能

电子表格软件的主要功能有：建立工作簿、管理数据、实现数据网上共享、制作图表、开发应用系统。

1. 建立工作簿

Excel 启动后，即可按照要求建立一个空白的工作簿文件，每个工作簿中含有一张或多张空白的表格。这些在屏幕上显示出来的默认由灰色横竖线条交叉组成的表格被称为工作表，又称"电子表格"。工作簿如同活页夹，工作表如同其中的一张张活页纸，且各张工作表之间的内容相对独立。工作表是 Excel 中存储和处理数据的主要文档。每张工作表由若干行和列组成，行和列交叉形成单元格。单元格是工作表的最小组成单位，单个数据的输入和修改都在单元格中进行，每一单元格最多可容纳 32 767 个字符。

在 Excel 2003 中，每个工作簿默认含有 3 张工作表，每张工作表由 65 536 行和 256 列组成；在 Excel 2013 中，每个工作簿默认含有 1 张工作表，该工作表由 1 048 576 行和 16 384 列组成。默认的工作表不够用时，可以根据需要予以适当添加。每个工作簿含有工作表的张数受到计算机内存大小的限制。

2. 管理数据

用户通过 Excel 不仅可以直接在工作表的相关单元格中输入、存储数据，编制销量统计表、科目汇总表、试算平衡表、资产负债表、利润表以及大多数数据处理业务所需的表格，而且可以利用计算机，自动、快速地对工作表中的数据进行检索、排序、筛选、分类、汇总等操作，还可以运用运算公式和内置函数对数据进行复杂的运算和分析。

3. 实现数据网上共享

通过 Excel，用户可以创建超级链接，获取局域网或互联网上的共享数据，也可将自己的工作簿设置成共享文件，保存在互联网的共享网站中，让世界上任何位置的互联网用户共享工作簿文件。

4. 制作图表

Excel 提供了散点图、柱形图、饼图、条形图、面积图、折线图、气泡图、三维图等 14 类 100 多种基本图表。Excel 不仅能够利用图表向导方便、灵活地制作图表，而且可以很容易地将同一组数据改变成不同类型的图表，以便直观地展示数据之间的复杂关系；不仅能够任意编辑图表中的标题、坐标轴、网络线、图例、数据标志、背景等各种对象，而且可以在图表中添加文字、图形、图像和声音等，使精心设计的图表更具有说服力。

5. 开发应用系统

Excel 自带 VBA 宏语言，用户可以根据这些宏语言，自行编写和开发一些满足自身管理需要的应用系统，有效运用和扩大 Excel 的功能。

二、数据的输入

1. 数据的手工录入

Excel 中数据的输入和修改都在当前单元格或者对应的编辑栏中进行。Excel 文件打开后，所在单元格均默认处于就绪状态，等待数据的输入。

（1）在单个单元格中录入数据。方法和步骤如下。单击某个单元格，然后在该单元格中输入数据；或者单击单元格后再单击编辑栏，在编辑栏中输入数据，然后按回车键确定录入，确认之后再选择其他单元格继续输入。如果在确认之前按 Esc 键，则取消刚才的输入。

（2）在单张工作表的多个单元格中快速录入完全相同的数据，实现步骤如下。

① 选定单元格区域或不连续区域，选定不连续区域时，需按住 Ctrl 键，同时单击鼠标逐个选中；

② 在当前活动单元格或者对应的编辑栏中通过键盘从左向右依次键入所需的数字或文本；

③ 通过"Ctrl＋Enter"确认键入的内容。

（3）在单张工作表的多个单元格中快速录入部分相同的数据。在使用 Excel 进行报表处理时，我们常常会输入部分重复的数据，比如同一地区的身份证号码、银行代发工资的职工账号，前面部分是相同的数字组合。实现步骤如下。

① 选定设置格式的单元格；

② 右键选择"设置单元格格式"命令或按住"Ctrl＋1"键或通过菜单选择，打开"单元格格式"对话框；

③ 单击"数字"选项卡，选择"自定义"选项，任选一种内置格式在"类型"框中输入重复部分的数字，如某单位职工银行账号的前 8 位数字"12345678"（一定要在数字上加上双引号，后面带上"♯"符号），单击"确定"按钮后退出。

（4）在工作组的一个单元格或多个单元格中快速录入相同的数据。实现步骤如下。

① 将工作簿中多张工作表组合成工作组。组合的方法是按住"Ctrl"键，同时用鼠标依次单击需要的工作表标签，就可以同时选定多个工作表组成工作组。如果需要选定的工作表为连续排列的工作表，可以单击其中第一个工作表标签，然后按 Shift 键，再单击连续工作表中的最后一个工作表标签，即可同时选定。若需要选定当前工作簿中的所有工作表组成工

作组,可以在工作表标签上单击右键,在弹出的快捷菜单上选择"选定全部工作表"。

② 在当前工作表中选定目标单元格,按照在单个单元格中录入数据的方法键入相关数据。即可实现在工作组中多个工作表中录入相同的数据。

③ 完成数据录入后,可采用以下方法取消工作组:单击工作组以外的工作表标签,或者是在工作表标签上单击右键,在弹出的快捷菜单上选择"取消组合工作表"。

2. 单元格数据的快速填充

(1) 填充相同数据。某单元格的内容需要复制到其他单元格时,通常可点击该单元格右下角的填充柄,鼠标箭头随之变为黑色十字形,按住鼠标左键向上下左右的任一方向拖动,然后松开鼠标左键,该单元格的内容即被填充到相关单元格。

(2) 填充序列。序列是指按照某种规律排列的一列数据,如等差数列、等比数列等。使用填充柄可自动根据已填入的数据填充序列的其他数据,实现步骤如下。

① 在一个单元格中键入起始值。

② 在下一个单元格中再键入一个值,建立一个模式。例如,如果要使用序列1、2、3、4、5……在前两个单元格中分别输入1和2,选中包含起始值的单元格。

③ 选中上述两个单元格,拖动填充柄(位于选定区域右下角的小黑方块,将鼠标指向填充柄时,鼠标的指针更改为黑十字)到要填充的最后一个单元格,则可涵盖要填充的整个范围。

(3) 指定填充序列的类型。利用自动填充功能填充序列后,可以指定序列类型,如填充日期值时,可以指定按月填充、按年填充或者按日填充等。

拖动填充柄并释放鼠标时,鼠标箭头附近出现"自动填充选项"按钮,单击该按钮打开下拉菜单以选择填充序列的类型。

3. 导入其他数据库的数据

Excel 可以获取 SQL Server、Access 等数据库的数据,实现与小型数据库管理系统的交互。

三、公式的应用

1. 公式的概念及其构成

公式是指由等号、运算体和运算符在单元格中按特定顺序连接而成的运算表达式。运算体是指能够运算的数据或者数据所在单元格的地址名称、函数等;运算符是使 Excel 自动执行特定运算的符号。Excel 中,运算符主要有四种类型:算术运算符、比较运算符、文本运算符和引用运算符。

Excel 中,公式总是以等号开始,以运算体结束,相邻的两个运算体之间必须使用能够正确表达二者运算关系的运算符进行连接。即公式的完整表达式按以下方式依次构成:等号、第一个运算体、第一个运算符、第二个运算体,以下类推,直至最后一个运算体。

2. 公式的创建

Excel 中,创建公式的方式包括手动输入和移动点击输入。

手动输入公式时如有小圆括号,应注意其位置是否适当以及左括号是否与右括号相匹配。

当输入的公式中含有其他单元格的数值时，为了避免重复输入费时甚至出错，还可以通过移动鼠标去单击拟输入数值所在单元格的地址（即引用单元格的数值）来创建公式。

移动点击输入数值所在单元格的地址后，单元格将处于"数据点模式"。

3. 公式的编辑和修改

公式编辑和修改的方法如下。

双击公式所在的单元格直接在单元格内修改内容。

选中公式所在的单元格，按下"F2"键后直接在单元格内更改内容。

选中公式所在的单元格后单击公式编辑栏，在公式编辑栏中做相应更改。

需注意的是，在编辑或者移动点击输入公式时，不能随便移动方向键或者单击公式所在单元格以外的单元格，否则单元格内光标移动之前的位置将自动输入所移至单元格的地址名称。

4. 公式的运算次序

对于只由一个运算符或者多个优先级次相同的运算符（如既有加号又有减号）构成的公式，Excel 将按照从左到右的顺序自动进行智能运算。但对于由多个优先级次不同的运算符构成的公式，Excel 则将自动按照公式中运算符优先级次从高到低进行智能运算。

为了改变运算优先顺序，应将公式中需要最先计算的部分使用一对左右小圆括号括起来，但不能使用中括号。公式中左右小圆括号的对数超过一对时，Excel 将自动按照从内向外的顺序进行计算。

5. 公式运算结果的显示

Excel 根据公式自动进行智能运算的结果默认显示在该公式所在的单元格里，编辑栏则相应显示公式表达式的完整内容。该单元格处于编辑状态时，单元格也将显示等号及其运算体和运算符，与所对应编辑栏显示的内容相一致。

6. 将公式运算结果转换为数值

采用复制粘贴的方法将公式原地复制后，进行选择性粘贴，但只粘贴数值。

7. 单元格的引用

单元格引用是指在不同单元格之间建立链接，以引用来自其他单元格的数据。引用的作用在于标识工作表上的单元格或单元格区域，并指明公式中所使用的数据的位置。

通过引用，可以在公式中使用工作表不同部分的数据，或者在多个公式中使用同一单元格的数值，常用的单元格引用分为相对引用、绝对引用和混合引用三种。此外还可以引用同一工作簿不同工作表的单元格，不同工作簿的单元格，甚至其他应用程序中的数据。

（1）引用的类型

① 相对引用。如果公式使用的是相对引用，公式记忆的是源数据所在单元格与引用源数据的单元格的相对位置，当复制使用了相对引用的公式到别的单元格式，被粘贴公式中的引用将自动更新，数据源将指向与当前公式所在单元格位置相对应的单元格。在相对引用中，所引用的单元格地址的列坐标和行坐标前面没有任何标示符号。Excel 默认使用的单元格引用是相对引用。

② 绝对引用。如果公式使用的是绝对引用，公式记忆的是源数据所在单元格在工作表中的绝对位置，当复制使用了绝对引用的公式到别的单元格式，被粘贴公式中的引用不会更

新,数据源仍然指向原来的单元格。在绝对引用中,所引用的单元格地址的列坐标和行坐标前面分别加入标示符号"$"。如果要使复制公式时数据源的位置不发生改变,应当使用绝对引用。

③ 混合引用。混合引用是指所引用单元格地址的行标与列标中只有一个是相对的,可以发生变动,而另一个是绝对的。

(2) 输入单元格引用。在 Excel 中输入公式时,在公式中可以直接输入单元格的地址引用单元格,也可以使用鼠标或键盘的方向键移点选择单元格。只要正确使用 F4 键,就能简单地对单元格的相对引用和绝对引用进行切换。比如在某单元格输入公式"=SUM(B4:B8)"。选中整个公式,按下 F4 键,该公式内容变为"=SUM($B$4:$B$8)"。

(3) 跨工作表单元格引用。跨工作表单元格引用是指引用同一工作簿里其他工作表中的单元格,又称三维引用,需要按照以下格式进行跨引用:

工作表名!数据源所在单元格地址

(4) 跨工作簿单元格引用。跨工作簿单元格引用是指引用其他工作簿中的单元格,又称外部引用,需要按照以下格式进行跨工作簿引用:

[工作簿名]工作表名!数据源所在单元格地址

四、函数的应用

在 Excel 中,利用函数可以快速执行有关计算。

函数的基本格式是:函数名(参数序列)。参数序列是用于限定函数运算的各个参数,这些参数除中文外都必须使用英文半角字符。函数只能出现在公式中。

1. 统计函数

(1) MAX 函数

函数名称:MAX。

主要功能:求出一组数中的最大值。如果参数中有文本或逻辑值,则忽略。

使用格式:MAX(number 1,number 2…)。

参数说明:number 1,number 2…代表需要求最大值的数值或引用单元格(区域),参数不超过 30 个。

应用举例:输入公式=MAX(E44:J44,7,8,9,10),确认后即可显示出 E44 至 J44 单元及区域和数值 7,8,9,10 中的最大值。

(2) MIN 函数

函数名称:MIN。

主要功能:求出一组数中的最小值。

使用格式:MIN(number 1,number 2…)。

参数说明:number 1,number 2…代表需要求最小值的数值或引用单元格(区域),参数不超过 30 个。

应用举例:输入公式=MIN(E44:J44,7,8,9,10),确认后即可显示出 E44 至 J44 单元及区域和数值 7,8,9,10 中的最小值。

(3) SUM 函数

函数名称：SUM。

主要功能：计算所有参数数值的和。

使用格式：SUM（number 1，number 2…）。

参数说明：number 1，number 2…代表需要计算的值，可以是具体的数值或引用的单元格（区域）、逻辑值等。

应用举例：输入公式＝SUM（E44：J44），确认后即可显示出 E44 至 J44 单元及区域所有参数数值的和。

（4）AVERAGE 函数

函数名称：AVERAGE。

主要功能：求出所有参数的算术平均值。

使用格式：AVERAGE（number 1，number 2…）。

参数说明：number 1，number 2…需要求平均值的数值或引用单元格（区域），参数不超过 30 个。

应用举例：在 B8 单元格中输入公式＝AVERAGE（B7：D7，F17：H7，7，8），确认后，即可求出 B7 至 D7 区域、F7 至 H7 区域中的数值和 7、8 的平均值。

（5）COUNT 函数

函数名称：COUNT。

主要功能：计算包含数字以及包含参数列表中的数字的单元格的个数。利用函数 COUNT 可以计算单元格区域或数字数组中数字字段的输入项个数。

使用格式：COUNT（value 1，value 2…）。

参数说明：value 1，value 2…为包含或引用各种类型数据的参数（1～30 个），但只有数字类型的数据才被计算。函数 COUNT 在计数时，将把数字、日期或以文本代表的数字计算在内，但是错误值或其他无法转换成数字的文字将被忽略。

应用举例：＝COUNT（A2：A8）计算 A2：A8 数据中包含数字的单元格的个数。COUNT（A2：A8，2）计算上列数据中包含数字的单元格以及包含数值 2 的单元格的个数。

2. 逻辑函数

函数名称：IF。

主要功能：根据对指定条件的逻辑判断的真假结果，返回相对应的内容。

使用格式：IF（logical，value if true，value if false）。

参数说明：logical 代表逻辑判断表达式；value if true 表示当判断条件为逻辑"真（true）"时的显示内容；value if false 表示当判断条件为逻辑"假（false）"时的显示内容。

应用举例：在 C29 单元格中输入公式＝IF（C26＞＝18，"符合要求"，"不符合要求"），回车确认，如果 C26 单元格中的数值大于或等于 18，则 C29 单元格显示"符合要求"字样，反之显示"不符合要求"字样。

3. 基本财务函数

（1）DDB 函数

函数名称：DDB。

主要功能：双倍余额递减法在不考虑固定资产预计净残值的情况下，根据每期期初固定资产净值和双倍的直线法折旧率计算固定资产折旧额的一种方法。

使用格式：DDB（cost，salvage，life，period，factor）。

参数说明：cost 为固定资产原值；

salvage 为固定资产在折旧期末的价值（有时也称为资产残值），此值可以是 0；

life 为固定资产的折旧期限（有时也称作资产的使用寿命）；

period 为需要计算折旧值的期间，period 必须使用与 life 相同单位；

factor 为余额递减速率。

应用举例：公式"DDB（600 000，60 000，5，1）"表示，原值是 600 000、净残值是 60 000、使用寿命是 5 年的资产按双倍余额递减法计算第 1 年的折旧额，返回结果为 240 000。注意，不能使用 DDB 函数计算最后两期的折旧额，最后两期要把未提完的折旧平均分摊。

（2）SLN 函数

函数名称：SLN。

主要功能：返回某项资产在一个期间中的线性折旧值。

使用格式：SLN（cost，salvage，life）。

参数说明：cost 为资产原值；

salvage 为固定资产在折旧期末的价值（有时也称为资产残值）；

life 为固定资产的折旧期限（有时也称作资产的使用寿命）。

应用举例：公式"LSN（300 000，30 000，10）"表示原值是 300 000、净残值是 30 000、使用寿命是 10 年的资产按直线法计提折旧时每年的折旧额，返回结果为 27 000 元。

（3）SYD 函数

函数名称：SYD。

主要功能：利用年限总和法计提折旧。

使用格式：SYD（cost，salvage，life，period）。

参数说明：cost 为固定资产原值；

salvage 为固定资产在折旧期末的价值（有时候称为资产残值）；

life 为固定资产的折旧期限（有时也称作资产的使用寿命）；

period 为需要计算折旧值的期间，其单位与 life 相同。

五、数据的管理与分析

在数据清单下，可以执行排序、筛选、分类汇总、插入图表和数据透视表等数据管理和分析功能。

1. 数据的排序

数据的排序是指在数据清单中，针对某些列的数据，通过数据菜单或功能区中的排序命令来重新组织行的顺序。

（1）快速排序。使用快速排序的操作步骤为：

① 在数据清单中选定需要排序的各行记录；

② 执行工具栏或功能区中的排序命令。

(2) 自定义排序。使用自定义排序的操作步骤为：

① 在"数据"菜单或功能区中打开"排序"对话框；

② 在"排序"对话框中选定排序的条件、依据和次序。

2. 数据的筛选

数据的筛选是指利用"筛选"命令对数据清单中的指定数据进行查找和其他工作。筛选后的数据清单仅显示那些包含了某一特定值或符合一组条件的行，暂时隐藏其他行。通过筛选，用户可以快速查找信息，不但可以控制需要显示的内容，而且还能够控制需要排除的内容。

Excel 中提供了两种数据的筛选操作，即自动筛选和高级筛选。自动筛选是一种快速的筛选方法，它可以方便地将那些满足条件的记录显示在工作表上；高级筛选可进行复杂的筛选，挑选出满足多重条件的记录。

(1) 快速筛选　快速筛选也叫自动筛选，一般用于简单的条件筛选，筛选时将不满足条件的数据暂时隐藏起来，只显示符合条件的数据。

具体操作如下。

① 在数据清单中选定任意单元格或需要筛选的列；

② 执行"数据"菜单或功能区中的"筛选"命令；第一行的列标识单元格右下角出现向下的三角图标；

③ 单击适当列的第一行，在弹出的下拉列表中取消"全选"，然后勾选筛选条件，单击"确定"即可筛选出满足条件的记录。

(2) 高级筛选。使用高级筛选的操作步骤如下。

① 编辑条件区域；

② 打开"高级筛选"对话框；

③ 选定或输入"列表区域"和"条件区域"，单击"确定"按钮。

(3) 清除筛选。对经过筛选后的数据清单进行第二次筛选时，之前的筛选将被清除。

3. 数据的分类汇总

数据的分类汇总是指在数据清单中按照不同类别对数据进行汇总统计。分类汇总采用分级显示的方式显示数据，可以收缩或展开工作表的行数据或列数据，实现各种汇总统计。

(1) 创建分类汇总。需设置采用的"汇总方式"和"选定汇总项"的内容，数据清单将以选定的"汇总方式"按照"分类字段"分类统计，将统计结果记录到选定的"选定汇总项"列下，同时可以通过单击级别序号实现分级查看汇总结果。

(2) 清除分类汇总。打开"分类汇总"对话框后，单击"全部删除"按钮即可取消分类汇总。

4. 数据透视表的插入

数据透视表是根据特定数据源生成的，可以动态改变其版面布局的交互式汇总表格。数据透视表不仅能够按照改变后的版面布局自动重新计算数据，而且能够根据更改后的原始数据或数据源来刷新计算结果。

(1) 数据透视表的创建。单击"数据"菜单中的"数据透视表和数据透视图"命令项，接着按照"数据透视表和数据透视图向导"提示进行相关操作可创建数据透视表。

数据透视表的布局框架由页字段、行字段、列字段和数据项等要素构成，可以通过需要选择不同的页字段、行字段、列字段，设计出不同结构的数据透视表。

(2) 数据透视表的设置

① 重新设计版面布局。在"数据透视表工具"菜单中，选择不同的字段，拖放到相应位置，报表的版面布局就会立即自动更新。拖放的位置不同，产生不同的透视效果。

② 设置值的汇总依据。值的汇总依据有求和、计数、平均值、最大值、最小值、乘积、数值计数、标准偏差、总体偏差、方差和总体方差。

③ 设置值的显示方式。值的显示方式有"无计算""百分比""升序排列""降序排列"等。设置方法是通过右键计数项单元格，在"值显示方式"菜单中选择。

④ 进行数据的筛选。分别对报表的行和列进行数据的筛选，系统会根据条件自行筛选出符合条件的数据列表。

⑤ 设定报表样式。数据透视表中，既可通过单击"自动套用格式"（适用于 Excel 2003，单击"格式"菜单后进入）或"套用报表格式"（适用于 Excel 2013）按钮选用系统自带的各种报表样式，也可通过设置单元格格式的方法自定义报表样式。

5. 图表的插入

框选需要生成图表的数据清单、列表或者数据透视表，选择"插入"菜单中的"图表"菜单，按照相关步骤操作可完成图表的插入。

图表不仅可以根据需要分别输入标题和各轴所代表的数据含义，而且可以适当调整大小及其位置。

任务六　实 战 演 练

一、背景资料

(1) 单位名称：友爱科技有限公司，单位简称：友爱。

(2) 企业类型：工业，采用 2007 年新会计准则进行核算。

(3) 记账本位币：人民币（RMB），但拥有中行美元存款，有外币核算。

(4) 币符：USD。币名：美元。1月份记账汇率：6.5。

(5) 启用会计期间：2012 年 1 月（会计期间设置 2012 年 1 月 1 日至 2012 年 12 月 31 日）。

(6) "账务处理""固定资产核算""工资"模块的启用日期为 2012 年 1 月 1 日。

(7) 该企业进行经济业务处理时，需要外币核算，不需要对存货、客户、供应商进行分类。

(8) 科目编码级次：42222。其他：默认。

(9) 其他信息如表 4-1～表 4-12 所示。

表 4-1 操作员信息

编号	姓名	口令（密码）	所属部门
364	李婷	1	财务部
202	王大刚	2	财务部

李婷为财务主管，王大刚具有"公共目录设置"和"账务处理"的全部权限。

表 4-2 部门档案

部门编码	部门名称
1	管理部
2	财务部
3	采购部
4	销售部

表 4-3 人员档案

职员编号	职员姓名	所属部门
101	张立	管理部
202	王大刚	财务部
301	刘丽	采购部
401	孙飞	销售部

表 4-4 客户档案

客户编码	客户名称	客户简称
001	育才中学	育才
002	大同科技有限公司	大同

表 4-5 供应商档案

供应商编码	供应商名称	供应商简称
001	迅达科技有限公司	迅达
002	同力发展有限公司	同力

表 4-6 凭证类别

凭证类别	限制类型	限制科目
收款凭证	借方必有	1001,1002
付款凭证	贷方必有	1001,1002
转账凭证	凭证必无	1001,1002

表 4-7 结算方式

结算方式编码	结算方式名称
1	现金结算
2	支票
3	汇票
4	其他

表 4-8 会计科目表

科目编码	科目名称	方向	辅助核算
1001	库存现金	借	
1002	银行存款	借	
100201	工行存款	借	
100202	中行存款	借	
		借	美元
1122	应收账款	借	客户往来(无受控系统)
1221	其他应收款	借	个人往来
1403	原材料	借	
1405	库存商品	借	
140501	硬件	借	数量核算(台)
140502	软件	借	数量核算(套)
1601	固定资产	借	
1602	累计折旧	贷	
2001	短期借款	贷	
2202	应付账款	贷	供应商往来(无受控系统)
2221	应交税费	贷	
222101	应交增值税	贷	
22210101	进项税额	贷	
22210102	销项税额	贷	
2231	应付利息	贷	
4001	实收资本	贷	
4104	利润分配	贷	
410401	未分配利润	贷	
5001	生产成本	借	
6602	管理费用	借	
660201	工资	借	部门核算
660202	办公费	借	部门核算
660203	差旅费	借	部门核算
660204	其他	借	部门核算

表 4-9　期初余额表

科目编码	科目名称	方向	辅助核算	期初余额
1001	库存现金	借		5 000
1002	银行存款	借		1 200 000
100201	工行存款	借		1 135 000
100202	中行存款	借		65 000
		借	美元	10 000
1122	应收账款	借	客户往来(无受控系统)	58 500
1221	其他应收款	借	个人往来	5 000
1403	原材料	借		38 000
1405	库存商品	借		750 000
140501	硬件	借	数量核算(台)	350 000(100 台)
140502	软件	借	数量核算(套)	400 000(1000 套)
1601	固定资产	借		500 000
1602	累计折旧	贷		150 000
2001	短期借款	贷		200 000
2202	应付账款	贷	供应商往来(无受控系统)	70 200
2221	应交税费	贷		
222101	应交增值税	贷		
22210101	进项税额	贷		
22210102	销项税额	贷		
2231	应付利息	贷		
4001	实收资本	贷		2 000 000
4104	利润分配	贷		396 300
410401	未分配利润	贷		396 300
5001	生产成本	借		260 000
6602	管理费用	借		
660201	工资	借	部门核算	
660202	办公费	借	部门核算	
660203	差旅费	借	部门核算	
660204	其他	借	部门核算	

表 4-10　客户辅助余额

科目编码	日期	客户	摘要	票号	方向	金额
1122	2011-12-31	育才	销售商品	1234	借	58 500

表 4-11　个人辅助余额

科目编码	日期	部门	个人	摘要	方向	期初金额
1221	2011-12-20	管理部	张立	出差借款	借	5 000

表 4-12　供应商辅助余额

科目编码	日期	供应商	摘要	票号	方向	金额
2202	2011-12-25	迅达	采购原材料	5678	贷	70 200

注：表中只列出了需要修改和增加的会计科目，以及有期初余额数据的科目。

本月发生下列业务，请完成账套相关操作。

（1）1月2日，财务部从工行提取现金5 000元，作为备用金（支票号ZP001）。

借：库存现金　　　　　　　　　　　　　　　　　　　　　　　　　5 000

　　贷：银行存款——工行存款　　　　　　　　　　　　　　　　　5 000

（2）1月5日，销售部孙飞购买800元礼品，用现金支付。

借：销售费用　　　　　　　　　　　　　　　　　　　　　　　　　800

　　贷：库存现金　　　　　　　　　　　　　　　　　　　　　　　800

（3）1月10日采购部向迅达公司采购原材料，已验收入库，货款60 000，税率17%，款项未付。

借：原材料　　　　　　　　　　　　　　　　　　　　　　　　　　60 000

　　应交税费——应交增值税——进项税额　　　　　　　　　　　　10 200

　　贷：应付账款　　　　　　　　　　　　　　　　　　　　　　　70 200

（4）1月12日，管理部张立出差归来，报销差旅费5 000元。

借：管理费用　　　　　　　　　　　　　　　　　　　　　　　　　5 000

　　贷：其他应收款　　　　　　　　　　　　　　　　　　　　　　5 000

（5）1月15日，销售部向育才中学销售硬件50台，单价4 000元，货物已发出，款未收，税率为17%。

借：应收账款　　　　　　　　　　　　　　　　　　　　　　　　　234 000

　　贷：主营业务收入　　　　　　　　　　　　　　　　　　　　　200 000

　　　　应交税费——应交增值税——销项税额　　　　　　　　　　34 000

（6）1月20日，销售部收到育才中学的一张转账支票，金额58 500元，票号ZP002，用以偿还以前所欠货款。

借：银行存款——工行存款　　　　　　　　　　　　　　　　　　　58 500

　　贷：应收账款　　　　　　　　　　　　　　　　　　　　　　　58 500

（7）1月25日，采购部开出一张转账支票，金额70 200元，票号ZP003，用以支付讯达公司的货款。

借：应付账款　　　　　　　　　　　　　　　　　　　　　　　　　70 200

　　贷：银行存款——工行存款　　　　　　　　　　　　　　　　　70 200

（8）生成计提短期借款利息的自定义转账凭证（年利率9%）。

（9）生成期间损益结转凭证（收入、支出可以合并结转）。

（10）编制报表。

二、业务流程

下面以原上海市会计从业资格电算化考试软件为示范，介绍电算化核算流程。

1. 启动和注册系统管理

开始→程序→会计电算化通用教学软件→系统管理→系统→注册

如图 4-8 所示，以系统管理员身份登录，用户名为 admin，密码为空。

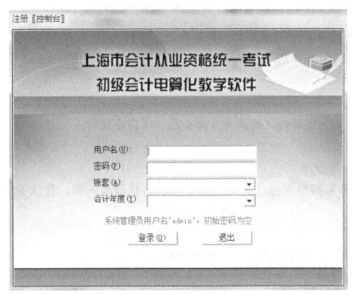

图 4-8　输入注册信息

2. 新增操作员

在图 4-9 系统管理平台，单击"权限"选择"操作员"，进入操作员管理，如图 4-10 所示。

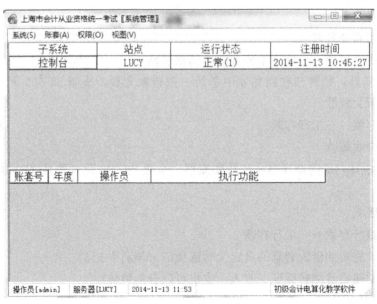

图 4-9　系统管理平台

单击"增加"，如图 4-11 所示输入操作员信息。

继续增加操作员，输入王大刚的操作员信息，最后按回车键，或者再按"增加"，然后

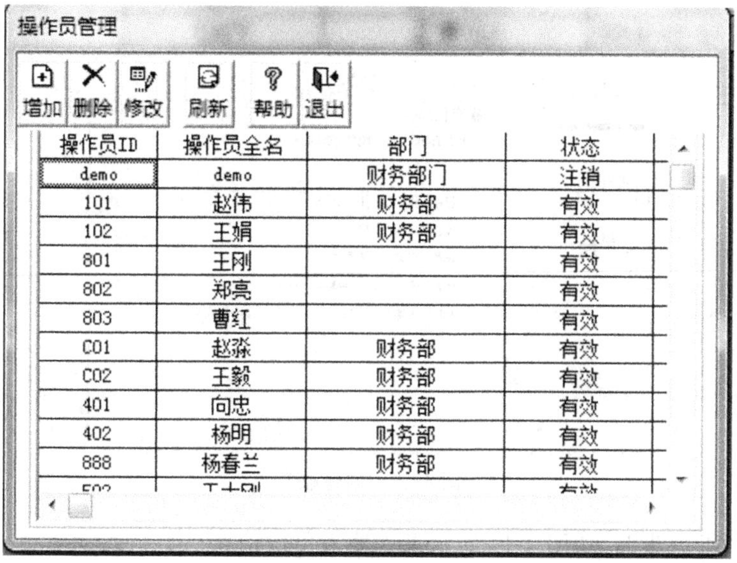

图 4-10 操作员设置

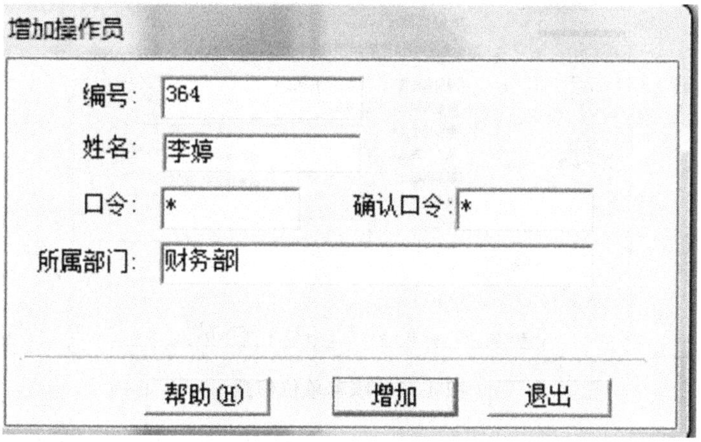

图 4-11 输入操作员信息

退出。

3. 新建账套

操作流程如图 4-12 所示。

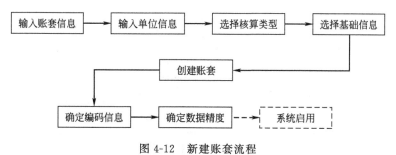

图 4-12 新建账套流程

（1）用系统管理员登录，在图 4-9 界面单击"账套"——新建，如图 4-13 所示录入友爱账套信息。

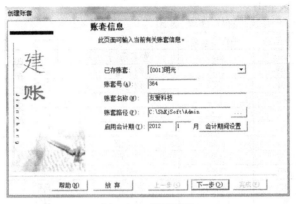

图 4-13　创建账套

（2）单击"下一步"，如图 4-14 所示录入输入单位信息。
单位名称：友爱科技有限公司。单位简称：友爱科技。

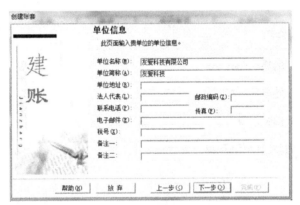

图 4-14　账套单位信息

（3）单击"下一步"，如图 4-15 所示输入核算类型。注意账套主管为李婷，勾选"按行业性质预置科目"。

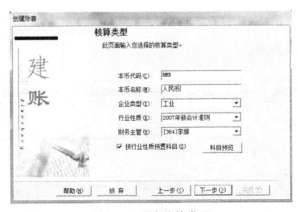

图 4-15　账套核算类型

（4）单击"下一步"，如图 4-16 所示勾选基础信息。

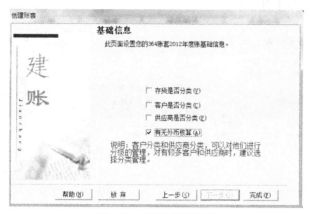

图 4-16　账套基础信息

（5）单击"完成"，如图 4-17 所示修改科目编码方案。

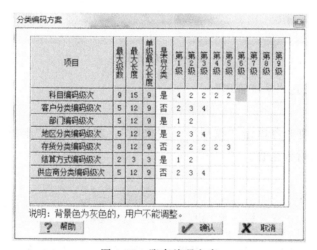

图 4-17　账套编码方案

（6）单击"确认"，如图 4-18 所示进入"系统启用"。

图 4-18　开始创建账套

单击"是",如图4-19所示根据需要启用"账务处理、工资核算、固定资产核算"模块,启用日期为2012年1月1日。

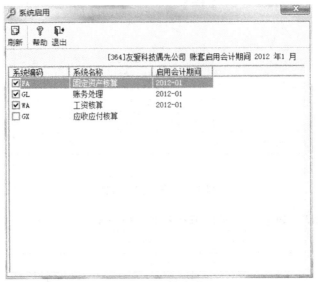

图4-19　启用模块

单击"退出",回到"系统管理"。

4. 权限分配

在图4-9系统管理平台单击"权限"——"权限",左边点击"李婷",如图4-20所示,李婷已经被指定为为财务主管。

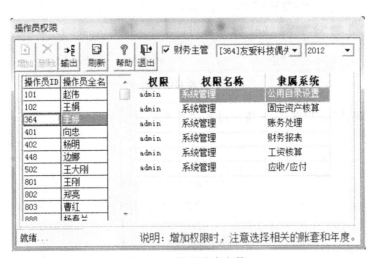

图4-20　设置账套主管

继续设置王大刚具有"公共目录设置"的全部权限。

左边点击"王大刚",上边选择"友爱"和"2012",点击"增加"。

双击左边"公共目录设置",如图4-21所示,勾选右边全部选项。

单击"确定",退出系统管理。

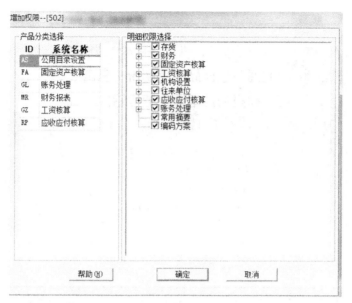

图 4-21 增加操作员权限

5. 账套初始化

启动"初级会计电算化教学软件",如图 4-22 所示。

图 4-22 进入电算化教学软件

点击"进入",点击"打开账套",如图 4-23 所示,以账套主管的身份登录账套进行初始化。

注意登录日期为 2012 年 1 月 1 日。

单击"登录",单击左边显示的任务栏中"初始化设置",点击右边对应图标开始基础设置。基础设置内容如图 4-24 所示。

(1) 设置部门档案,增加 1 条记录,保存 1 次。

(2) 设置人员档案,增加 1 条记录,保存 1 次。

(3) 设置客户档案,增加 1 条记录,保存 1 次。

(4) 设置供应商档案,增加 1 条记录,保存 1 次。

图 4-23　账套主管登录

图 4-24　基础设置

（5）设置外币及汇率。因为新建账套时基础信息有勾选外币核算，需要设置币种以及期初汇率，如图 4-25 所示。

输入币符：USD。币名：美元。单击"确认"，在对应的会计期间栏录入记账汇率 6.5。

（6）设置凭证类别，如图 4-26 所示选择分为收款、付款、转账三类凭证。

图 4-25 设置外币种类及汇率

图 4-26 设置凭证类别

如图 4-27 所示录入限制类型，限制科目可以直接录入科目编码，注意逗号为英文状态下半角。

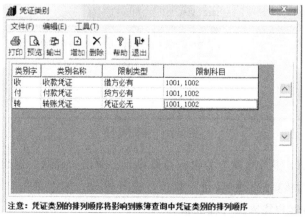

图 4-27 凭证类别限制

(7) 设置结算方式，增加1条记录，保存1次。

(8) 设置会计科目。如图4-28所示，系统已按行业性质预置会计科目表，只需在此基础上进行指定科目、修改科目、新增科目等操作。

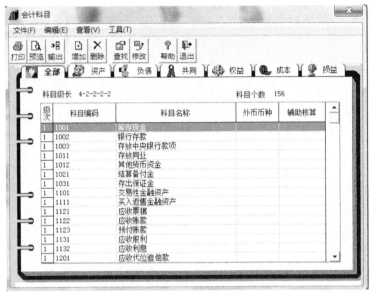

图4-28　预置会计科目表

① 单击"编辑"—"指定科目"，进行科目指定。

如图4-29所示单击"现金总账科目"，单击"1001库存现金"，单击">"。

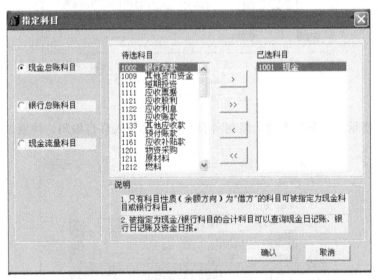

图4-29　指定科目

同理，指定"1002银行存款"为银行总账科目。单击"确认"退出。

② 选中需要辅助核算的总账科目，双击，进行修改，然后单击"确认"。如图4-30所示修改应收账款为按客户往来进行辅助核算。

③ 增加明细科目，单击"增加"，如图4-31所示录入明细科目编码、中文名称、辅助

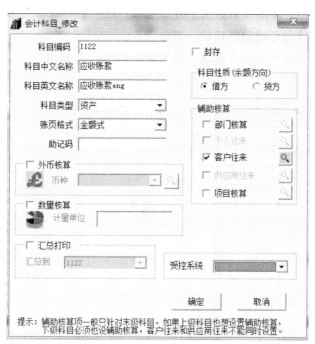

图 4-30 修改既有会计科目

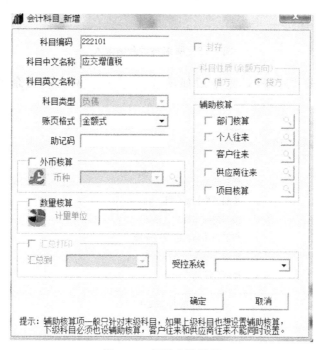

图 4-31 新增会计科目

核算信息后单击"确认"。

(9) 录入期初余额。初次使用账务处理子系统时,应将各账户的期初余额录入计算机。执行"账务处理初始设置"——期初余额,必须严格按照科目余额表依次录入,部分总账科目余额会在录入末级科目以及辅助核算科目余额后自动生成。有数量或者外币核算的科目,必须先录入本币金额后，才能录入数量、外币金额。红字余额用"-"号输入。

蓝色部分余额要求进行辅助核算的，双击录入。

黄色区域需要先录入末级科目余额。录入完毕如图 4-32 所示。

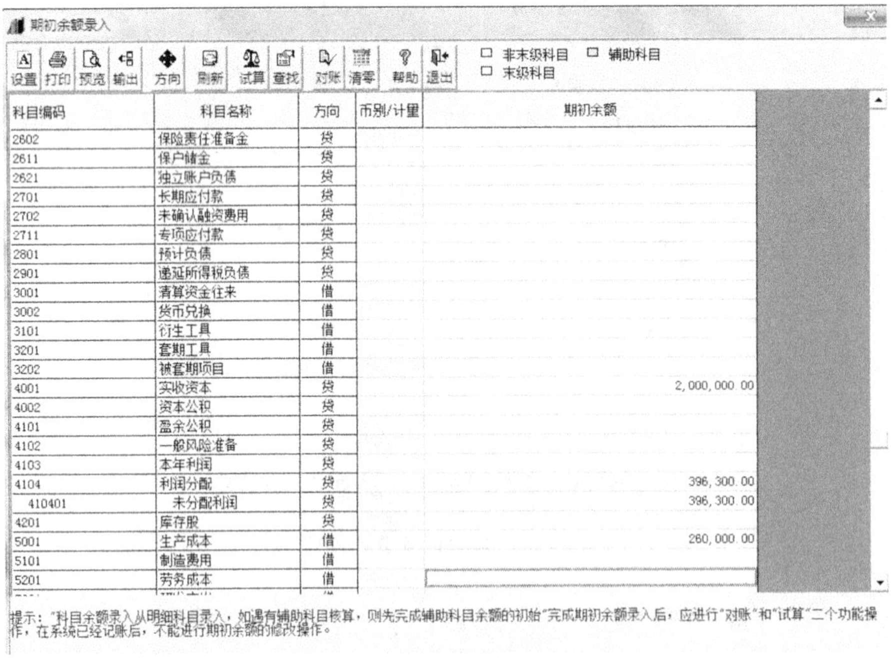

图 4-32　明细科目余额录入

在图 4-32 中单击"对账"，完毕后如图 4-33 所示，说明期初余额录入正确，单击"退出"。

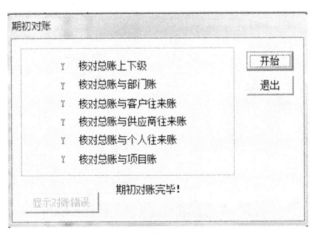

图 4-33　期初余额对账

在图 4-32 中单击"试算"并确认。

6. 填制凭证

启动"初级会计电算化教学软件"，以账套主管身份打开友爱科技账套，注意登录时间为月末。单击左边"账务处理"，出现账务处理流程图，如图 4-34 所示。

图 4-34 账务处理

单击"填制凭证",单击"增加",选择凭证种类,输入日期和相关信息。摘要要求简洁明了。科目必须输入末级科目,也可以参照输入。保存后,制单人员自动签名。

在"填制凭证"处单击左右箭头,可以查询到全部尚未记账的凭证。

(1) 修改凭证。无痕迹修改,仅限于未记账、未审核。在"填制凭证"窗口中,翻找要修改的凭证,直接修改即可。需要修改辅助项信息时,首先选中有辅助核算的科目,然后将光标置于备注栏辅助项处,鼠标变为笔形时双击,会弹出"辅助项"对话框,进行修改。

(2) 作废及删除凭证。在"填制凭证"中,执行"制单"—作废/恢复。该凭证左上方会显示红色"作废"标志。然后再删除凭证。

① 作废凭证不能修改、不能审核,但能记账。

② 查询账簿时,查不到作废凭证数据。

③ 可取消作废。

 提醒您

冲销凭证

如果错误凭证已经记账,应当进行有痕迹修改。在系统中"填制凭证",执行"制单"—冲销凭证,将增加一张红字凭证,视同正常凭证保存和管理,再增加一张正确的蓝字凭证。

---

7. 查询凭证

此处可以查询全部凭证。

8. 审核凭证

审核人不能是制单人自己,必须重新注册。在图 4-34 中单击"审核凭证"。单张审核或者成批审核皆可。如图 4-35 所示,审核完毕后签名。

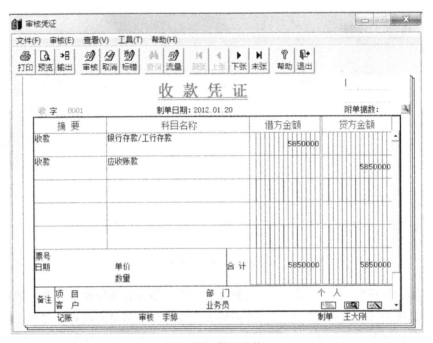

图 4-35 凭证审核

9. 记账

以有授权的操作员身份进行记账。记账之前,系统自动进行硬盘备份,保存记账前的数据,一旦记账异常中断,可以使用这个备份将系统恢复到记账前状态。

单击"记账"后,选择记账范围如图 4-36 所示,全选后,单击"确认",开始记账。图 4-37 是对记账的本期发生额进行试算平衡,平衡则单击"确认"。记账完毕如图 4-38 所示。

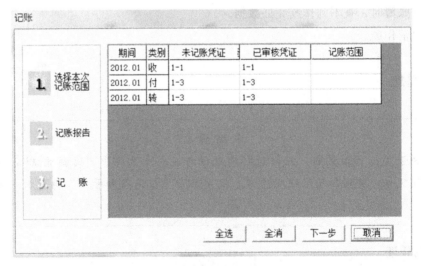

图 4-36 选择记账范围

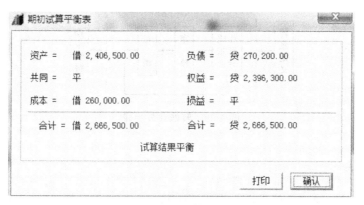

图 4-37　试算平衡

图 4-38　记账完毕

 提醒您

取消记账

　　在期末对账时，如果发现账簿差错较多，可以按下＜Ctrl＞+＜H＞后，激活"恢复记账前状态"功能，只有账套主管才能操作，已结账月份不能恢复到记账前状态。

10. 账簿查询

可以查询总账、发生额及余额表、明细账等。

11. 月末转账

如图 4-39 所示，期末需要先进行转账定义（如自定义转账和期间损益结转），然后生成凭证（除期间损益结转），审核、记账。在生成期间损益结转凭证、审核、记账。

（1）设置自定义转账。依次执行"基础设置"—账务处理—转账定义—自定义转账。单击"增加"，出现转账目录对话框，录入转账序号、转账说明，选择"转账凭证"，单击"确定"。录入借方科目名称，方向为借，输入金额公式，单击"增行"，输入贷方科目名称，方

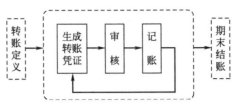

图 4-39 转账业务步骤

图 4-40 增加自定义转账

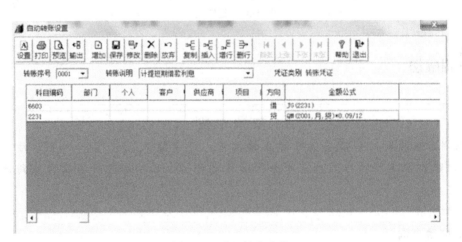

图 4-41 录入转账分录

向为贷，输入金额公式。单击"保存"。

如图 4-40、图 4-41 所示设置自定义转账，转账序号为 0001。转账说明：计提短期借款利息，年利率为 9%。

借：财务费用　JG（2231）　　　　　　　　　（取对方科目计算结果）

贷：应付利息　QM（2001，月，贷）×0.09/12

（短期借款期末贷方余额×年利率/12）

（2）期间损益结转凭证设置。依次执行"基础设置"—账务处理—转账定义—期间损益。将所有损益类科目结转到"4103 本年利润科目"中。

选择凭证类别：转账。本年利润科目：4103，如图 4-42 所示。

图 4-42　期间损益结转

单击"确定"。

（3）生成自定义转账凭证，操作如图 4-43～图 4-45 所示。

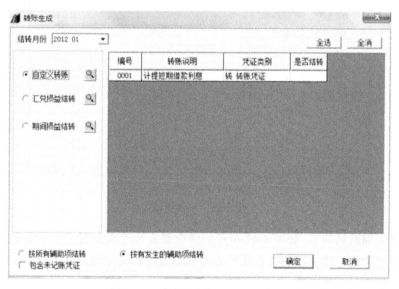

图 4-43　确定生成凭证的转账定义

保存，退出。

（4）审核该凭证。

（5）对该凭证记账。

（6）生成期间损益转账凭证。

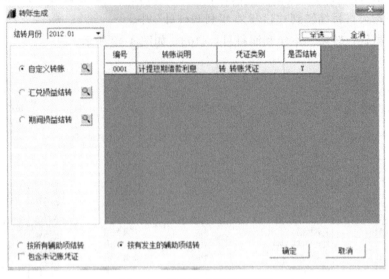

图 4-44　确定生成凭证的范围

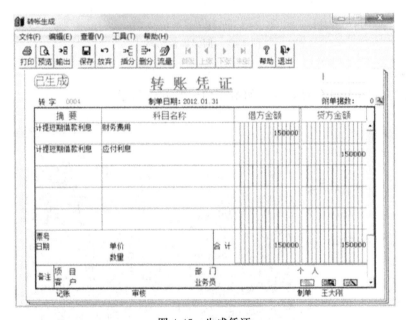

图 4-45　生成凭证

选择"期间损益结转",如图 4-46 所示结转全部损益类账户到"本年利润"。全选,确定结转范围。系统会自动生成期间损益结转凭证如图 4-47 所示。

(7) 审核凭证(换操作员)。

(8) 对该凭证记账。

12. 对账

单击"试算并对账",进行平衡检验,对账,保证账账相符。

13. 期末结账

注意要子系统先结账,然后才可以对账务处理模块结账。如果启用的子系统没有任何业

图 4-46 选择期间损益结转

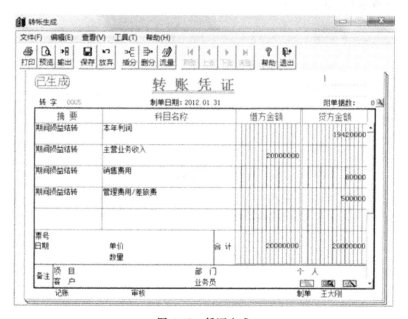

图 4-47 凭证生成

务的话，可以在系统启用中先进行注销。

14. 生成报表

（1）以账套主管身份登陆，单击左边"财务报表"系统，单击右边"按行业模板新建"。选择报表模板，如图 4-48 所示。

（2）左边选择"一般企业（2007 年新会计准则）"，右边选择"资产负债表"。单击"确认"，打开资产负债表模板。

（3）单击左下角的"格式"按钮，切换到数据状态，执行"数据"—关键字—录入，依次录入单位名称、年、月、日，如图 4-49 所示，单击"确认"。系统提示"是否重算第 1

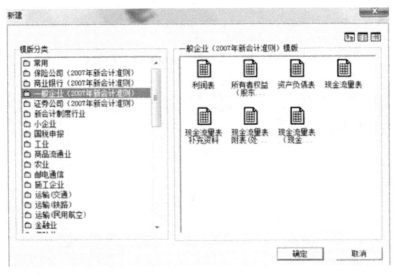

图 4-48　选择报表模板

页"(如图 4-50 所示),单击"是"。

图 4-49　关键字

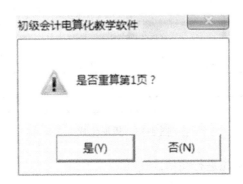

图 4-50　报表生成

(4) 系统会自动生成友爱科技公司 2012 年 1 月份的资产负债表,如图 4-51 所示。将生成的资产负债表按照要求保存。

(5) 同理,可以按照行业模板生成利润表,如图 4-52 所示。

三、操作要点

(1) 系统允许以两种身份注册进入系统管理。一是以系统管理员的身份;二是以账套

资产负债表

会企01表
单位名称:友爱科技有限公司　　2012年1月31日　　单位:元

资产	期末余额	年初余额	负债及所有者权益（或股东权益）	期末余额	年初余额
流动资产：			流动负债：		
货币资金	1,192,500.00	1,205,000.00	短期借款	200,000.00	200,000.00
交易性金融资产			交易性金融负债		
应收票据			应付票据		
应收账款	234,000.00	58,500.00	应付账款	70,200.00	70,200.00
预付款项			预收款项		
应收利息			应付职工薪酬		
应收股利			应交税费	23,800.00	
其他应收款		5,000.00	应付利息	1,500.00	
存货	1,108,000.00	1,048,000.00	应付股利		
一年内到期的非流动资产			其他应付款		
其他流动资产			一年内到期的非流动负债		
流动资产合计	2,534,500.00	2,316,500.00	其他流动负债		
非流动资产：			流动负债合计	295,500.00	270,200.00
可供出售金融资产			非流动负债：		
持有至到期投资			长期借款		
长期应收款			应付债券		
长期股权投资			长期应付款		
投资性房地产			专项应付款		
固定资产	350,000.00	350,000.00	预计负债		

图 4-51　资产负债表

利润表

会企02表
单位名称:友爱科技有限公司　　2012年1月　　单位:元

项目	本期金额	上期金额
一、营业收入	200000.00	
减：营业成本		
营业税金及附加		
销售费用	800.00	
管理费用	5,000.00	
财务费用	1,500.00	
资产减值损失		
加：公允价值变动收益（损失以"-"填列）		
投资收益（损失以"-"填列）		
其中：对联营企业和合营企业的投资收益		
二、营业利润（亏损以"-"号填列）	192,700.00	
加：营业外收入		
减：营业外支出		
其中：非流动资产处置损失		
三、利润总额（亏损总额以"-"号填列）	192,700.00	
减：所得税费用		
四、净利润（净亏损以"-"号填列）	192,700.00	
五、每股收益：		
（一）基本每股收益		
（二）稀释每股收益		

图 4-52　利润表

主管的身份。系统管理员是系统中权限最高的操作员，可管理所有账套。账套主管负责所选账套的维护工作，对所管辖的账套来说，账套主管级别最高，拥有所有模块的操作权限。

（2）操作员编号在系统中必须唯一，即使不同的账套，操作员的编号也不能重复。所设置的操作员一旦被引用，便不能被修改和删除。

（3）新建账套的账套号为 3 位数，不能与系统内已有账套账号重复，且必须输入。

（4）增加的会计科目编码长度及每段位数要符合编码规则。科目一经使用，就不能再增设下级科目。只能增加同级科目。

（5）期初余额录入，是将手工会计资料录用到计算机的过程之一。余额和累计发生额的录入要从最末级科目开始，上级科目的余额和累计发生额由系统自动计算。红字余额应输入负号。期初余额录入完毕后，应该试算平衡。期初余额试算不平衡，不能记账，但可以填制凭证。如果已经记过账，则不能再录入、修改期初余额，也不能执行"结转上年余额"功能。

（6）受控系统是指所设置的会计科目只能在某一模块下使用。系统默认的受控系统有两个：应收和应付。当会计科目设置为"客户往来"辅助核算时，系统默认受控系统为"应收"；当会计科目设置为"供应商往来"辅助核算时，系统默认受控系统为"应付"。指定受控系统的目的是为了避免账务处理系统和应收应付系统重复制单。如果某一科目，比如"应收账款""应付账款"受控了，意味着只能在应收或应付系统中使用该科目。所以要想在其他系统中也使用该科目制单，需要将"受控系统"设置为空。

（7）凭证内容：摘要不能为空，科目必须输入末级科目。输入时，可以输入科目编码、中文科目名称、英文科目名称或助记码等。金额不能为零，但可以是红字，红字以负数形式输入。采用序时控制时，凭证日期应大于等于启用日期，但不能超过业务日期。

（8）只有具有审核权的人才能进行审核操作。会计制度规定，审核和制单不能为同一人。审核人必须具有审核权。凭证一经审核，不能被修改、删除；只有取消审核签字后才可以修改或删除。已标记作废的凭证不能被审核，需先取消作废标记后才能审核。

（9）第一次记账时，若期初余额试算不平衡，不能记账。上月未记账，本月不能记账。未审核凭证不能记账，记账范围应小于等于已审核范围。作废凭证不需审核可直接记账。记账过程一旦断电或其他原因造成中断后，系统将自动调用"恢复记账前状态"恢复数据，然后再重新记账。

（10）转账生成之前，必须先将所有未记账凭证记账。生成的转账凭证，仍需审核和记账。生成转账凭证时必须注意转账的先后顺序。

（11）如果与其他子系统联合使用，在其他子系统未全部结账时，总账系统不能结账。取消结账的快捷键为：<Ctrl>＋<Shift>＋<F6>。

（12）关键字在格式状态下定义，其数值在数据状态下输入。关键字的位置可以用偏移量来表示，负数表示向左移，正数表示向右移。在调整时，可以通过输入正或负的数值进行调整。

小　结

（1）会计电算化是指将电子计算机技术应用到会计业务处理工作中，用计算机来辅助会计核算和管理，通过会计软件指挥计算机替代手工完成手工很难完成的会计工作，即电子计算机在会计应用中的代名词。

（2）会计软件是指专门用于会计核算和财务管理的计算机软件、软件系统或者其功能模块，包括一组指挥计算机进行会计核算与管理工作的程序、存储数据以及有关资料。

（3）会计软件的功能包括为会计核算、财务管理直接提供数据输入；生成凭证、账簿、报表等会计资料；对会计资料进行转换、输出、分析、利用。

（4）会计软件应当保障企业按照国家统一会计准则制度开展会计核算，不得有违背国家统一会计准则制度的功能设计。

（5）会计信息系统（accounting information system，AIS），是指利用信息技术对会计数据进行采集、存储和处理，完成会计核算任务，并提供会计管理、分析与决策相关会计信息的系统，其实质是将会计数据转化为会计信息的系统，是企业管理信息系统的一个重要子系统。

（6）完整的会计软件的功能模块包括账务处理模块、工资管理模块、固定资产管理模块、应收应付款管理模块、成本管理模块、报表管理模块、存货核算模块、财务分析模块、预算管理模块、项目管理模块、其他管理模块。

（7）系统初始化是系统首次使用时，根据企业的实际情况进行参数设置，并录入基础档案与初始数据的过程。系统初始化是会计软件运行的基础。它将通用的会计软件转变为满足特定企业需要的系统，使手工环境下的会计核算和数据处理工作得以在计算机环境下延续和正常运行。系统初始化的内容包括系统级初始化和模块级初始化。模块级初始化是针对某一应用功能模块的设置，如账务参数设置、固定资产折旧方式、往来单位设置、收付结算设置等。

（8）账套是指存放会计核算对象的所有会计业务数据文件的总称，账套中包含的文件有会计科目、记账凭证、会计账簿、会计报表等。一个账套只能保存一个会计核算对象的业务资料，这个核算对象可以是企业的一个分部，也可以是整个企业集团。

（9）用户是指有权登录系统，对会计软件进行操作的人员。管理用户主要是指将合法的用户增加到系统中，设置其用户名和初始密码，对不再使用系统的人员进行注销等操作。一般通用软件中，操作员的增删以及权限设置的权力通常由系统管理员控制。用户设置通常跟密码设置联系在一起。设置密码，一方面避免无关人员进入系统；另一方面也使不相容职务的岗位人员做好相互牵制工作。

（10）新增加的用户必须被授权后才拥有对系统的操作权力。在增加用户后，一般应该根据用户在企业核算工作中所担任的职务和分工来设置、修改其对各功能模块的操作权限。通过设置权限，用户不能进行没有权限的操作，也不能查看没有权限的数据。

（11）设置系统公用基础信息包括设置编码方案、基础档案、收付结算方式、凭证类别、外币和会计科目等。

（12）系统通常会提供预置的科目，用户可以直接引入系统提供的预置科目，在此基础上根据需要，增加、修改、删除会计科目。如果企业所使用的会计科目与预置的会计科目相差较多，用户也可以根据需要在系统初始设置时选择"不预置行业会计科目"，可以自行设置全部会计科目。增加会计科目时，应遵循先设置上级科目，再设置下级科目的顺序。科目编码、科目名称不能为空。增加的会计科目编码必须遵循会计科目编码方案。修改或删除会计科目应遵循"自下而上"的原则，必须先从末级科目开始，即先删除或修改下一级科目，然后再删除或修改本级科目。修改或删除已经输入期初余额的会计科目，必须先删除本级及下级科目的期初余额，才能修改或删除该科目。科目一经使用，即已经输入凭证，则不允许修改或删除该科目只能增加同级科目，而不能为该科目增设下级科目。

（13）指定科目是指选定库存现金、银行存款科目，供出纳管理使用，所以在查询库存现金、银行存款日记账前，必须指定现金、银行存款总账科目。

（14）日常业务处理的任务是通过输入和处理各种记账凭证，完成记账工作，查询和打印输出各种日记账、明细账和总分类账，同时对辅助核算进行管理。具体包括：常用摘要和常用凭证的设置；凭证的填制、修改、删除；出纳签字和会计凭证的审核、记账；凭证和账簿的查询等。

（15）审核人员和制单人员不能是同一人，审核凭证只能由具有审核权限的人员进行，已经通过审核的凭证不能被修改或者删除，如果要修改或删除，需要审核人员取消审核签字后，才能进行。审核未通过的凭证必须进行修改，并通过审核后方可被记账。

（16）自动转账是指对于期末那些摘要、会计科目固定不变，发生金额的来源或计算方法基本相同，相应凭证处理基本固定的会计业务，将其既定模式事先录入并保存到系统中，在需要的时候，让系统按照既定模式，根据对应会计期间的数据自动生成相应的记账凭证。自动转账的目的在于减少工作量，避免会计人员重复录入此类凭证，提高记账凭证录入的速度和准确度。

（17）期间损益结转包括期间损益定义和期间损益生成。期间损益结转用于在一个会计期间结束时，将损益类科目的余额结转到本年利润科目中，从而及时反映企业利润的盈亏情况。

（18）报表管理模块通常提供按行业设置的报表模板，为每个行业提供若干张标准的会计报表模板，以便用户直接从中选择合适的模板快速生成固定格式的会计报表。用户不仅可以修改系统提供报表模板中的公式，而且可以生成、调用自行设计的报表模板。

（19）电子表格，又称电子数据表，是指由特定软件制作而成的，用于模拟纸上计算的由横竖线条交叉组成的表格。WINDOWS 操作系统下常用的电子表格软件主要有微软的 Excel、金山 WPS 电子表格等；Mac 操作系统下有苹果的 Numbers，该软件同时可用于 iPad 等手持设备。此外，还有专业电子表格软件如 Lotus Notes、第三方电子表格软件如 Formula One 等。

（20）微软的 Excel 软件（以下简称 Excel）是美国微软公司研制的办公自动化软件 Office 的重要组成部分，目前已经广泛应用于会计、统计、金融、财经、管理等众多领域。其操作简单直观、应用范围广泛、用户众多且与其他电子表格软件具有很好的兼容性。

实践案例

案例分析

假定项目三手工账务处理的实战演练案例中公司自 2017 年 1 月起实行电算化会计核算与手工核算并存。

(1) 新建 2017 年度账套。

账套号 888。自 2017 年 1 月 1 日启用。

企业类型：工业，采用 2007 年新会计准则进行核算。

记账本位币：人民币（RMB），无外币核算。

"账务处理、工资核算、固定资产核算"模块的启用日期为 2017 年 1 月 1 日。

该企业进行经济业务处理时，需要对存货进行分类。

科目编码级次：42222。其他：默认。

(2) 增加操作员。操作员信息如表 4-13 所示。

表 4-13 操作员信息

编号	姓名	口令(密码)	所属部门
201	张三	1	财务部
202	李四	2	财务部

张三为财务主管，负责除审核以外的全部操作。李四仅负责审核。

(3) 增加部门档案。部门档案如表 4-14 所示。

表 4-14 部门档案

部门编码	部门名称
1	管理部
2	财务部
3	采购部
4	销售部
5	生产部

(4) 人员档案。根据自己团队分工录入。

(5) 凭证类别。凭证类别如表 4-15 所示。

表 4-15 凭证类别

凭证类别	限制类型	限制科目
收款凭证	借方必有	1001,1002
付款凭证	贷方必有	1001,1002
转账凭证	凭证必无	1001,1002

（6）结算方式。结算方式如表 4-16 所示。

表 4-16 结算方式

结算方式编码	结算方式名称
1	现金结算
2	支票
3	汇票
4	其他

（7）按照项目三开设的总账账户，设置会计科目表，新增存货、生产成本等明细科目。

（8）录入期初余额，对账、试算。

（9）填制凭证、审核、记账、对账、结账。

（10）利用模板生成资产负债表。

（11）比较手工账务处理与电算化的差异。

【评析】

1. 当企业开发 P2 产品时，如何使用软件进行不同产品生产成本的项目辅助核算？
2. 查询应收账款总账和明细账，评价目前的信用政策。

业务操作

（1）自定义生成一张产品核算统计表，如表 4-17 所示。

表 4-17 产品核算统计表

项目	P1	P2	合计
数量			
销售额			
成本			
毛利			

（2）自定义生成一张综合费用明细表，如表 4-18 所示，相关参数自行设置。

表 4-18 综合管理费用明细表　　　　　　　　　　　　　　单位：M

项目	金额	备注
管理费		
广告费		
维修费		
租金		
转产费		
市场准入开拓		□本地　□区域　□国内　□亚洲　□国际
ISO 资格认证		□ISO 9000　□ISO 14000
产品研发		P1（　）P2（　）P3（　）P4（　）P5（　）
损失		
合计		

(3) 使用 Excel 软件生成本团队每年利润数据的柱状图。

(4) 使用 Excel 软件生成本团队每年成本费用数据的饼状图。

 学习评价

一、单项选择题

1. 在 Excel 中，光标处在 C4 地址中，说明该光标位于工作表（　　）。
   A. 第 C 行，第 4 列　　　　　　　　B. 第 4 行，第 3 列
   C. 第 3 行，第 4 行　　　　　　　　D. 第 2 列，第 3 行

2. 如果某单元格显示为若干个"＃"号（如＃＃＃＃＃＃＃），这表示（　　）。
   A. 公式错误　　　B. 数据错误　　　C. 行高不够　　　D. 列宽不够

3. 当向 Excel 工作表单元格输入公式时，使用单元格地址 D＄2 引用 D 列第 2 行单元格，该单元格的引用称为（　　）。
   A. 交叉地址引用　　　　　　　　　B. 混合地址引用
   C. 相对地址引用　　　　　　　　　D. 绝对地址引用

4. （　　）是单元格的跨工作簿引用格式。
   A. sheet1！A5　　　　　　　　　　B. ［book1］sheet1！A5
   C. sheet1.A5　　　　　　　　　　　D. ［book1］sheet1.A5

5. 在会计软件中，（　　）模块与账务处理模块之间不存在凭证传递关系。
   A. 应收管理模块　　　　　　　　　B. 固定资产管理模块
   C. 工资管理模块　　　　　　　　　D. 财务分析模块

6. 会计电算化下，许多会计核算基本上实现了自动化，但（　　）工作仍需手工完成。
   A. 登记账簿　　　　　　　　　　　B. 会计数据的收集
   C. 记账　　　　　　　　　　　　　D. 审核签字

7. 会计电算化简单地说就是（　　）在会计工作中的应用。
   A. 会计理论　　　B. 会计准则　　　C. 计算机技术　　D. 会计法规

8. 会计核算软件各功能模块是通过（　　）以记账凭证为接口连接起来的。
   A. 报表生成与汇总模块　　　　　　B. 工资核算模块
   C. 账务处理模块　　　　　　　　　D. 成本核算模块

9. 下列不属于会计电算化的特点的是（　　）。
   A. 人机结合　　　　　　　　　　　B. 会计核算自动化、集中化
   C. 会计核算主动性　　　　　　　　D. 数据处理及时准确

10. 现行会计制度统一规定了各行业（　　）的编码。
    A. 一级科目　　　B. 二级科目　　　C. 三级科目　　　D. 所有科目

11. 对于收款凭证，借方（　　）科目。
    A. 必有"库存现金"　　　　　　　　B. 必有"银行存款"
    C. 必无 A 和 B　　　　　　　　　　D. A 或 B

12. 发现已审核的记账凭证有错误时，应该用（　　）修改错误。

  A. 红字冲销法   B. 删除该凭证后添加正确的凭证

  C. 直接修改   D. 取消审核后再修改凭证

13. 填制凭证时，如输入的科目属于外币核算，则需要输入（　　）。

  A. 外币原值   B. 外币汇率   C. 外币币种   D. 原值和汇率

14. 发现已记账的凭证分录的科目有误时，可用（　　）修改错误。

  A. 红字冲销法   B. 删除该凭证   C. 直接修改   D. 都不对

二、名词解释

1. 会计电算化
2. 会计信息系统
3. 系统初始化
4. 转账定义
5. 关键字

三、简答题

1. 会计软件各个模块之间存在何种联系？
2. 电算化核算与手工核算相比，有哪些优点和难点？
3. 简述日常业务处理流程。

项目五　财务报表分析

 知识目标

- ◆ 熟悉财务报表分析的内容
- ◆ 掌握财务分析的程序和方法
- ◆ 熟悉财务比率

 **能力目标**

- ◆ 能够掌握财务报表分析的基本方法和主要指标
- ◆ 学会分析企业的财务状况、经营成果和现金流量情况
- ◆ 评价公司现有的偿债能力、盈利能力、运营能力、增长能力

 **重点难点**

- ◆ 计算和分析财务比率

 **任务引入**

假设你是刚刚开户的新股民，面对 3 000 多家上市公司股票，如何进行选择？解读它们的财务报表数据，了解它们的财务状况、经营成果和现金流量情况，无疑将大大提高决策的准确度。下面我们将一起来学习财务报表分析的基本方法和指标。

任务一 解读报表基本数据

一、财务报表分析的概念

财务会计报告是指企业对外提供的反映企业某一特定日期财务状况和某一会计期间经营成果、现金流量等会计信息的文件。

财务会计报告包括财务报表和其他应当在财务会计报告中披露的相关信息和资料。一套完整的财务报表至少应当包括"四表一注",即资产负债表、利润表、现金流量表、所有者权益变动表以及附注。中期财务报表至少应当包括资产负债表、利润表、现金流量表和附注。资产负债表是一种静态报表,利润表和现金流量表则反映的是企业在一定期间关于经营成果的动态信息,是一种动态报表。

财务报表分析是企业相关利益主体以财务报表为基本依据,结合一定的标准,运用科学系统的方法,对企业的财务状况、经营成果和现金流量情况进行全面分析,为相关决策提供信息支持。

二、财务报表分析的目的

财务报表分析的主体是指与企业存在一定现实或潜在的利益关系,为特定目的而对企业的财务状况、经营成果和现金流量情况等进行分析的单位、团体或个人。企业财务报表分析根据分析主体的不同可分为内部分析和外部分析。内部分析是由企业内部有关经营管理人员所进行的财务分析;外部分析是由对企业投资者、债权人或其他与企业有利害关系的人及代表公众利益的社会中介服务机构等所进行的财务分析。上述机构和人员共同构成了企业财务报表分析的主体。由于企业财务报表分析的主体与企业的经济利益关系不同,在进行财务报表分析时要达到的目的也就不尽相同。

1. 经营管理者的目的

经营管理者作为企业委托代理关系中的受托者,接受企业所有者的委托,对企业运营中的各项活动以及企业的经营成果和财务状况进行有效的管理与控制。虽然相对于企业外部的所有者和债权人等,经营管理者拥有更多了解企业的信息渠道和监控企业的方式方法,但是财务信息仍然是一个十分重要的信息来源,财务分析仍然是一种非常重要的监控方法。因此,企业的经营管理者是企业财务分析的重要主体之一。与外部分析主体相比,经营管理者作为企业内部的分析主体,所掌握的财务信息更加全面,所进行的财务分析更加深入,因而财务分析的目的也就更加多样化。经营管理者对企业的日常经营活动进行管理,就需要通过财务分析及时地发现企业经营中的问题,并找出对策,以适应瞬息万变的经营环境。

经营管理者还需要通过财务分析,全面掌握企业的财务状况、经营成果和现金流量状况等,从而做出科学的筹资、投资等重大决策。

经营管理者为了提高企业内部的活力和企业整体的效益,还需要借助财务分析对企业内部的各个部门和员工进行业绩考评,并为今后的生产经营编制科学的预算。

2. 股权投资者的目的

企业的投资回报高低会直接影响现实和潜在股权投资者的投资决策。同时，企业所有者又是企业委托代理关系中的委托者，需要依据财务分析等对经营管理者的受托责任履行情况进行评价。所以股权投资者是企业财务分析非常重要的主体。

获得投资报酬是股权投资的重要目的，因此股权投资者在财务分析中首先会非常关注企业投资回报的高低。股东的投资回报需要由企业的盈利能力来保障，所以在投资回报之外，股权投资者还会关心企业的收益水平、成本费用控制能力等。

股权投资者是企业收益的最终获得者和风险的最终承担者。对长期投资者而言，企业的长远发展可能比眼前利益更加重要。而企业一旦破产，股东处于财产分配顺序中的最末位，很可能血本无归，蒙受巨大损失。因此，股权投资者除了关心企业的盈利能力以外，在财务分析中还会密切关注企业的发展前景和风险程度。

3. 债券投资者的目的

由于企业的偿债能力会直接影响现实和潜在债权投资者的放款决策，所以他们是企业财务分析的重要主体之一。依据债权的期限，债权人分为短期债权人和长期债权人。

短期债权人由于债权期限短于1年或1个营业周期，因此在财务分析中往往比较关心企业的短期财务状况，如企业资产的流动性和企业的短期现金流量状况等。因为企业的短期负债通常需要在不远的将来动用现金来偿还，因此企业资产的变现能力（即流动性）和企业近期的现金流量状况直接决定着企业是否有能力如期偿付这些短期债务。

长期债权人由于债权期限长于1年或1个营业周期，因此在财务分析中往往比较关心企业的长期财务状况，如企业的资本结构和财务风险。由于企业的长期负债不需要在近期内动用现金偿还，因此长期负债的安全性通过所有资产来保障。如果每元负债有更多的资产与其对应，负债就越安全。因此，企业负债在资产中所占的比重，或者说负债与所有者权益的比例（即通常所说的资本结构）在一定程度上反映了企业财务风险的高低，是长期债权人通常非常关注的因素。当然，长期债权人在财务分析中还会比较关注企业的长期现金流量状况，因为在企业不破产清算的情况下，企业的长期债务到期也需要用现金来偿还。

除了上述直接影响短期偿债能力和长期偿债能力的因素外，债权人还想通过财务分析了解企业的盈利能力和资产周转效率，因为企业的盈利是现金流量最稳定的来源，而企业资产的周转效率又直接影响着企业的流动性和盈利水平。

4. 政府职能的目的

工商、税务、财政等对企业有监管职能的政府职能部门，在履行其监管职能时，往往需要借助财务分析。因此，相关的政府职能部门也是企业财务分析的主体之一。

政府职能部门对企业进行财务分析的目的主要是监督企业是否遵循了相关政策法规，检查企业是否偷逃税款等，以维护正常的市场经济秩序、保障国家和社会利益。

5. 其他财务分析主体的目的

会计师事务所、律师事务所、资产评估事务所、证券公司、资信评估公司以及各类咨询公司等社会中介机构，在为企业提供服务时，都需要站在客观的立场上，为企业相关事项提出建议、意见、评定等。在服务过程中，这些社会都或多或少地需要借助财务分析，了解企业相关的经营成果和财务状况等。因此，社会中介机构也是企业财务分析的主体之一。

企业的供应商通过向企业提供原材料等资源或劳务，成为企业的利益相关者。有些供应商希望与企业保持稳定的合作关系，因此希望通过财务分析了解企业的持续购买能力等。在赊销赊购的情况下，企业与供应商又形成了商业信用关系。此时供应商希望通过财务分析了解企业的支付能力，以判断其货款的安全性。

企业的客户通过向企业购买商品或劳务，成为企业的利益相关者。客户往往希望借助财务分析，了解企业的商品或劳务的质量、持续提供商品或劳务的能力以及企业所提供的商业信用条件等。

企业的员工与企业存在着雇佣关系，因而他们希望借助财务分析了解企业的经营状况、盈利能力以及发展前景等，从而判断其工作的收益性、稳定性、安全性以及福利和保障等。另外，员工通过财务分析还可以了解自己以及自己所在部门的成绩和不足，为今后的工作找到方向。

三、解读财务报表的基本数据

财务信息的主要形式是会计报表及附注，它是最为重要也最容易获得的信息。财务分析中，财务信息是分析的主要依据，充分、准确的财务信息是保证高质量财务分析的重要前提。通过企业会计系统，纷繁复杂的企业活动转化成了会计数据，并以会计报表及附注的形式呈现出来，从而为企业各种信息需求者提供有关企业活动的财务信息。因此，财务信息是对企业各种活动的综合和提炼，是对企业经营成果和财务状况的抽象与简化。

下面我们就根据财务报表及数据分析来讲解财务报表的基本内容。

（一）资产负债表分析

资产负债表是反映企业静态财务状况的报表，是反映企业某一特定时点的资产、负债和所有者权益状况的报表。资产负债表反映了企业的资产与权益规模、资产的分布情况以及负债和所有者权益结构等信息。通过对资产负债表的分析，可以了解企业的流动性、财务风险和偿债能力等。同时，资产负债表还为分析企业的盈利能力和资产管理水平提供了依据。

1. 流动资产项目分析

（1）货币资金分析。货币资金是指企业在生产经营过程中处于货币状态的那部分资产，包括库存现金、银行存款和其他货币资金。货币资金列于流动资产项目的第一项，流动性最强。它本身就是现金，无需变现，可以用它直接偿还到期债务或支付投资者利润。

一般来说，企业货币资金的规模与资产规模、业务收支规模相匹配。资产总额越大，相应的货币资金规模也越大；业务收支越频繁，货币资金需要量越大，处于货币形态的资产也越多。

不同的行业有不同的业务特点，因而其合理的货币资金结构也不相同。例如，零售业与工业企业在相同的资产规模下，其货币资金的规模可能相差很大。

一般来说，若企业的筹资能力强，能较迅速地筹集到所需的资金，则没有必要持有大量的资金，企业的货币资金规模会较小；反之，若企业的筹资能力较差，在短期内很难筹集到所需金额，则需要持有一定规模的货币资金作保证。

货币资金是收益性较低的资产，因此若企业持有较大规模的货币资金，为企业带来的收益就很小。若企业运用货币资金的能力较强，将货币资金用于投资活动，会给企业带来较高的收益，因此企业便没有必要持有较大规模的货币资金。

对货币资金进行会计分析，还要特别关注货币资金规模的变动，应结合现金流量表的内容分析货币资金规模变动的来源或去向的合理性。货币资金发生增减变动，可能基于的原因有销售规模的变动、信用政策的变动、为大笔现金支出做准备、筹集资金尚未使用。

（2）交易性金融资产分析。交易性金融资产项目反映企业持有的以公允价值计量且其变动计入当期损益的为交易目的所持有的债券投资、股票投资、基金投资、权证投资等金融资产。

交易性金融资产属于变现能力较强的资产，对该项目进行分析也应当重点关注其规模的变动。由于股票等金融工具的公允价值来自于股票市场的收盘价，所以在分析时还应关注相关市场信息。

从财务管理角度讲，企业持有大量货币资金是不符合现金管理要求的，所以有的企业为避免巨额的货币资金会引起分析人员的关注，就要想办法来压缩过高货币资金余额。为了保持流动性，又能不引起分析人员的注意，企业便将资产负债表中货币资金项目的一部分放到交易性金融资产项目中反映。

（3）应收账款分析。应收账款是指企业因销售商品、提供劳务等应向购货单位或接受劳务单位收取的款项。尽管企业都倾向于现金销售，但应收账款几乎是无法避免的。应收账款对于企业的价值在于支撑销售规模的扩大。

判断应收账款规模的合理性，首先应结合企业所处行业进行分析。例如，商品零售业一般多采用现销方式，故其应收账款较少。而大部分工业企业一般采取赊销方式，从而形成较多的商业债权，应收账款数额较大。其次，企业应收账款规模还与生产经营规模和信用政策有直接联系。生产经营规模大，相应应收账款的规模也较大。最后，巨额的应收账款也有可能是因为应收账款质量不高，存在长期挂账且难于收回的账款，或因客户发生财务困难，暂时难以偿还所欠货款。

从经营角度讲，应收账款的变动原因主要有：企业销售规模变动导致应收账款变动、企业信用政策改变、企业收账政策有所变化、空挂应收账款、虚构销售收入、关联方占用、巨额冲销。

一般来说，1年以内的应收账款在企业信用期限范围内；1~2年的应收账款有一定逾期，但仍属正常；3年的应收账款风险较大；而3年以上的因经营活动形成的应收账款已经与企业的信用状态无关，其可回收性极小，可能的解决方法只能是债务重组。企业一般会在财务报表附注中提供应收账款的账龄信息，可以借此分析应收账款的质量。

根据会计稳健性原则，企业的应收账款应当计提一定比例的坏账准备。按照我国企业会计准则的规定，企业应当根据自己的实际情况，自行确定坏账准备的计提方法和计提比例。

（4）存货分析。存货是指企业在日常经营活动中持有以备出售的产成品或商品、处在生产过程中的在产品、在生产过程或提供劳务过程中耗用的材料和物料等。存货总是处于不断地销售、重置或耗用当中，它通常在一年以内或是一个经营周期内被销售或者耗用，因而具有较强的变现能力，所以将其划分为流动资产。但是，存货的变现能力相对于货币资金、应收账款等流动资产而言又稍低一些。

存货之所以重要，主要有以下两个方面的原因：第一，存货是企业的一项重要资产，在流动资产甚至总资产中占有很大的比重，因此在会计期末应以正确的金额将其列示于资产负债表中；第二，存货的计价直接影响销货成本的确定，从而影响当期的损益，因此企业要加强对存货的管理与控制，且要对其进行正确的确认与计量。

在一般情况下，企业应当按照每个存货项目的成本与可变现净值逐一进行比较，取其低者计量存货，并且将成本高于可变现净值的差额作为计提的存货跌价准备。

要确定存货的可变现净值需要进行估计，但是不同的人估计的结果是不一样的，而这些结果又会直接影响到企业期末存货的计价和本期损益的确定，对企业具有重要的财务影响。因此，财务报表分析者要特别注意存货的期末计价及存货跌价损失准备的提取情况，分析其对企业的财务影响。

2. 非流动资产项目分析

（1）固定资产分析。固定资产是指寿命超过一个会计年度，为生产商品、提供劳务、出租或经营管理而持有的有形资产。固定资产是企业维持持续经营所必需的投资，主要的特点为：长期拥有并在生产经营过程中发挥作用；投资数额较大，风险也大；反映企业生产的技术水平、工艺水平；对企业的经济效益和财务状况影响巨大；变现能力差。

解读固定资产，首先应对其总额进行数量判断，即将固定资产与资产总额进行比较。这种分析应当结合行业、企业生产经营规模及企业生命周期来进行。

合理配置固定资产，既可以在不增加固定资金占用量的同时提高企业生产能力，又可以使固定资产得到充分利用。

采用合理的固定资产折旧方法计提固定资产折旧额，对于加强企业经济核算，正确计算产品成本和企业盈利，足额补偿固定资产损耗，保证固定资产再生的顺利进行均有重要意义。同时，采用不同的折旧方法，对企业的利润及纳税会产生不同的影响。

新企业会计准则规定固定资产的资产减值损失不得转回，这在一定程度上避免了上市公司利用资产减值操纵利润。

（2）无形资产分析。与有形资产相比，无形资产能够给企业带来未来经济利益的大小具有不确定性。这些无形资产的经济价值在很大程度上受企业的外部因素影响，预期的获利能力不能准确地加以确定。无形资产的取得成本不能代表其经济价值，一项取得成本很高的无形资产可能给企业带来较小的经济利益，而取得成本较低的无形资产则可能给企业带来较大的利益。对此，要关注会计报表附注，分析无形资产的确认是否符合《企业会计准则——无形资产》规定的确认条件。

3. 负债项目分析

负债是指企业过去的交易或事项形成的、预期会导致经济利益流出企业的现时义务。

（1）短期借款分析。从财务角度考察，短期借款筹资快捷，弹性较大。任何一个企业，在生产经营中都会发生或多或少的短期借款。但短期借款的目的是为了维持企业正常的生产经营活动，因此短期借款必须与当期流动资产，尤其是存货项目相适应。一般而言，短期借款应当以小于流动资产的数额为上限。

短期借款数量的多少往往取决于企业生产经营和业务活动对流动资金的需要量、现有流动资金的沉淀和短缺情况等。短期借款发生变化，其原因不外乎两大方面：生产经营的需要、企业负债筹资政策的变动。

（2）应付账款分析。应付账款是指企业因赊购材料、商品或接受劳务供应等而应付给供应单位的款项。

当企业销售规模扩大时，会增加存货需求，使应付账款债务规模扩大，反之会使其降低。

应付账款是因商业信用产生的一种无资金成本或资金成本极低的资金来源。如果企业在遵守财务制度、维护企业信誉的条件下充分加以利用，可以减少其他筹资方式的筹资数量，节约利息支出。

如果其他企业放宽信用政策和收账政策，企业应付账款的规模就会大些，反之就会小些。

如果企业资金相对充裕，应付账款的规模就会小些；当企业资金比较紧张时，就会影响到应付账款的清欠。

（3）长期借款分析。长期借款的目的是为了满足企业扩大再生产的需要。金融机构对于发放此项信贷有明确的用途和控制，因此长期借款必须与当期固定资产、无形资产的规模相适应。一般而言，长期借款应当以小于固定资产与无形资产之和的数额为上限；否则，企业有转移资金用途之嫌，如将长期借款用于炒股或期货交易。

长期借款使企业在一定时期内形成了一项固定的利息费用。对此，应注重其产出是否大于投入，即资金运用收益是否高于借款利率，可利用财务杠杆进行分析。

4. 股东权益项目分析

（1）实收资本分析。企业进行生产经营必须具备一定的物质基础，而报表上的实收资本揭示了一个企业生产经营的物质基础。一般来说，资本总额越大，企业的物质基础就越雄厚，经济实力就越强。

在对公司进行分析时，要首先了解公司控股股东的情况及公司所属子公司情况，了解控股股东的控股比率、公司对控股股东的重要性、控股股东所拥有的其他资产及控股股东的财务状况等。按照企业股权持有者对企业的影响程度，一般可以将企业的股东分为控制性股东、重大影响性股东和非重大影响性股东三类。

（2）资本公积分析。资本公积是企业一种储备形式的资本，其来源主要包括资本溢价、财产重估增值、捐赠和住房周转金转入等。由于资本公积是所有者权益的有机组成部分，而且它通常会直接导致企业净资产的增加，因此资本公积的信息对于投资者、债权人等财务信息使用者的决策十分重要。若前者数额过大，应进一步了解资本公积的构成。

为了避免虚增资产，误导决策，有必要分析资本公积转增资本的来源，考察其合理性。

（3）盈余公积分析。对盈余公积进行分析，首先应明确其含义和种类。盈余公积是指企业按照规定从税后利润中提取的企业留利。盈余公积可分为两种：法定盈余公积，按税后利润的10％提取，在此项公积达到注册资本的50％时企业可不再提取；任意盈余公积（主要是公司制的企业提取此项基金），按股东会决议提取。

（二）利润表分析

1. 营业收入项目分析

营业收入主要包括销售商品收入、提供劳务收入和让渡资产使用权收入。营业收入的确认需要满足准则规定的相应条件。收入分析的要点包括收入的合理性分析、收入结构分析和收入趋势分析等方面。

2. 投资收益项目分析

投资收益是企业以各种方式对外投资所获得的净收益。该项目分析要点包括：投资收益的来源分析、投资收益的现金回收分析、经营利润与投资收益的互补分析。

长期投资的投资收益主要取决于被投资项目的经营情况和分配政策，因此分析企业的投资收益要弄清投资项目的经济效益、发展前景和增长潜力。若投资收益占利润总额比重较大，则更应该认真分析投资收益质量。

3. 营业成本项目分析

营业成本是指与营业收入相关的、已经确定了归属期和归属对象的成本。由于费用是为了取得收入而发生，因此费用的确认应当与收入的确认相联系。确认费用应该遵循划分收益性支出与资本性支出原则、权责发生制原则和配比原则。

在制造业或工业企业，营业成本表现为已销售产品的生产成本；在商品流通企业，营业成本表现为已销售商品的成本。工业企业产品销售成本是根据已销售商品的数量和实际单位成本计算出来的。在实务中，往往是每月末汇总销售成本后一并结转，而不是在每次发出库存产成品时立即结转产品销售成本。

营业成本分析时可结合利润表和资产负债表的相关内容来核实企业产品销售成本结转的合理性。企业为了虚增利润或掩盖亏损，有可能采取当期少结转产品销售成本的方法。

4. 期间费用分析

期间费用是指不受企业产品产量或商品销售增减变动影响，不能直接或间接归属于某个特定对象的各种费用。这些费用容易确定其发生期间和归属期间，但很难判别其归属对象，因而在发生的当期应从损益中扣除。

（1）销售费用分析。销售费用是指企业在销售商品、提供劳务过程中发生的费用及为了销售本企业商品而专设的销售机构的经营费用。一般包括：应由企业负担的运输费、装卸费、保险费、展览费、广告费、租赁费及为销售本公司商品而专设销售机构的职工工资、福利费等经常性支出。销售费用是一项期间费用，在报告期末要全部结转以计算本期收益。

销售费用可能对销售收入产生很大的影响。销售费用增加时，应该关注其是否带动了营业收入的增加。营业费用超过一定水平后，由于市场趋于饱和，收入的增长率将降低。如果一个公司的销售费用的增长幅度远远大于营业收入的增长幅度，其获利空间是非常有限的，收入增长的可持续性值得怀疑。在对企业未来经营状况进行预测时，有理由认为要维持营业收入的增长，企业仍然需要支付高额的销售费用来实现营销目标。

（2）管理费用分析。管理费用是指企业行政管理部门为管理和组织企业生产经营活动而发生的各项费用支出，包括由企业同意负担的行政管理人员工资及福利费、保险费、业务招待费、研究费用、董事会费、工会经费、咨询费、诉讼费、技术转让费、排污费、矿产资源补偿费、聘请中介机构费、企业在筹建期间内发生的开办费等。

对于管理费用而言，一般来说，在企业的组织结构、管理风格、管理手段、业务规模等方面变化不大的情况下，企业的管理费用规模变化不会太大。这是因为变动性管理费用会随着业务量的增长而增长，固定性管理费用则不会有较大变化。

（3）财务费用分析。财务费用是指企业为筹集生产经营所需资金等发生的费用，主要包括：企业生产经营期间发生的利息净支出（减利息收入）、汇兑损失（减汇兑收益）及相关手续费、企业发生的现金折扣或收到的现金折扣等。

企业贷款利息水平的高低主要取决于3个因素：贷款规模、贷款利息率和贷款期限。

（三）现金流量表

现金流量表是指反映企业在一定会计期间的现金和现金等价物流入和流出的会计报表，它以现金流量为基础体现了企业全部活动的总体状况。现金是指企业库存现金及可以随时用于支付的存款。现金等价物是指企业持有的期限短、流动性强、易于转换为已知金额现金、价值变动风险很小的投资。现金流量表反映了企业的现金流量状况，是一种动态报表，编制的基础是现金收付制，编制原理是遵循以下会计等式。

$$现金流入－现金流出＝现金流量净额$$

现金流量表将现金分为3类：经营现金流量、投资现金流量和筹资现金流量。

现金流量表的水平分析主要是指分析人员通过对比现金流量表相同项目在前后不同期间的不同数值，计算它们之间的差异，并找出相关异常变动的原因。

现金流量表的结构分析也称垂直分析，分为现金流入结构分析和现金流出结构分析及现金净流量结构分析。

现金流量表的项目分析，又称现金流量表的质量分析，是指按照现金流量表中现金流量的项目或者类别，分析该类现金流入与流出情况是否符合企业发展阶段的特征及是否符合企业发展战略中的预期目标，从而进一步分析其产生原因的过程。

1. 经营活动现金流量分析

经营活动现金流量是指企业经营活动中的所有交易和事项所产生的现金流量，它是企业现金的主要来源。相对于净利润而言，企业的经营活动现金流量更能反映企业真实的经营成果。净利润是根据权责发生制原则计算出来的，只是账面上的盈利，并不代表企业实际的可支配资源的增加。经营活动现金流量则反映了企业资金的充裕程度，正的金额越大，企业的资金越充裕，就有更多的资金用于企业的进一步扩充经营规模使用；反之，若企业的经营活动现金流量长期为负，则企业必然终将入不敷出，难以支付企业的日常开支和到期偿债，最后导致破产。

2. 投资活动现金流量分析

投资活动现金流量是指企业长期资产的购建和不包括现金等价物范围在内的投资及其处置活动产生的现金流量。一般在企业的初创期和成长期，企业会有大规模的投资活动，从而导致企业的投资现金流量小于零。在企业的衰退期，随着产品销量的减少，一般会对固定资产等长期投资进行处置，此时，企业的投资现金流量一般会大于零。应该注意的是购置或处置固定资产的现金流入或流出，结合固定资产的投资规模或者性质，可以进一步了解企业的发展战略和方向。对一种或者一系列产品而言，处置其相关固定资产的现金流入大于重新购置该固定资产的现金支出，说明该企业的该产品正在逐步萎缩或者该企业正在试图退出该行业。

投资活动现金流量小于或等于零，不能武断地认为是好还是坏，应该观察这是否符合企业的发展阶段,是否与企业的发展战略和发展方向相一致,才能进一步做出判断。

投资活动现金流量大于零可能出于两种原因:企业投资回收的资金大于投资的现金流出;由于企业迫于资金压力,处理在用的固定资产或者持有的长期投资等。

3. 筹资活动项目分析

筹资活动是指导致企业资本及债务规模和结构发生变化的活动,包括吸收投资、发行股票、借入和偿还资金、分配利润等活动。如果该项的现金净流入量大幅增加,说明企业需要从外部大量筹集资金;如果筹资活动的现金净流出量大幅度增加,则说明企业外部筹资规模正在收缩。

筹资活动现金流量小于或等于零,可能因为企业的筹资达到了一定目的,利用经营活动产生的现金流量或者投资活动产生的现金流量在债务到期时进行偿还,也可能因为企业的投资活动或经营活动出现失误,需要变卖资产偿还债务。

分析一个企业的筹资活动现金流量大于零是否正常,关键看筹集资金的目的,可能是因为企业扩大规模,也可能是因为企业的投资失误出现亏损,或者经营现金流量长期入不敷出所致。

四、财务报表分析方法

(一) 比较分析法

比较分析法是财务分析中最常用的方法。比较分析法是通过指标对比,从数量上确定差异,并进一步分析原因的分析方法。可以进行本期的实际指标与前期的实际指标相比较、本期的实际指标与预期目标(如计划指标、定额指标、标准值等)相比较、本期的实际指标与同类企业相同指标相比较,即对反映某方面情况的报表进行全面、综合对比分析。常用的比较分析法主要包括水平分析法和垂直分析法。

1. 水平分析法

水平分析法是指将反映企业报告期财务状况的信息(也就是会计报表信息资料)与反映企业前期或历史某一时期财务状况的信息进行对比,研究企业各项经营业绩或财务状况的发展变动情况的一种财务分析方法。水平分析法的要点是将报表资料中不同时期的同项数据进行对比。

(1) 绝对值增减变动的计算。其公式为:

$$绝对值变动数量 = 分析期某项指标实际数 - 基期同项指标实际数$$

(2) 增减变动率的计算。其公式为:

$$变动率 = 变动绝对值/基期实际数量 \times 100\%$$

使用比较分析法时,要注意对比指标之间的可比性,这是用好比较分析法的必要条件,否则就不能正确地说明问题,甚至得出错误的结论。所谓对比指标之间的可比性是相互比较的指标,必须在指标内容、计价基础、计算口径、时间长度等方面保持高度的一致性。如果是企业之间进行同类指标比较,还要注意企业之间的可比性。

2. 垂直分析法

垂直分析法是通过计算报表中各项目占总体的比重或结构,反映报表中的项目与总体的关系情况及其变动情况。垂直分析法的一般步骤如下。

（1）确定报表中各项目占总额的比重或百分比。其计算公式为：

$$某项目的比重 = 该项目金额/各项目总金额 \times 100\%$$

（2）通过各项目的比重，分析各项目在企业经营中的重要性。一般项目比重越大，说明其重要程度越高，对总体的影响越大。

（3）将分析期各项目的比重与前期同项目比重对比，研究各项目的比重变动情况。

（二）比率分析法

比率分析法是通过计算性质不同但又相关的指标的比率，并同标准相比较，揭示企业财务状况的一种方法。由于它以相对数表示，可以揭示能力和水平，因而成为财务评价的重要依据。比率指标主要有以下三类。

1. 构成比率

构成比率又称结构比率，是某项经济指标的各个组成部分与总体的比率，反映了部分与总体的关系。

2. 效率比率

效率比率是某项经济活动中投入与产出的比率，反映了投入与产出的关系。利用效率比率，可以进行得失比较，考查经营成果，评价经济效益。例如，将利润项目与销售成本、销售收入、资本等项目加以对比，可以计算出成本利润率、销售利润率、资本利润率等利润率指标，以便从不同角度观察、比较企业获利能力的高低及其增减变化情况。

3. 相关比率

相关比率是根据经济活动客观存在的相互依存、相互联系的关系，以某个项目同与其有关但又不同的项目加以对比所得的比率，反映了有关经济活动的相互关系。利用相关比率指标，可以检验有联系的相关业务安排是否合理，以保障企业运营活动的顺利进行。例如，利用流动资产与流动负债的比值，计算出流动比率，据此判断企业的短期偿债能力。

（三）趋势分析法

趋势分析法是根据企业连续几年或几个时期的分析资料，运用指数或完成率的计算，确定分析期各有关项目的变动情况和趋势的一种财务分析方法。它的一般步骤如下。

（1）计算趋势比率或指数。通常情况下，指数的计算有两种方法：一是定基指数；二是环比指数。定基指数是各个时期的指数都以某一固定时期为基期来计算，环比指数是各个时期的指数以前一期为基期来计算。

（2）根据指数计算结果，评价与判断企业各项变动趋势及其合理性。

（3）预测未来的发展趋势。根据企业以前各期的变动情况，研究其变动趋势或规律，从而预测出企业未来发展变动情况。

（四）因素分析法

因素分析法是指对某个经济活动的总体进行因素分解，以确定影响该经济活动总体的各种因素构成，并按一定的方法确定各构成因素的变动对该经济活动总体的影响程度和影响方向的分析方法。

因素分析法主要是就各分解因素对某一综合指标的影响程度进行衡量，其在具体运用中，形成了多种具体的分析方法。连环替代法是因素分析法的一种基本形式，其程序大致由以下几个步骤组成。

（1）确定分析指标与其影响因素之间的关系。通常使用的方法是指标分解法，即将财务指标在计算公式的基础上进行分解或扩展，从而得出各影响因素与分析指标之间的关系式。

（2）排列各项因素的顺序。一般遵循先数量后质量、先实物后价值、先主要后次要的原则。

（3）以基期（或计划）指标为基础，将各个因素的基期数按照顺序依次以报告期（或实际）数来替代。每次替代一个因素，替代后的因素就保留报告期数。有几个因素就替代几次，并相应确定计算结果。

（4）比较各因素的替代结果，确定各因素对分析指标的影响程度。

（五）因子分析法

因子分析法是从研究变量内部相关的依赖关系出发，把一些具有错综复杂关系的变量归结为少数几个综合因子的一种多变量统计分析方法。它的基本思想是将观测变量进行分类，将相关性较高，即联系比较紧密的分在同一类中，而不同类变量之间的相关性则较低，那么每一类变量实际上就代表了一个基本结构，即公共因子。对于所研究的问题就是试图用最少个数的不可测的所谓公共因子的线性函数与特殊因子之和来描述原来观测的每一变量。

（六）综合分析

综合分析是相对于财务指标单项分析而言的，它将各单项财务指标相结合，作为一个整体，系统、全面、综合地对企业财务状况、经营成果及现金流量进行剖析、解释和评价，说明企业整体财务状况和效益的优劣。

财务综合分析的方法有很多，概括起来可以分为两类：一类是财务报表综合分析；另一类是财务指标体系综合分析，如杜邦财务分析体系。

任务二　计算和分析财务比率

财务比率是以财务报表资料为依据，将两个相关的数据进行相除而得到的比率。通过计算财务比率，可以对一个主体的偿债能力、营运能力、盈利能力、发展能力等进行评价，衡量企业偿还到期债务的能力高低、利用资金的效率高低以及企业获取利润的能力。

一、偿债能力

偿债能力是指企业对债务清偿的承受能力或保障程度，即企业偿还全部到期债务的现金保障程度。偿债能力分析是公司财务报表分析中一个很重要的因素。企业全部的经营活动——融资、投资以及经营均影响企业偿债能力。因此，了解企业偿债能力的影响因素并利用财务信息进行企业偿债能力分析，对于包括债权人在内的企业各方利益关系人而言都非常重要。企业的偿债能力分析分为短期偿债能力分析和长期偿债能力分析。

1. 短期偿债能力

短期偿债能力是指企业偿还流动负债的能力，短期偿债能力分析也称为企业流动性分析。企业的流动性是指企业资源满足短期现金需要的能力。企业的短期现金需要通常包括支付日常生产经营开支的需要和偿还短期债务的需要。企业的日常生产经营开支往往与短期债务密不可分。例如，企业日常生产经营中的原材料采购支出如果不是购买时立即支付就形成应付账款，员工工资支出由于结算与支付时点的差异往往形成应付工资等。企业的流动性越强，日常支付和短期债务偿还的能力也就越强，反之亦然。

企业的流动性与短期偿债能力对企业的短期债权人、长期债权人、股东、供应商、员工以及企业管理者等利益相关者都非常重要，是进行财务分析时必不可少的内容。

评价企业短期偿债能力的主要指标如下。

(1) 流动比率。流动比率是指流动资产与流动负债的比值，其计算公式为：

$$流动比率＝流动资产/流动负债$$

流动比率和营运资金考察的都是流动资产与流动负债的关系。但是营运资金是绝对数额，而流动比率是相对比值，因此与营运资金相比，流动比率更能反映出流动资产对流动负债的保障程度，并可以在不同企业之间相互比较。另外，从流动比率的变形公式可以看出，流动比率超出1的部分就是营运资金与流动负债的比值。因此，流动比率还能够反映出营运资金与流动负债的关系。由于流动资产的变现时间和流动负债的到期时间不见得匹配，因此用等额流动资产对等额流动负债作保障并不十分安全。营运资金反映的是流动资产超出流动负债的部分，因而用营运资金对流动负债作保障更加安全。

流动比率是衡量企业流动性和短期偿债能力的一个非常有用的工具，被广泛应用。但是，流动比率仍然存在着一定的缺陷。企业下一个期间的流动性和短期偿债能力取决于企业下一个期间的现金流入和流出的数量及时间。如果企业下一个期间的现金流入在数量上和时间上都能够充分满足现金流出的需要，就可以认为企业下一个期间的流动性很强，将在下一个期间到期的负债非常安全。因此，企业下一个期间的流动性和短期偿债能力应该是一个动态的问题。

流动比率反映的是分析期期末这个静态时点上的流动资产与流动负债的关系。一般来说，分析期期末的流动资产将在下一个期间转变为现金，而分析期期末的流动负债将需要在下一个期间动用现金支付，因此两者的比值能够在一定程度上反映下一个期间的现金流入和流出。但是，用一个静态的比率来反映一个动态的过程，不可能将所有应当考虑的因素都考虑进去。例如，企业下一个期间的劳务收入带来的现金流入能直接增强企业的流动性和短期偿债能力，但却未能在流动比率中得到体现。又如，企业下一个期间的广告费支出、业务招待费支出等带来的现金流出将削弱企业的流动性和短期偿债能力，但同样未能在流动比率中得到体现。

一般来说，流动比率越高，说明企业的流动性越强，流动负债的安全程度越高，短期债权人到期收回本息的可能性越大。但从企业的角度看，流动比率并不是越高越好。流动比率太高，说明企业的流动资产占用资金太多，而流动资产的盈利性往往较差，因而太高的流动比率可能表明企业的盈利能力较低。另外，流动比率太高，还可能是由于存货大量积压、大量应收账款迟迟不能收回等原因导致的，因而太高的流动比率也可能表明企业的资产管理效率较低。同时，太高的流动比率还可能表明企业没能充分利用商业信用和现有的借款能力。因此，对流动比率要具体情况具体分析。

根据经验，通常认为流动比率等于2比较合理。因此，在财务分析中，往往以2作为流动比率的比较标准，认为流动比率在2左右比较合理，偏离2太多则存在一定问题。但这个经验数据并不是绝对的，不同的环境、不同的时期、不同的行业，情况都不尽相同。例如，商业企业的流动比率往往大大地高于服务企业的流动比率，因为商业企业有大量的商品存货等流动资产，而服务企业的流动资产则相对较少。

在对流动比率进行分析时，还应进行横向和纵向的比较。通过与同行业平均水平或竞争对手的比较，可以洞悉企业的流动性和短期偿债能力在整个行业中是偏高还是偏低，与竞争对手相比是强还是弱。如果通过横向比较，发现企业的流动比率过高或过低，则应进一步找出原因，并采取措施及时调整。通过与企业以往各期流动比率的比较，可以看出企业流动性的变动态势：流动性是越来越强，还是越来越弱，或是基本保持稳定等。

在运用流动比率对企业的流动性和短期偿债能力进行分析时，应当注意，企业有可能对流动比率进行人为操纵。在企业的流动比率大于1的情况下，如果分子的流动资产和分母的流动负债同时增加相同数额，则流动比率会降低；相反，流动资产与流动负债同时减少相同数额，则流动比率会升高。因此，在临近期末的时候，企业可以通过推迟正常的赊购，来降低期末时分子中的存货和分母中的应付账款，从而提高流动比率；或者企业可以通过借入一笔临时借款，来增加分子中的货币资金和分母中的短期借款，从而降低流动比率。

(2) 速动比率。速动比率是速动资产和流动负债的比值。其计算公式为：

$$速动比率＝(流动资产－存货)/流动负债$$

与流动比率类似，速动比率通过相对比值的形式反映企业的流动性和短期偿债能力，比以绝对数形式反映的营运资金更加科学，也更具有可比性。

速动比率考察的是流动性较强的流动资产对流动负债的保障程度。与流动比率相比，速动比率考虑了不同的流动资产流动性的差异。与流动比率类似，速动比率也是一个静态比率，不能完全反映下一个期间现金流入和流出的动态过程，因而对下一个期间企业流动性和短期偿债能力的反映不尽完善。

一般来说，速动比率越高，说明企业的流动性越强，流动负债的安全程度越高，短期债权人到期收回本息的可能性也越大。但与流动比率类似，从企业的角度看，速动比率也不是越高越好，对速动比率要具体情况具体分析。

根据经验，通常认为速动比率等于1比较合理。因此，在财务分析中，往往以1作为速动比率的比较标准，认为企业的速动比率在1左右比较正常，偏离1太多则存在一定的问题。但与流动比率类似，这个经验数据也不是绝对的，不同的环境、不同的时期、不同的行业，情况都不尽相同。

在对速动比率进行分析时，还可以与同行业平均水平或竞争对手水平进行横向比较，或与企业以往各期的速动比率进行纵向比较，从而判断企业在行业中所处的地位以及变动的趋势。与流动比率类似，企业对速动比率同样可能进行人为操纵。因此在分析时应当仔细辨别，一旦发现有操纵行为，应当进行调整后再计算速动比率。

(3) 现金比率。现金比率是现金和现金等价物与流动负债的比值。其计算公式为：

$$现金比率＝(货币资金＋现金等价物)/流动负债$$

现金比率考察的是支付能力最强的现金和现金等价物对流动负债的保障程度。与速动比率相比，现金比率也考虑了不同的流动资产流动性的差异。与流动比率和速动比率类似，现金比率也是一个静态比率，不能完全反映下一个期间现金流入和流出的动态过程，因而对下一个期间企业流动性和短期偿债能力的反映不尽完善。

一般来说，现金与流动负债比率越高，说明企业的流动性越强，流动负债的安全程度越高，短期债权人到期收回本息的可能性越大。但与流动比率和速动比率类似，从企业的角度看，现金比率也不是越高越好，需要具体情况具体分析。

企业的现金比率可以与同行业平均水平或竞争对手水平进行横向比较，或与企业以往各期的现金与流动负债比率进行纵向比较，从而判断企业在行业中所处的地位以及变动的趋势。

2. 长期偿债能力

长期偿债能力是指企业偿还长期负债的能力。分析企业长期偿债能力除了关注企业资产和负债的规模与结构外，还需要关注企业的盈利能力。评价企业长期偿债能力的指标因素主要如下。

（1）资产负债率。资产负债率又称负债比率，是企业的负债总额与资产总额的比值，其计算公式为：

$$资产负债率=负债总额/资产总额\times100\%$$

资产负债率反映了企业资产对负债的保障程度。资产负债率越高，表明资产对负债的保障程度越低。由于企业的资产总额等于企业的全部资金总额，因此资产负债率又反映了在企业全部资金中有多大的比例是通过借债而筹集的。从这个角度看，资产负债率反映的就是企业的资本结构问题。资产负债率越高，说明借入资金在全部资金中所占比重越大，不能偿还负债的风险越高。资产负债率越高，负债比重越高，则每年的债务利息越高。债务利息越高，财务杠杆程度越高，同时企业经营恶化时加剧所有者损失的风险也越大。

综上所述，资产负债率反映了企业的资产对负债的保障程度、企业的资本结构状况以及企业的财务杠杆程度。

一般来说，资产负债率越低，企业的负债越安全、财务风险越小。但是从企业和股东的角度出发，资产负债率并不是越低越好，因为资产负债率过低往往表明企业没能充分利用财务杠杆，即没能充分利用负债经营的好处。因此在评价企业的资产负债率时，需要在收益与风险之间权衡利弊，充分考虑企业内部各种因素和外部市场环境，做出合理正确的判断。

（2）产权比率。产权比率是指企业的负债总额与所有者权益总额之间的比率。其计算公式为：

$$产权比率=负债总额/所有者权益$$

该比率揭示负债资金与权益资金的比例关系，指标高说明企业的基本财务结构与资本结构具有高风险、高收益的特性；反之，指标低则说明企业拥有低风险、低收益的基本财务结构与资本结构。

二、营运能力

营运能力即企业资产营运的效率和效益，反映企业的资产管理水平和资产周转情况。企业资产营运的效率主要是指资产的周转率或周转天数。企业资产营运的效益主要是指企业的产出额与资产占用额之间的比率。产出额为企业经营成果，主要在利润表中取本期值，而资产额来自于资产负债表。资产负债表中同时报告期初和期末数，因此计算营运能力时可以直接取期末数，或者取期初期末数的算术平均数。本教程主要采用第二种方法，即取每种资产的算术平均数。

营运能力分析的内容主要包括流动资产营运能力分析、固定资产营运能力分析和总资产营运能力分析。

企业营运能力与偿债能力和盈利能力之间有着密切的联系：第一，资产周转的快慢直接影响着企业资产的流动性；第二，资产只有在周转运用中才能带来效益。

1. 流动资产营运能力分析

企业经营成果的取得，主要依靠流动资产的形态转换。流动资产是企业全部资产中流动性最强的资产。流动资产完成从货币到商品再到货币这一循环过程，表明流动资产周转了一次。

流动资产周转率（次数）表示企业在一定时期内完成从货币到商品再到货币的循环次数。其计算公式如下：

$$流动资产周转率 = 营业收入 / [(期初流动资产 + 期末流动资产)/2]$$

在一定时期内，企业流动资产周转次数越多，表明企业流动资产周转速度越快，流动资产的营运效率越高。

（1）应收账款周转率和周转期（周转天数）。应收账款周转率是年度内应收账款转为现金的平均次数，它说明应收账款流动的速度。其公式为：

$$应收账款周转率 = 赊销收入 / 平均应收账款$$

赊销收入与现销收入对应，指的是没有立即收到货款的营业收入。企业外部人士往往无法获取企业赊销收入的数据，因此也可以将现销视为收款期为零的赊销，从而用所有的营业收入代替赊销收入。与存货平均余额类似，应收账款平均余额指的是全年占用在应收账款上的资金的平均数额，一种简化的计算办法是用期初应收账款与期末应收账款之和除以2。在企业的经营存在明显的季节性时，可以考虑先计算每个月应收账款的平均余额，再将每个月的平均余额加总除以12，得到全年的平均余额。

应收账款周转期计算公式为：

$$应收账款周转期 = 360 / 应收账款周转率 = (应收账款平均余额 \times 360) / 营业收入$$

应收账款金额的大小反映了企业资金被占用的程度。由于应收账款存在收不回来的可能性，过高的应收账款将会加大未来损失的风险。过低的应收账款又对企业的销售产生影响，最终影响到企业的市场占有率。在市场经济条件下，应收账款的存在是必然的，过高过低都可能对企业造成不利的影响，而化解这一不利因素的最佳途径就是加速应收账款周转。一般来说，应收账款周转率越高，平均收现期越短，说明应收账款收回的速度越快；否则，企业的营运资金会过多地呆滞在应收账款上，影响企业资金的正常周转。

（2）存货周转率和周转期（周转天数）。企业存货资金的使用效率可以用存货周转率和周转期指标进行分析，其公式如下：

$$存货周转率 = 营业成本 / [(期初存货余额 + 期末存货余额)/2]$$

存货周转期是反映存货周转情况的另一个重要指标，它是计算期天数与存货周转率之比，计算公式如下：

$$存货周转天数＝360/存货周转率＝(存货平均余额×360)/营业成本$$

通常情况下，存货周转率越高，表明企业存货管理效率越佳，存货从资金投入到销售收回的时间越短，在销售净利率相同的情况下，获取的利润就越多；反之，存货周转率过低，表明企业的存货管理效率欠佳，产销配合不好，存货积压过多，致使资金冻结在存货上，仓储费用及利息负担过重。在企业经营管理中，增加存货量，一方面可以增加抵御市场不确定性因素对企业正常经营活动的影响，有利于提高企业盈利能力；而另一方面则会增加企业资金占用量，使资金利用率降低，盈利能力降低，同时还会增大变现能力的风险。可见，存货的增减对企业有利有弊。因此，要在正确分析企业存货周转水平的基础上，对存货量的大小做出合理的设计，以便制定出正确的经营决策。

2. 固定资产营运能力分析

固定资产营运能力分析主要是判断企业管理固定资产的能力，其通常运用的指标是固定资产周转率（次数）。

固定资产周转率是指一定时期企业实现的营业收入与固定资产平均余额的比率。具体计算公式如下：

$$固定资产周转率＝营业收入/[(期初固定资产＋期末固定资产)/2]$$

在进行固定资产周转率分析时，应以企业历史水平和同行业平均水平作为标准，从中找出差距，努力提高固定资产周转速度。固定资产周转率越高，说明固定资产的利用效率越高；固定资产周转率越低，说明固定资产存量过多或设备闲置。与同行业其他企业相比，如果固定资产周转率较低，意味着企业生产能力过剩。固定资产周转率较高，一方面可能是由于企业设备较好地利用引起的；另一方面也可能是由于设备老化即将折旧完毕造成的。在后一种情况下，可能会导致较高的生产成本带来较低的企业利润，使企业将来固定资产的更新改造更加困难。企业一旦形成固定资产过剩的局面，除了想方设法充分利用以扩大销售外，没有其他有效的方法。由于机器设备等固定资产具有成套性和专用性特点，使其既不能拆散处理，又不能移作他用，因此企业拥有过多的固定资产处理起来比较困难。但如果固定资产使用效率极低，设备确实多余不需用，就必须想尽办法处理。

3. 总资产营运能力分析

为了综合分析总资产的营运能力，运用的指标主要有总资产周转率（次数）。

总资产周转率（次数）是指企业在一定时期内完成几次从资产投入到资产收回的循环，其计算公式如下：

$$总资产周转率＝营业收入/[(期初资产总额＋期末资产总额)/2]$$

总资产周转率的直接经济含义是，单位总资产能够产出多少销售收入。该比率越高，说明企业运用资产产出收入的能力越强，企业资产管理效率越高，经营风险相对较小。如果该比率较低，说明企业在资产运用方面存在问题，经营风险相对较大。

对总资产周转率的分析评价要考虑企业的行业特征和经营战略，对于同行业企业总资产周转率的分析，要结合企业的销售净利率和权益乘数、净资产收益率来综合衡量。总资产周转率是一个包容性很强的综合指标，从分析评价的角度来说，它受到流动资产周转率、应收账款周转率和存货周转率等指标的影响。

> 应付账款周转期又称平均付现期，是衡量公司需要多长时间付清供应商的欠款，也属于公司营运能力分析范畴。
>
> 应付账款周转率＝赊购额/平均应付账款余额
>
> 应付账款周转期＝360天/应付账款周转率
>
> 因为报表中无法取得赊购额，一般可用营业成本代替。也可以采用：
>
> 应付账款周转率＝营业成本/平均应付账款余额

三、盈利能力

盈利是企业全部收入和利得扣除全部成本费用和损失后的盈余，是企业生产经营活动取得的财务成果。实现盈利是企业从事生产经营活动的根本目的，是企业赖以生存和发展的物质基础，是企业投资者、债权人、经营者和员工关心的焦点。企业盈利的多少与他们的利益直接相关，因此备受瞩目。

盈利能力是指企业在一定时期内赚取利润的能力。企业的业绩是通过盈利能力体现出来的。因此分析盈利能力就要对利润额进行分析，但利润额的大小受投资规模、经营好坏制约。所以，为了更合理地反映企业的盈利能力，一般采用利润率指标。利润率越高，说明盈利能力越强；利润率越低，说明盈利能力越差。

盈利能力分析是通过一定的分析方法，剖析、鉴别、判断企业能够获取利润的能力，也是对企业各环节经营结果的分析。盈利能力分析是财务报表分析的核心内容，也是企业利益相关者从各个方面了解企业经营状况、提高企业经营管理水平的重要手段之一。

1. 与销售有关的盈利能力分析

（1）销售净利率。销售净利率是指企业实现的净利润与销售收入的对比关系，销售收入在利润表中以营业收入代替，表示企业净营业收入在经过非日常经营活动调整后，为企业实现了多少净利润。其计算公式如下：

销售净利率＝净利润/营业收入×100％

销售净利率的大小主要受营业收入和净利润的影响，这两个项目分别是利润表中的第一项和最后一项。从利润的源泉到最终的净利润，中间要经过营业成本、税金及附加、三项期间费用、资产减值损失、公允价值变动损益、投资收益、营业外收入、营业外支出及所得税费用等多个环节。因此，这些项目的增减变化都会影响到销售净利率的大小。销售净利率是反映企业营业获利能力的最终指标，该指标越高，说明企业的获利能力越强。反映每一元销售收入带来的净利润的多少，表示销售收入的收益水平。

分析销售净利率指标，应注意净利润中包括波动较大的营业外收支和投资收益、不同行业的企业间销售净利率水平不具有可比性。

总之，企业要想提高销售净利率，一方面要扩大营业收入；另一方面要降低成本费用。

而降低各项成本费用是企业成本管理的一项重要内容。通过列示各项成本费用开支，有利于企业进行成本费用的结构分析，加强成本控制，为寻求降低成本费用的途径提供依据。通过分析销售净利率的变动情况，促使企业在扩大销售的同时，注意改进经营管理，提高盈利水平。

（2）销售毛利率。销售毛利率是指企业的销售毛利润与销售收入的对比关系，表示销售收入扣除销售成本后，有多少钱可以用于支付各项期间费用及形成盈利。其计算公式如下：

$$销售毛利率＝(销售收入－销售成本)/销售收入\times100\%$$

在财务报表中，为了简化，我们把销售收入用营业收入来代替，营业成本代替销售收入。销售毛利是指企业的营业收入扣除营业成本后的差额，它可以在一定程度上反映企业生产环节效率的高低。一般来说，管理费用和销售费用具有刚性，当企业在一定规模和范围内经营时，这些费用不会随着企业产品产量和销售量发生变化，利息费用也比较稳定，与生产量或销售量没有太大的关系，所以在进行该指标变动分析时可以不考虑三项期间费用。毛利是企业最基本的或初始的利润，是企业获取净利润的起点。销售毛利率是企业销售净利率的基础，没有足够高的毛利率便很难形成盈利。

一般情况下，企业的销售毛利率相对比较合理稳定，是一个比较可信的指标。如果销售毛利率连续不断提升，就说明企业产品市场需求强烈，产品竞争力不断增加；反之，销售毛利率连续下跌则说明企业在走下坡路。如果销售毛利率发生较大的变化，应该引起管理者的警觉。

2. 与投资有关的盈利能力分析

（1）净资产收益率。净资产收益率又称所有者权益报酬率或权益资本报酬率，反映股东投入的资金所获得的报酬率，它等于净利润与平均股东权益的比值，其计算公式为：

$$净资产收益率＝净利润/[(期初净资产＋期末净资产)/2]$$

该指标用来衡量企业运用权益资本获取收益的能力。股东权益报酬率越高，说明股东投入的资金获取报酬的能力越强。对股东权益报酬率也可以进行横向和纵向的比较分析。

（2）资产净利率。在实际应用中，由于各利益相关者对净利润的特别关注，更常见的资产净利率计算公式为：

$$资产净利率＝净利润/平均资产总额$$

$$平均资产总额＝(期初资产总额＋期末资产总额)/2$$

资产净利率反映企业资产利用的综合效果，指标越高，表明资产的利用率越高，说明企业在增加收入和节约资金使用等方面有良好的效果。

资产净利率越高，说明企业的全部资金获得的报酬越高。对资产净利率，可以进行横向和纵向的比较。通过与同行业平均水平或竞争对手的比较，可以洞悉企业的投资报酬在整个行业中是偏高还是偏低，企业与竞争对手相比是强还是弱。如果通过横向比较，发现企业的资产净利率过低，则应进一步找出原因，并采取措施及时调整。通过与企业以往各期的资产净利率进行比较，可以看出企业的投资报酬是越来越高，还是越来越低，或是基本保持稳定。如果在某一期间资产净利率突然恶化，作为内部分析则应进一步查找原因，看看是由于资产大量闲置所致，还是利润水平下降引起，并及时找出改善的对策，以防止投资报酬进一步下降。

3. 上市公司的盈利能力分析——每股收益

每股收益是指企业净利润与发行在外普通股股数之比。它反映了在外流通的每股普通股获得的收益，是衡量上市公司盈利能力最重要的财务指标之一。一般来说，每股收益指标值越高，表明股东的投资效益越好，股东获取高额股利的可能性也就越大。因此，人们普遍有这么一个观点，如果一个企业的每股收益增幅令人满意，那么它的股票市价就会上涨，企业的价值、股东的财富就会增加。每股收益的计算公式如下：

$$每股收益 = 净利润 / 年末普通股股份总数$$

公式中的分子最好使用扣除非经营性损益后的净利润，分母最好使用已发行普通股的加权平均数。每股收益是反映上市公司盈利能力大小的一个非常重要的指标，反映了普通股的获利水平，即普通股每股所享有的利润。每股收益越大，企业越有能力发放股利，从而投资者得到回报越高。通常这个指标越大越好。每股收益是衡量上市公司盈利能力的指标，是分析市盈率、股利支付率等其他盈利指标的依据和基础。总之，每股收益作为上市公司盈利能力分析的核心指标，具有引导投资、增加市场评价功能、简化指标体系的作用。

四、增长能力

企业增长能力通常是指企业未来生产经营活动的发展趋势和发展潜能，也可以称之为发展能力。从形成看，企业的增长能力主要是通过自身的生产经营活动，不断扩大积累而形成的，主要依托于不断增长的销售收入、不断增加的资金投入和不断创造的利润等。从结果看，一个发展能力强的企业，能够不断为股东创造财富，能够不断增加企业价值。传统的财务分析仅仅是从静态的角度出发来分析企业的财务状况，也就是只注重分析企业的盈利能力、营运能力、偿债能力，这在日益激烈的市场竞争中显然不够全面不够充分。因为企业价值在很大程度上是取决于企业未来的获利能力，而不是企业过去或者目前所取得的收益情况。对于上市公司而言，股票价格固然受多种因素的影响，但从长远看，公司的未来增长趋势是决定公司股票价格上升的根本因素。增长能力反映了企业目标与财务目标，是企业盈利能力、营运能力、偿债能力的综合体现。无论是增强企业的盈利水平和风险控制能力，还是提高企业的资产营运效率，都是为了企业未来的生存和发展的需要，都是为了提高企业的发展能力。因此要着眼于从动态的角度分析和预测企业的增长能力。

1. 资产增长率的计算与分析

资产是企业拥有或者控制的用于经营并取得收入的资源，同时也是企业进行筹资和运营的物质保证。资产的规模和增长情况表明企业的实力和发展速度，也是体现企业价值和实现企业价值扩大的重要手段。在实践中凡是表现为不断发展的企业，都表现为企业的资产规模稳定并不断增长，因此把资产增长率作为衡量企业发展能力的重要指标。资产增长率就是本期资产增加额与资产期初余额之比，其计算公式如下：

$$资产增长率 = 本期资产增加额 / 资产期初余额 \times 100\%$$

资产增长率是用来考核企业资产投入增长幅度的财务指标。资产增长率为正数，则说明企业本期资产规模增加，资产增长率越大，则说明资产规模增加幅度越大；资产增长率为负数，则说明企业本期资产规模缩减，资产出现负增长。

因为一个健康的处于成长期的企业，其资产规模应该是不断增长的，如果时增时减，则反映出企业的经营业务并不稳定，同时也说明企业并不具备良好的发展能力。所以只有将一个企业不同时期的资产增长率加以比较，才能正确评价企业资产规模的增长能力。

2. 销售增长率的计算与分析

销售增长率就是本期营业收入增加额与上期营业收入之比，其计算公式如下：

$$销售增长率=本期营业收入增加额/上期营业收入净额×100\%$$

需要说明的是，如果上期营业收入净额为负值，则应取其绝对值代入公式进行计算。该公式反映的是企业某期整体销售增长情况。销售增长率为正数，则说明企业本期销售规模增加，销售增长率越大，则说明企业销售收入增长得越快，销售情况越好；销售增长率为负数，则说明企业销售规模减小，销售出现负增长，销售情况较差。

要判断企业在销售方面是否具有良好的成长性，必须分析销售增长是否具有效益性。如果销售收入的增加主要依赖于资产的相应增加，也就是销售增长率低于资产增长率，说明这种销售增长不具有效益性，同时也反映企业在销售方面可持续发展能力不强。正常的情况下，一个企业的销售增长率应高于其资产增长率，只有在这种情况下才说明企业在销售方面具有良好的成长性。

要全面、正确地分析和判断一个企业销售收入的增长趋势和增长水平，必须将一个企业不同时期的销售增长率加以比较和分析。因为销售增长率仅仅指某个时期的销售情况而言，某个时期的销售增长率可能会受到一些偶然的和非正常的因素影响，而无法反映出企业实际的销售增长能力。

3. 收益增长率的计算与分析

由于一个企业的价值主要取决于其盈利及增长能力，所以企业的收益增长是反映企业增长能力的重要方面。由于收益可表现为营业利润、利润总额、净利润等多种指标，因此相应的收益增长率也具有不同的表现形式。在实际应用中，通常使用的是净利润增长率、营业利润增长率这两种比率。

由于净利润是企业经营业绩的结果，因此净利润的增长是企业成长性的基本表现。净利润增长率是本期净利润增加额与上期净利润之比，其计算公式如下：

$$净利润增长率=本期净利润增加额/上期净利润×100\%$$

需要说明的是，如果上期净利润为负值，则应取其绝对值代入公式进行计算。该公式反映的是企业净利润增长情况。净利润增长率为正数，则说明企业本期净利润增加，净利润增长率越大，则说明企业收益增长得越多；净利润增长率为负数，则说明企业本期净利润减少，收益降低。如果一个企业销售收入增长，但利润并未增长，那么从长远看，它并没有创造经济价值。同样，一个企业如果营业利润增长，但营业收入并未增长，也就是说其利润的增长并不是来自于营业收入，那么这样的增长也是不能持续的，随着时间的推移也将会消失。因此，利用营业利润增长率这一比率也可以较好地考察企业的成长性。

营业利润增长率是本期营业利润增加额与上期营业利润之比，其计算公式如下：

$$营业利润增长率=本期营业利润增加额/上期营业利润×100\%$$

同样，如果上期营业利润为负值，则应取其绝对值代入公式进行计算。该公式反映的是企业营业利润增长情况。营业利润增长率为正数，则说明企业本期营业利润增加，营业利润增长率越大,则说明企业收益增长得越多;营业利润增长率为负数,则说明企业本期营业利润减少,收益降低。

五、财务报表综合分析

综合指标分析的方法很多,其中应用广泛的有杜邦财务分析体系。杜邦财务分析体系是利用各个财务指标的内在关系,对企业综合理财及经济效益进行系统分析评价的方法。这个体系以净资产收益率为核心,将其分解为若干个财务指标,通过分析各分解指标的变动对净资产收益率的影响来揭示企业盈利能力及其变动能力。

在杜邦财务分析体系的框架图中,将净资产收益率(或股东权益报酬率)分解为三个相互联系的主要比率:销售净利率、总资产周转率和权益乘数。这三个主要比率代表为股东创造价值的三种能力,针对这三个财务比率的进一步分解和分析,可以帮助我们找到影响企业价值创造的原因。

销售净利率以及它的分解和进一步分析能够揭示企业提供产品或服务等业务的获利能力的高低和成因。企业的销售利润率由企业的营业收入、利润构成,如果要进一步分解,则可以分为销售毛利率分析、销售利润率分析等。

总资产周转率及其分解和进一步分析能够解释企业利用资产进行营运活动的效率。当企业的产品价格、销量、获利能力既定时,需要动用的资金越少,资金的使用效率就越高。

权益乘数反映企业利用债务资金的程度。权益乘数越大,说明企业使用的债务资金比重越大,股东投入的资本在资产中所占的比重越小。

$$净资产收益率 = 总资产净利率 \times 权益乘数$$
$$= 销售净利率 \times 总资产周转率 \times 权益乘数$$
$$销售净利率 = 净利润/销售收入 \times 100\%$$
$$总资产周转率 = 销售收入/资产总额 \times 100\%$$
$$权益乘数 = 资产总额/净资产(或股东权益) = 1/(1-资产负债率)$$

通过杜邦财务比率的分析,不仅能对公司年度总体的财务情况有所了解,而且通过对具体的报表项目构成进行分析,特别是将公司不同时期的项目进行对比,可以看出企业资产、负债、成本及期间费用的变化情况,从而在总体上把握公司重要的财务比率的变化原因及变化结果。

杜邦财务分析体系对企业形成股东价值的因素进行了逻辑分解,为进一步分析企业创造股东价值的各项能力指出了明确的思路:

(1) 从股东权益最大化的角度,提出将股东权益报酬率作为分析的出发点。

(2) 通过层层分解的方式,为管理者指出提高股东权益报酬率的具体途径——通过提高产品获利能力提高销售利润率;通过提高资产管理水平提高总资产周转率;通过提高负债比重,提高利用股东之外的其他社会资金的权益乘数。

(3) 层层分解的方式,也为分析者探索企业业绩的成因提供了分析的逻辑框架。

杜邦财务分析体系是企业财务报表分析可遵循的基本逻辑框架,也是一个经典的企业综合财务分析模型。

任务三 实战演练

一、背景资料

某公司是一家集医药研发、生产、销售为一体的高新技术企业。公司 2017 年度资产负债表摘录如表 5-1 所示。

表 5-1 某公司 2017 年度资产负债表（摘录）　　　　　　单位：元

报告期	2017 年	2016 年
货币资金	403 772 060.6	258 603 036.9
应收账款	313 366 729.2	334 193 135.4
存货	542 429 771.6	458 094 985.3
流动资产合计	1 337 471 769	1 161 059 634
固定资产净额	1 426 834 254	1 430 674 854
无形资产	207 547 056.4	154 231 830.5
商誉	6 669 618.35	6 669 618.35
非流动资产合计	1 805 040 100	1 837 747 000
资产总计	3 142 511 869	2 998 806 634
应付账款	183 107 057.3	247 063 879.8
流动负债合计	407 956 104.8	397 928 341.2
非流动负债合计	53 815 240.66	34 083 805.09
负债合计	461 771 345.5	432 012 146.3
实收资本(或股本)	447 846 206	443 146 206
所有者权益(或股东权益)合计	2 680 740 523	2 566 794 488
负债和所有者权益(或股东权益)总计	3 142 511 869	2 998 806 634

某公司 2017 年度利润表摘录如表 5-2 所示。

表 5-2 某公司 2017 年度利润表（摘录）　　　　　　单位：元

报告期	2017 年	2016 年
营业收入	1 717 440 600	1 653 177 210
减：营业成本	1 182 270 785	1 231 026 539
税金及附加	24 659 100.67	14 993 926.58
销售费用	29 534 776.44	27 420 730.68
管理费用	278 211 401.7	256 895 421.5
财务费用	25 491 143.54	−12 470 786.91
资产减值损失	15 901 021.28	20 651 438.95
加：公允价值变动收益	0	768 078.63
投资收益	1 131 947.03	3 655 188.62

续表

报告期	2017 年	2016 年
营业利润	175 636 401.4	119 083 208.3
加:营业外收入	243 066.97	18 089 652.49
减:营业外支出	1 638 470.62	4 647 381.98
利润总额	174 240 997.8	132 525 478.8
减:所得税费用	27 454 303.94	21 150 341.03
净利润	146 786 693.9	111 375 137.8

某公司 2017 年度现金流量表主要摘录如表 5-3 所示。

表 5-3　某公司 2017 年度现金流量表（摘录）　　　　　单位：元

报告期	2017 年	2016 年
一、经营活动产生的现金流量		
销售商品、提供劳务收到的现金	1 423 057 280	1 165 309 884
经营活动现金流入小计	1 525 764 733	1 343 701 207
购买商品、接受劳务支付的现金	711 740 836.6	709 927 274.9
经营活动现金流出小计	1 281 563 449	1 207 054 773
经营活动产生的现金流量净额	244 201 283.5	136 646 433.6
二、投资活动产生的现金流量		
取得投资收益所收到的现金	0	0
处置固定资产、无形资产和其他长期资产所收回的现金净额	1 210 563.4	2 888 759.58
处置子公司及其他营业单位收到的现金净额	0	0
收到的其他与投资活动有关的现金	30 475 700	1 112 185 089
投资活动现金流入小计	31 686 263.4	1 115 073 849
购建固定资产、无形资产和其他长期资产所支付的现金	163 891 366.9	145 461 415.9
投资所支付的现金	0	13 558 575.86
取得子公司及其他营业单位支付的现金净额	0	0
支付的其他与投资活动有关的现金	0	655 000 000
投资活动现金流出小计	163 891 366.9	814 019 991.8
投资活动产生的现金流量净额	−132 205 103.5	301 053 856.9
三、筹资活动产生的现金流量		
吸收投资收到的现金	36 378 000	6 522 064.29
取得借款收到的现金	448 833 200	419 375 500
筹资活动现金流入小计	485 211 200	425 897 564.3
偿还债务支付的现金	422 796 400	684 275 500
分配股利、利润或偿付利息所支付的现金	45 527 641.74	73 368 912.96
支付其他与筹资活动有关的现金	34 441 008.2	29 044 388.12
筹资活动现金流出小计	502 765 049.9	786 688 801.1
筹资活动产生的现金流量净额	−17 553 849.94	−360 791 236.8

续表

报告期	2017 年	2016 年
四、汇率变动对现金及现金等价物的影响	−26 771 700.29	19 817 216.38
五、现金及现金等价物净增加额	67 670 629.75	96 726 270.02
加：期初现金及现金等价物余额	230 004 233.1	133 277 963.1
六、期末现金及现金等价物余额	297 674 862.9	230 004 233.1

二、业务流程

1. 资产负债表解读

（1）某公司 2016 年资产总额为 2 998 806 634 元，2017 年的资产总额为 3 142 511 869 元，增加了 143 705 234.3 元，同比增加为 4.79%。

（2）2017 年的负债相对于 2016 年增加 29 759 199.21 元，所有者权益也增加了 113 946 035 元。可见权益变动主要是由负债变动引起的。从负债来看，公司负债的增加额完全是流动负债，而长期负债没有太大的变化。由表 5-1 可以得知 2017 年的短期借款增加了 26 036 800 元，流动负债的增加主要是由短期借款的增加所导致，这可能会加大公司的财务风险。

2. 利润表解读

（1）2017 年公司实现营业收入 1 717 440 600 万元，同比增长 3.89%。利润总额和净利润都有明显增长。

（2）2017 年财务费用较 2016 年同期增加 304.41%，主要是 2017 年汇兑损失增加所致。

3. 现金流量表解读

（1）2017 年经营活动产生的现金流量净额较 2016 年同期增加 78.71%，主要是 2017 年销售商品、提供劳务收到的现金大幅增加所致。

（2）2017 年投资活动产生的现金流量净额较 2016 年同期减少 143.91%，主要是 2016 年同期公司收回银行投资理财产品所致。

（3）2017 年筹资活动产生的现金流量净额较 2016 年同期增加 95.13%，主要是 2016 年同期偿还银行借款金额较大所致。

4. 偿债能力评价

如表 5-4 所示，某公司的流动比率和速动比率基本没有什么变化，流动比率一直保持在 2~3.5 之间，而速动比率也在 1~2 之间，并没有太大的浮动。这说明公司的短期偿债能力基本稳定，短期偿债能力比较强，处于理想的状态。现金比率一般宜为 30%，现金比率过高，现金流对于负债的保障非常高，容易造成资金闲置浪费。

表 5-4　某公司短期偿债能力比率

项目	2017 年	2016 年
流动比率	3.28	2.92
速动比率	1.95	1.77

续表

项目	2017 年	2016 年
现金比率	98.97%	64.99%
产权比率	17.22%	16.83%
资产负债率	14.69%	14.4%

某公司的资产负债率和产权比率也比较稳定，具有较强的长期偿债能力。

5. 营运能力评价

如表 5-5 所示，某公司的流动资产周转率、总资产周转率、总资产周转率都在逐步提高，资产的整体周转速度都在加快。但是应收账款周转率和存货周转率有所下降，需要加快应收账款回收和存货管理。

表 5-5　某公司营运能力比率

项目	2017 年	2016 年
应收账款周转率	5.30	5.96
存货周转率	2.36	2.39
流动资产周转率	1.37	1.22
固定资产周转率	1.20	1.16
总资产周转率	0.56	0.52

6. 盈利能力评价

如表 5-6 所示，2017 年某公司的盈利能力比 2016 年同期整体向好。

表 5-6　某公司盈利能力比率

项目	2017 年	2016 年
销售净利率	8.55%	6.74%
销售毛利率	31.16%	25.54%
净资产收益率	5.52%	4.35%
每股收益/元	0.3300	0.2500

7. 增长能力评价

如表 5-7 所示，2017 年销售增长率略低于资产增长率，净利润增长非常明显。

表 5-7　某公司增长能力比率

项目	2017 年
销售增长率	3.89%
资产增长率	4.79%
净利润增长率	31.79%

8. 杜邦分析

经过分解，2017 年各指标如图 5-1 所示。

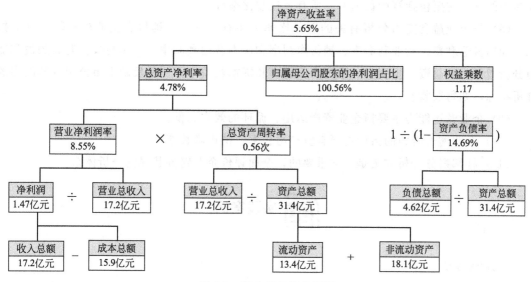

图 5-1　某公司杜邦分析图

如图 5-1 所示，公司 2017 年净资产收益率高于 2016 年，是总资产净利率和权益乘数双重作用的结果。而总资产净利率的变动是营业净利率和总资产周转率双重作用的结果。权益乘数的增加是资产负债率增加导致的。由此，企业可以发现各项财务比率之间的内在联系，挖掘提高净资产收益率的潜力。

小　结

（1）财务报表分析是指借助于企业财务报表及一系列财务指标，以历史财务信息为基础，以揭示企业现实价值为主要目的的分析。可以说财务报表分析就是狭义的财务分析。

（2）由于企业财务报表分析的主体与企业的经济利益关系不同，在进行财务报表分析时要达到的目的也就不尽相同。

（3）一套完整的财务报表至少应当包括"四表一注"，即资产负债表、利润表、现金流量表、所有者权益变动表以及附注。财务信息的主要形式是会计报表及附注，它也是最为重要也最容易获得的信息；财务报表的结构和形式内容。资产负债表、利润表分析包括水平分析、垂直分析、项目分析。现金流量表分析包括经营活动现金流量分、投资活动现金流量分析、投资活动现金流量分析。

（4）财务分析的一般程序包括：明确分析目的、确定分析范围、收集相关信息、选择分析视角和分析方法、得出分析结论。

（5）财务报表分析最常见的基本方法有比较分析法、比率分析法、因素分析法、趋势分析法和综合分析法。

（6）财务比率是以财务报表资料为依据，将两个相关的数据进行相除而得到的比率。通过计算财务比率，可以对一个主体的偿债能力、营运能力、盈利能力等进行评价，衡量企业偿还到期债务的能力高低；利用资金的效率高低以及企业获取利润的能力。

（7）衡量短期偿债能力的指标主要包括流动比率、速动比率和现金比率等。衡量长期偿债能力的指标主要包括资产负债率、所有者权益比率等。

（8）与企业盈利能力分析有关的财务比率主要有：一是与销售有关的盈利能力分析指标，如销售毛利率、营业利润率、销售净利率和成本费用利润率；二是与投资有关的盈利能力分析指标，如总资产报酬率、净资产收益率和资本收益率；三是反映上市公司盈利能力的分析指标，如每股收益。

（9）企业营运能力主要指企业资产运用、循环的效率高低。

（10）企业增长能力的指标主要有资产增长率、销售增长率。

（11）杜邦财务分析方法是一项重要的，全面评价企业财务状况的分析体系。

实践案例

案例分析

已知某企业2016年、2017年有关资料如表5-8所示，请通过杜邦比率分析体系对其进行综合评价。

表5-8　某企业基本报表数据　　　　　　　　　　　　单位：万元

项目	2016年	2017年
销售收入	280	350
其中：赊销收入	76	80
全部成本	235	288
其中：销售成本	108	120
管理费用	87	98
财务费用	29	55
销售费用	11	15
利润总额	45	62
所得税	15	21
税后净利	30	41
资产总额	128	198
其中：固定资产	59	78
现金	21	39
应收账款（平均）	8	14
存货	40	67
负债总额	55	88

【评析】

2016年：净资产收益率＝销售净利率×资产周转率×权益乘数＝（30/280）×（280/128）×[1/(1－55/128)]＝0.11×2.19×1.75＝0.24×1.75＝0.42

2017年：净资产收益率＝销售净利率×资产周转率×权益乘数＝（41/350）×（350/

198)×[1/(1−88/198)]=0.12×1.77×1.79=0.21×1.77=0.37

2017年的净资产收益率比2016年有所下降，主要原因是资产周转率的显著降低，从相关资料中可以分析出：2017年总资产明显增大，导致资产周转率降低。本年负债比例有所上升，因而权益乘数上升。综合以上分析可以看出，本年净资产收益率降低了。

业务操作

（1）G上市公司2016年年初发行在外的普通股总数为1.5亿股，2016年7月1日增发新股3000万股；2016年的净利润为1.8亿元。

要求计算G上市公司2016年12月31日的每股收益。

（2）由4人组成一个小组，上东方财富网查找中国某上市公司财务报表情况，根据公司2017年的财务比率分析，撰写小组财务分析报告，提出偿债能力、营运能力、盈利能力、增长能力的对策。

（3）根据沙盘模拟第一年度的报表，评价其偿债能力、营运能力、盈利能力、增长能力，归纳下年度ERP沙盘模拟需要注意的问题和解决对策。

 学习评价

一、单项选择题

1. 下列可用于短期偿债能力的比率分析的是（　　）。
   A. 资产负债比率　　　　　　　　B. 所有者权益比率
   C. 流动比率　　　　　　　　　　D. 权益乘数

2. 甲企业年初流动比率为2.2，速动比率为1，年末流动比率为2.5，速动比率为0.5，发生这种变化的原因是（　　）。
   A. 当年存货增加　　　　　　　　B. 应收账款增加
   C. 应付账款增加　　　　　　　　D. 应收账款周转加快

3. 企业的产权比率越高表明（　　）
   A. 所有者权益的保障程度越高　　B. 负债在资产总额中所占的比重越小
   C. 债权人的风险越小　　　　　　D. 资本负债率越高

4. 正大公司2016年年末资产总额为1 650 000元，负债总额为1 023 000元，计算产权比率为（　　）。
   A. 0.62　　　　B. 0.61　　　　C. 0.38　　　　D. 1.63

5. 从严格意义上说，计算应收账款周转率时应使用的收入指标是（　　）。
   A. 主营业务收入　　B. 赊销净额　　C. 销售收入　　D. 营业利润

6. 销售毛利率＋（　　）＝1。
   A. 变动成本率　　B. 销售成本率　　C. 成本费用率　　D. 销售利润率

7. 杜邦分析体系的源头和核心指标是（　　）。
   A. 权益收益率　　B. 资产净利率　　C. 权益乘数　　D. 总资产收益率

二、多项选择题

1. 在企业短期偿债能力分析中，可能增加变现能力的因素有（　　）。
   A. 可动用的银行贷款指标　　　　　　B. 担保责任引起的负债
   C. 准备很快变现的长期资产　　　　　D. 偿债能力的声誉

2. 下列各项中，数值越高则表明企业获利能力越强的指标有（　　）。
   A. 销售净利率　　　　　　　　　　　B. 资产负债率
   C. 净资产收益率　　　　　　　　　　D. 速动比率

3. 下列关于杜邦体系的说法，正确的有（　　）。
   A. 杜邦分析体系通过建立新指标进行全面分析
   B. 杜邦分析体系是通过相关财务比率的内在联系构建的综合分析体系
   C. 杜邦分析体系的核心指标是权益收益率
   D. 对杜邦分析体系进行比较分析不仅可以发现差异，分析差异的原因，还能消除差异

4. 下列关于现金流量表分析的表述，错误的有（　　）。
   A. 企业承担经营风险与财务风险的能力都与企业现金流量状况直接相关
   B. 经营活动现金净流量越大，说明企业的现金状况越稳定，支付能力越有保障
   C. 当经营活动的现金流量为正数，其流入与流出比率一定大于1
   D. 对于任何公司而言，经营活动现金净流量一般大于零，投资活动的现金净流量应小于零，筹资活动的现金净流量应正负相间

三、判断题

1. 购入的股票中包含的已宣告发放但尚未取得的现金股利计入应收股利账户。（　　）
2. 营运周期越短，资产流动性越强，资产周转相对越快。（　　）
3. 企业负债比率越高，财务杠杆系数越大，财务风险越小。（　　）
4. 应收账款周转天数应该越短越好。（　　）
5. 一般来说，企业的获利能力越强，则长期偿债能力越强。（　　）

四、简答题

1. 简述财务报表分析的内容。
2. 简述财务报表分析的程序和方法。
3. 简述偿债能力指标有哪些。
4. 简述企业增长能力财务指标有哪些。

参 考 文 献

[1] 财政部会计资格评价中心. 初级会计实务. 北京：经济科学出版社. 2017.
[2] 全国会计从业资格考试辅导教材编写组. 会计电算化. 北京：经济科学出版社，2016.
[3] 贺志东. 管理会计操作指南. 北京：电子工业出版社，2017.
[4] 戴国华. 管理会计实践与案例：会计人员转型与提升读本. 北京：中国财政经济出版社，2016.
[5] 刘海生等. 管理会计. 北京：科学出版社，2018.
[6] 李清. 会计信息系统原理与实验教程. 第二版. 北京：清华大学出版社，2015.
[7] 王先鹿等. 会计信息系统. 大连：东北财经大学出版社，2017.
[8] 李立志. 会计信息系统. 第四版. 北京：首都经济贸易大学出版社，2017.
[9] 王新玲等. 会计信息系统实验教程（用友ERP－U8.72）. 第三版. 北京：清华大学出版社，2018.
[10] 杨英. 全面预算管理全流程实战指南. 北京：人民邮电出版社，2016年.
[11] 唐政. 企业年度经营计划与全面预算管理. 北京：人民邮电出版社，2016.
[12] 史永翔. 全面预算之美：连通战略和经营的利器. 上海：机械工业出版社，2017.
[13] 张新民等. 财务报表分析. 第四版. 北京：中国人民大学出版社，2017.
[14] 段绍译. 财务报表分析一学就会. 北京：人民邮电出版社，2017.
[15] 周菁. ERP沙盘模拟教程. 北京：北京大学出版社，2013.
[16] 张前. ERP沙盘模拟原理与实训. 第二版. 北京：清华大学出版社，2017.
[17] 王新玲. ERP沙盘模拟实训教程——手工＋信息化＋新商战. 北京：清华大学出版社，2017.
[18] 会计基础工作规范研究组. 会计基础工作规范解读. 北京：中国宇航出版社，2015.
[19] 张弛等. ERP沙盘模拟实验教材. 杭州：浙江大学出版社，2017.
[20] 蒋定福. ERP沙盘模拟实训教程. 第二版. 北京：首都经贸大学出版社，2017.
[21] 高楚云等. ERP沙盘模拟实训指导教程. 第三版. 北京：人民邮电出版社，2017.